历史光影里的茶马古道

李贵平◎著

中国文史出版社

_ 雅康高速拉近了成都到康定的距离（李贵平摄）

_ 马帮走过的古桥（李贵平摄）

_ 汉源县茶马古道遗址
（李贵平摄）

_ 洪雅到名山的茶马古道

_ 汶川背夫

雅康高速通车后的二郎山遗迹（李贵平摄）

丹巴碉楼至少有上千年历史，主要集中在大小金川及大渡河上游两岸的村寨、险要关隘处（李贵平摄）

— 泸定县雅家埂红石滩是当年马帮必经之处（李贵平摄）

— 筹边楼始建于唐太和五年（830年），是川西平原难得保留的一处古代防务遗址（李贵平摄）

— 陈保亚（右）和孔江平多次结伴行走古道（李贵平摄）

— 山谷深处的马蹄印（陈保亚供图）

_ 风马旗（李贵平摄）

_ 康定跑马山情人池传说是当年李家大姐和张家大哥约会的地方（李贵平摄）

— 葛尔格高山草甸（李贵平摄）

— 横断山雪景

— 卓克基土司官寨遗址外墙（李贵平摄）

— 卓克基土司官寨遗址院内（李贵平摄）

_ 九曲黄河第一湾（李贵平摄）

小金县达维镇是当年红军一、四方面军会师之地，也是茶马古道夏阳道的驿镇（李贵平摄）

芒康天然古盐（李贵平摄）

骡子干活是把好手

_序言

茶马古道：横断山的终极征服者
——来自词与物的故事

北京大学　陈保亚教授

茶马古道的魅力，在于行走与征服。

以7500多米的贡嘎山为主峰的横断山腹地，以其险峻、陡峭和极显著的岭谷高差著称于世。在茶马古道兴起以前，文献记录中没有远征的商道翻越横断山腹地。南北丝绸之路都绕开横断山腹地西去。茶马古道的兴起完成了对横断山腹地的终极征服，因此也完成了对青藏高原的终极征服。

本书作者李贵平所行走的茶马古道川藏线，可以说是以笔为杖，对横断山腹地古道的精神征服。

2015年初夏，由北京大学、香港中文大学、香港理工大学、北京语言大学、四川师范大学和《科学中国人》杂志社等组成藏羌茶马古道考察队深入横断山进行考察，李贵平以记者身份和我们一起同行。一路上，贵平以独特的眼光和视角不断向我们提出茶马古道的各种问题，往往打中要害。他的问题给我们很多启发。要回答贵平的问题，需要深入调查。我们的好些工作还来不及展开，他就拿出了这本《历史光影里的茶马古道》。贵平不满足提问，还亲自行走。作为一个记者和旅游作家，他身上体现出来的人文功底和冒险精神让我吃惊，他在书中所呈现的故事也迫使我们重新思考茶马古道的性质和意义。

1990年夏秋，在云南大学和中甸县志办的支持下，我和木霁弘、徐涌涛、李旭、王晓松、李林一起，踏上了滇藏川古道语言文化徒步调查的征程。我们想弄清楚这些古道的来龙去脉和语言面貌。当时古道的具体走向我们并不清楚，高山峡谷的艰险倒是有所预料。我们开始锻炼身体，阅读了很多关于马帮和茶马互市的文献，制订了详细的考察计划。1990年7月至9月，我们找到马帮师傅笃羁做向导，每人赶着一匹马，驮着行李干粮帐篷，带上两支枪，还有80斤重的德国黑背狼犬嘎丢，开始了我们的行走计划。我们在横断山崇山峻岭中历经艰险，多次面临死亡威胁。我们的路线从云南中甸（今香格里拉）往西北出发，翻越横断山到昌都，再向东翻越横断山到康定，再转西南下稻城回到中甸。

我们一路调查采访发现，这些被遗忘的马帮古道并不是局域古道，而是可以延伸很远的地方，主要有两条，一条从西双版纳经过大理、中甸、拉萨到尼泊尔、印度，一条从雅安经过康定、拉萨到尼泊尔、印度。这两条远征古道赖以维持的必要物质是茶，最主要的运输工具是被驯化的马、驴及其杂配马骡、驴骡，高寒地带则起用牦牛。于是我们把这两条马帮古道命名为茶马古道，并于1992年发表了关于茶马古道考察和研究的第一篇论文《论茶马古道的历史地位》和第一本专著《滇藏川大三角探秘——茶马古道研究》，茶马古道这一特殊的名称开始在文献中迅速传播开。我们没有料到，茶马古道竟然有如此重大的文明传播史意义和商业价值。我们更没有料到，茶马古道竟然会成为热闹非凡的旅游热线。

近30年来，我们每年花很多时间继续在茶马古道上调查语言文化，逐渐对茶马古道有了更进一步的认识。茶马古道可分为原生茶马古道和次生茶马古道。原生茶马古道也是最早形成的茶马古道，是在局域盐运古道基础上形成的远征古道。次生茶马古道，则是因为大规模运茶在早期丝绸之路等远征古道上形成的。

在茶马古道兴起以前，以滇藏川横断山为中心，周围的马帮古道已经非常著名。有历史记载的代表性马帮古道已经有很多，比如从大理到成都的五尺道和零关道，从大理到印度的博南道。五尺道从成都顺岷江南下，再沿着金沙江经过宜宾、昭通、昆明到大理。零关道从成都经雅安、汉源过大渡河到西昌，再顺安宁、雅砻江到攀枝花，顺金沙江进入云南楚雄，最后从大姚到大理。博南道从大理出发跨越澜沧江、怒江，取道保山、腾冲等地，分几条支线进入缅甸、印度。

根据我们的初步考察，这些马帮古道的有些部分和分段早在茶马古道形成以前已经进入马车道。另外，茶马古道以前还有些马帮古道尽管历史记录很少，但也已经相当发达。由于这些地方地势险峻，泥石流频繁，这些马帮古道有比内地马帮古道更强的生命力，不容易被马车道代替。这一点构成滇藏川横断山深处马帮古道的一个区别特征。有代表性的有怒江马帮古道、澜沧江马帮古道、金沙江马帮古道、元江红河马帮古道、雅砻江马帮古道、南盘江马帮古道，这些马帮古道形成沿江马帮古道系列。怒江马帮古道从西藏那曲往东南顺江而下一直可以伸到缅甸，途中在六库往东可以进入大理。澜沧江马帮古道从西藏昌都往东南顺江而下一直可以伸到老挝、缅甸、越南。金沙江马帮古道把滇藏川很多马帮古道串联在一起。马帮古道的出现促进了城市的出现，连接城市使更多的马帮古道直接跨越江河，寻找近路。在中心城市出现以前，村落往往是沿着江河分布的，所以古道也沿着江河行走，沿途可以有各种交换。中心城市出现后，连接城市的古道成了往来频繁的主要干道。古道以沿江为主的网络发展成沿江跨江的网络，这是马帮古道和以前的各种古道的另一个差别，这种差别的形成也和桥梁技术的进步有关系。博南道从大理出发要跨越澜沧江、怒江，就是典型的沿江跨江古道。

是什么原因使横断山深处的马帮古道特别发达？丝绸、邛竹杖、蜀布的运输都是值得考虑的理由，也是早期文献中提到过的实物。但是，我们发现最根本的理由是盐。古道演化过程中的一个重要转折是盐的使用。

当马帮和盐两个因素汇集在一起时，形成了盐运马帮古道，这是一种生命力非常强的古道，马帮古道和盐运古道的性质同时体现在盐运马帮古道上：一方面是崇山峻岭中需要古道网络来运输盐，另一方面是马帮克服艰难险阻的能力使盐运古道网络得以运行。由于盐运马帮古道的出现，更多的村落在古道周围兴起。

但是，这些盐运马帮古道并没有以远征的形态直接而持续地翻越横断山，形成类似丝绸之路这样的商道，因为翻越横断山的难度太大了，对商人来说代价太高。

一件独特的文化事件，使盐运马帮古道产生了根本的变化。大约从晚唐开始，茶逐渐成为很多藏族人每天饮食结构中必不可缺少的部分。恃茶行为（亦称嗜茶行为）开始在青藏高原出现。根据史料记载，当时在河西及青海日月山一带已经开始茶马互市，茶叶大量运往藏区。现代藏族几乎都饮酥油茶。藏族需要茶就像需要水、空气、盐、粮食，这是一个非常奇怪的现象。远在唐朝以前，中国很多地方就有饮茶的习俗，但都没有形成对茶的全民依赖。是什么原因造成藏族对茶的全民依赖？可以设想藏族需要茶是为了提神化食，但其他民族为什么不总是以这样的方式依赖茶？一定还有更关键的原因，这个问题是研究茶马古道形成的另一个重要问题。很可能存在一种“择食生存”原则，即有饮茶习俗的藏族更容易在高原生存。

藏族对茶的全民依赖，再一次使以滇藏川横断山为核心的古道获得了独立的性质。以前横断山地带盐运马帮古道多以某个盐井或盐的集散地为中心，向四周辐射，形成局域性古道。藏族对茶的依赖使马帮穿越横断山远征成为常年的必要行为。因为藏族地区一般不产茶，于是局域盐运古道串联成了互联网似的远征茶马古道。

可以说，茶马古道和以往古道的一个区别特征，就是穿越横断山向茶叶生产地远征。横断山脉高山河流纵贯，茶马古道要穿越高黎贡山、怒江、怒山、澜沧江、芒康山、金沙江、沙鲁里山、雅砻江、大雪山、大渡河、邛崃山。在虎跳峡一带，怒江、澜沧江和金沙江三江的直线距离不足80公里，形成江面狭窄、山势陡峭的连续V形峡谷。这些险峻的地形在世界上都是罕见的。茶马古道从出发点到终点的距离，已经远远超过了盐运古道从盐井到村落的距离，马帮需要更严格的组织，才能完成穿越横断山脉的远征。

远征的马帮队伍，成了生活的一种形式。马帮的生活开始职业化，形成马帮专用的术语，形成了马帮的商业规则，马帮古道开始固定化、季节化。官帮和民帮两大类开始形成。“马锅头”（**马帮的最高首领，是总指挥**），“二锅头”、“三锅头”、“管事”、赶马人一类的等级开始出现。马店也开始出现。马帮有了自己的音乐赶马调，并有了记叙马帮历史的故事和传说，也有了靠打劫马帮而生存的职业马帮土匪。茶马古道上马帮的高度专门化，成为人类古道上的奇迹。

茶马古道源于藏族对茶的依赖，藏族出没的地带就是茶马古道延伸的地带。茶马古道还连接着生活在喜马拉雅山和横断山深处以及周边国家的各个民族。这些民族，也在茶马古道上进行各种物质和文化交换，这使茶马古道迅速覆盖了早期的各种局域马帮故道，成为跨越世界屋脊的生命纽带。在喜马拉雅山脚下，也能听到马帮述说发生在云南普洱和四川雅茶的故事。茶马古道把众多的盐运马帮古道连接起来，统一成了几条主要的远征线路。

1990年夏秋我们徒步考察的线路从中甸、昌都、康定再回到中甸，形成一个大三角，这是茶马古道的核心网络，从这三个点向外辐射形成茶马古道的几条完整线路。昌都的马帮可以直接南下到云南取茶，北上经过西宁、甘南取茶，往东到康定取茶。

恃茶行为随着茶马古道也扩散到了丝绸之路网络上。有恃茶行为的民族还有蒙古族、维吾尔族和新疆内蒙古的一些其他民族。茶叶通过什么线路在什么时候传到这些地方的？这些民族为什么也要全民喝茶？现在还是一个谜。这些民族恃茶行为的形成改变了丝绸之路的性质。丝绸是奢侈品，茶是生活必需品，一旦这些民族形成了恃茶行为，丝绸之路就可能在很大程度上带有茶马古道的性质，茶成为丝绸之路赖以延续的更主要的因素。从这种意义上说，随着恃茶行为的扩散，茶马古道也在扩散。不过，这些地方的沙漠地区使用更多的运输工具不是马而是骆驼。

随着公路的扩展，世界上很多古道都被现代交通取代了，比如昔日的北方丝绸之路，现在大部分被公路网覆盖，因为这些古道大部分分布在较平缓的地带，容易被公路取代。公路的兴起就是这些古道生命的结束。我们现在走在丝绸之路上，并不等于走在活生生的古道上，原始的运载工具和方式已经难以再现。古道的消失不仅是古道本身的消失，伴随的是古道赖以生存的生态环境的消失和语言文化的消失，这对人类是一个重大损失。茶马古道的主干也不断被公路替代，茶马古道的网络正在被分割成局域网络，茶马古道上的语言文化也在不断消失。马帮不再出征就像猎人不再打猎，渔人不再出海，他们悲伤地感到了一种自然生活方式的终止。

正是公路不能覆盖到喜马拉雅山和横断山深处，茶马古道得以延续。茶马古道盘根错节之处，保存了很好的生态环境和丰富多样的民族语言文化。茶马古道上植物动物种类的丰富程度和民族文化的多样性独特性，在全世界都是极具代表性的。研究茶马古道以及茶马古道上的生态和文化，对回答喜马拉雅山和横断山构造的复杂性，物种的复杂多样性，早期人类的移动和起源，汉藏语系的起源，汉藏民族在横断山的移动过程，各种文化模式的形成过程，都具有很高的价值。比如，喜马拉雅山和横断山深处很多村落，至今还保留着很多原始古朴的生活方式；人们在泸沽湖摩梭村见到的特殊走婚现象，就是茶马古道上的一种生活方式。随着对喜马拉雅山和横断山核心地带茶马古道的深入研究，更多的自然生态和文化生态将会被发现。

现在越来越多的人踏上了茶马古道，但要认识茶马古道上的自然生态和文化生态的多样性和复杂性，需要有很多不同身份的人以追问和探索的姿态去行走茶马古道。这些人首先要有行走的乐趣，还要有在追问和探索中得到满足的性格。我认为，李贵平正是这样的一种人。

贵平不仅是一位资深记者，更是一位在追问和探索茶马古道文化的过程中得到满足的行走者。他是提到行走就会激动的人。结束和我们同行的那次考察后，他从此迷上了茶马古道的行走，多次踏上翻越横断山的征程，结合自己的历史地理知识，写出了很多词与物的精彩故事，这本书就是这些故事的汇集。这些词与物的故事中见证了贵平的旨趣，体现了他的才华，也让我们从一位记者和作家的视角，再次更深入认识到茶马古道的诸多方面。

我上面谈到的茶马古道征服横断山过程中的艰险和奇特，李贵平在他的词与物的故事中，不但有独特的观察，还有精彩的诠释。我还注意到，贵平的故事建构了一种独特的行走文学形态，这就是深入的行走，瞬间的捕捉，真实的记录。在这样一种行走文学的背后，我感觉到了故事中词与物的力量。这是在一般记者行文中很难见到的。这或许就是读万卷书、行万里路的一种体现。这本书也是文化遗产的记录，是一本很有价值的深度旅游和考察手册。

在行走中激动，我和李贵平有同样的感受。我很希望再有机会和贵平一道踏上茶马古道的征程，在途中与他分享调查和行走的乐趣，喝点儿茶马古道上的烧酒，在不同的知识背景中更深入地认识茶马古道。

2018年11月13日，未名湖畔

_目录

第一辑

驿站遗韵

/

/

/

西陲边地，大山深处，一条人踩马踏的崎岖古道，构成汉藏等民族和衷共济的脊梁。

千年古道，一部茶史，把历史和今天、内地与边疆、自然奇观与民族风情连成一线。

这样的古道，起点在哪里？

雅安：千年驿道的恢宏起点

在城市的家族中，有这样一种类型：这些城市在并不遥远的过去，曾经因为得地利之便辉煌一时，从而有着深厚的历史遗产；等到今天地利的优势不再，它便慢慢地化蛹为蝶，以另一种闲散的表情展露芳容。

雅安，正是这样一座城市。

青衣江和陇西河二水交汇，冲积出了由四川盆地向青藏高原过渡的这方小小河谷，雅安便扼守其间。

南下凉山、西控康藏、北上成都，有利的地理位置构筑了这个城市悠久的历史。也许因为在民国年间曾经做过西康的省会，雅安比四川的其他地级城市更显露出一种大气，就像一个见过世面的望族女子，虽繁华事散，但气质还在，骨子里的那份端庄与雍容还在。

如果我们要选择一两个词语来概括雅安，我认为它们是：茶马古道、后花园。

茶马古道，代表了雅安的历史；后花园，则是对今日雅安最形象的概括。

一

西陲边地，大山深处，一条人踩马踏的崎岖小道，竟是藏汉民族和衷共济的坚硬脊梁。

千年古道，一部茶史，把历史和今天、内地与边疆、自然奇观与民族风情连成一线。

这样的古道，起点在哪里？很多人说，在四川雅安。

至少，川藏茶马古道，起点就在雅安。

雅安西康大桥出口处，有一组古朴的群雕铜像：背着茶包的背夫，扛着茶包的马队，有个男孩也跟在妈妈后面负重前行，他目光坚定，憧憬远方，沿着崎岖山路跋涉着自己的成长……

这组“茶马古道雕塑群”，就是为了纪念那条兴盛了千年的古道，是为了纪念在这条路上跋涉运茶的背夫，更是为了纪念那些为藏汉民族的团结和兴旺做出了贡献的人。

雅安新桥：茶马古道源头的标志点（孙明经摄于1939年）

当我们凝视彩色的中国地形图时将会发现，从地处西南的四川和云南一路往西，地图的颜色渐次变深——这意味着，这里的海拔高度正在不断抬升，从四川、云南到西藏，一级级抬升的山峰，宛如大地升向天空的阶梯，最终抵达高耸的世界屋脊。

二

雅安，是一个水墨画般美丽的地方。传说女娲当年在这里补天，她将天补漏了一块，给雅安留下了无尽的烟雨，雅安也因此被称为雨城。由于常年气候湿润、雨水充沛，特别适宜茶树的生长，雅安也从西汉开始，便成为我国西南地区著名的茶叶产区。

雅安茶在不同历史时期又称黑茶、乌茶、边茶、边销茶、四川南边茶、四川南路边茶、大茶、雅茶等。

雅安，作为川藏茶马古道上最为特殊和重要的地方，不仅是我国重要的边茶产地，也是川藏茶马古道最大的茶叶物资源头。正是有了雅安源源不断的边茶供给，1000多年来，边茶就像一条坚实的纽带，把藏汉人民紧紧地连在一起。

史料记载，清代每年输入西藏的茶70%以上来自四川，其中主要为雅州（雅安）所产边茶。这条路，也是横断山脉里最艰苦的茶马古道，主要由人力运输跋涉。于是在那个时期，产生了一种特别的工作岗位——背夫。

从雅安到康定（打箭炉）的茶叶，由背夫一步一个脚印背运到达。多的足足要背两三百斤。妇女、小孩也加入了背茶的行列，甚至还有哺乳期的妇女也带着婴儿一同上路。

这些男人、女人甚至孩子，以接力棒的形式从雅安出发，向西经打箭炉、昌都至拉萨，前赴后继，环环相扣，再由拉萨向西通到异国的不丹、尼泊尔、印度，全长近4000公里。

人在经历风吹日晒后，皮肤会变得格外黝黑，更别说清幽水灵的茶叶了，它们在青藏高原的巨大温差中默默酵变，褪去绿衣换上黑装，以至于到达圣城拉萨时，竟然变异为一类新的茶种。

从雅安到打箭炉的古道有两条，人们将它称为“大路”和“小路”。

大路从雅安出发，向西南经飞龙关到荥经新添镇，过六合、花滩、箐口、黄泥翻越大相岭到清溪，向西经宜东、三交翻越飞越岭进入泸定，复经磨西到打箭炉。这条路，与古代南方丝绸之路交集重叠，也是朝廷向藏区输入军饷物资的官道，沿途驿站客栈较多，商旅行人、马帮过往频繁。

小路非“小”，也从雅安出发，向西经宋村渡，过青衣江逆流而上，经飞仙关到天全始阳、两路口、长河坝，翻越马鞍山，在泸定与大路会合进入康定。这一路夹岸高山，遮天蔽日，道路险峻，气候恶劣，野兽出没，沿途少有客栈。背夫常常风餐露宿，异常艰辛。

如今，茶马古道的内涵在慢慢变化，不再局限于单纯的茶马互市商路。现在的茶马古道，已成为西南地区古道系统的代称，涉及的地域范围也越来越广阔。

三

1939年，从6月初到12月底，历时160多天，一位28岁的年轻学者孙明经，带着数十位学界名流开列的课题，从雅安出发，肩扛电影摄影机，手握照相机，翻雪山，涉激流，行程上万里，几经生死，完成了一次用影像和照片考察的“茶马贾道”（茶马古道）科学考察课题。

这是一次向藏汉等多民族文化交流、向伟大远征古道的致敬之作。

孙明经何人？中国电影家协会主席李前宽说：“孙明经老师是一位伟大的爱国者。”我国电影摄影学首位博士生导师、孙明经的弟子沙占祥教授说，他是“中国电影高等教育的开山祖师”。

1939年孙明经所记录的历史画面中，西康人背上的货物有大米、木炭、矿石，但背得最多的还是茶叶。在汉人的想象中，茶叶对日常生活的意义远不如米和煤重要，为什么偏偏是茶叶，驱动了无数背夫经年累月的负重远行呢？

在孙明经的视野中，茶无疑是藏民生活里极其重要的部分：对生活在寒冷高原上的藏民来说，“宁可三日无粮，不可一日无茶”。高原缺少蔬菜水果，以肉食为主的藏民必须通过天天饮用大量碱性极高的酥油茶，来中和体内的酸碱度。这已成为一个传统习俗。

孙明经在考察中发现，边茶从雅安启运，人力背运至打箭炉要用三四十天时间；从打箭炉西运到青海以北需一年半或两年，而到拉萨集散地则需两年半或三年。

为何要用如此长的时间？孙明经经过考察得知其原因：一、用牦牛驮运是“边牧边运”，即一边放牧一边输送。二、打箭炉以西地处高原，有的地方9月、10月就开始下雪封山，要到第二年初夏才能再次上路，一年中能用于运输的时间非常有限。三、因包装藏茶要耗用大量牦牛皮，必须宰杀大量牦牛，因此牦牛在运茶途中必须完成繁殖，经历“交配季节”和“产仔季节”。四、打箭炉以西的河流少桥，牦牛群须在枯水期渡河。

孙明经还向经营雅安边茶的茶商请教：“为何雅安至打箭炉这一路上，不用马匹运输而用人力背运？”得到的回答是：“在平路上一匹马可驮12条茶，从雅安到打箭炉路很不好走，一匹马最多驮2条茶，比不过人。这条路上，一个男背子最少可以背12条茶，多的可以背19条到20条，女背子少的可以背7条，多的可以背10条，一般背8条。用马驮茶还要马夫照看马匹呢。”一条边茶重16斤，20条边茶重320斤。古道上马儿不胜其重，背夫们却可人力为之。雅安边茶背运到打箭炉后，易名“藏茶”。

雅安以西，有五大横断山脉和六大激流。雅安至打箭炉间的道路，“翻高山越激流，再翻高山再越激流”。孙明经在考察团中参加的是地理组。考察途中遇到了兵匪，很多人打退堂鼓折返了，但他义无反顾地坚持考察，拍摄记录了大量珍贵图片和文献资料。

四

雅安边茶，作为文成公主随嫁礼品传入西藏后，很快成为藏族人民日常生活的必备饮品。为了传递茶叶，自唐代以来，从四川到西藏拉萨，便有了这条历史上形成最早、里程最长、路途最险的茶马古道。

1995年版《雅安县志》载：宋熙宁七年（1074），皇帝下诏，在雅安多地设茶马司。宋神宗元丰四年（1081），诏令“其雅州名山茶，今专用博马”。《明史·茶法》载：太祖朱元璋“诏天全六番司民，免其徭役，专令蒸乌茶易马”。乌茶即藏茶、边茶，天全即今雅安天全县，是个很大的茶叶生产地和交易市场。《西藏政教鉴附录》：“茶叶自文成公主入藏地”，即雅安所产龙团、凤饼茶，贡奉朝廷后作和蕃礼品带进藏区。清康熙三十五年（1696），皇帝批准在打箭炉开市“蕃人市茶贸易”，大行茶马交易，雅安边茶从此改到打箭炉交易。

清代中叶，雅安的茶号已经发展到80多家，有些茶号还具相当规模。职员中有明确的等级界限，有严格的升迁制度和工资制度，各种管理措施严密。那些年代，商人为了牟取厚利，千方百计控制货源，抬高售价。于是，本来不算贵重的边茶，到了藏区便身价百倍，不少劳苦大众无力购买，有的人只能拾取富人熬茶后丢弃的梗渣，即所谓“吃三道茶”。

雅安作为茶马贸易的中心，又是扼川藏、川滇的咽喉之地，“茶马互市”的政策法令，大多以雅安首发。

《明史·食货志》载：“明初，雅州碉门茶马司规定，西藏的上等马给茶40斤，中等马给茶30斤，下等马给茶20斤……”到了战马稀缺年份，天全县碉门茶马司又改规定：“上等马给茶120斤，中等马给茶70斤，下等马给茶50斤。”

雅安边茶（图 据西藏博物馆）

1935年，西康建省委员会成立，西康省主席刘文辉强调："边茶为汉藏贸易的中心，亦为汉藏经济联系之纽带。历代中朝政府均以此招致边民，促其内向。"又称："乃至近年，茶于康藏更具有重大的政治意义。因康藏两地，无论政治、军事均不能有直接联系……故茶非但为局部普通商品，且与国家社会有整个联系。"把茶叶经营提高到国家战略层面来看待。刘文辉是个非常精明的政客，他执政西康后，面对捉襟见肘的地方财政，首先想到的就是边茶，他控制了西康最大的康藏茶叶公司，以边防开支浩大为名，拒不向国民党财政部上缴茶税，而公司第一年的产量就达到40万包茶，约合140万银圆。

20世纪50年代中期，雅安到康定的公路建成通车，延续了数百年的大路、小路及背夫们渐渐退出历史舞台，被现代交通所代替。

五

今天的名山新店镇，有一座宋代修建的茶马司遗址。这也是全国唯一留下的茶马司遗址。这座修建于宋熙宁七年（1074）的四合院，是中国历史上第一个专管茶马贸易的行政机构，其职责在于“掌榷茶之利，以佐邦用；凡市马于四夷，率以茶易之”。

1995年版《名山县志》载，茶马司建立3年之后，曾经任用王安石变法的宋神宗，在元丰初年颁布了一道著名诏书，“专以雅州名山茶易马，不得他用”，并“立为永法”。

从此，以雅安为制造中心的南路边茶，在雪域高原声名远播，在川藏茶马交易的鼎盛时期，曾经“岁运名山茶二万驮”，而名山茶马司接待的通商队伍人数一天竟多达2000余人，盛况可见一斑。

雅安边茶的繁荣，造就了百年不衰的商业神话。一代代商人因经营南路边茶而致富，有的甚至成了巨富。

专业生产边茶的作坊又称“茶号”。从明代二三十家，到清代发展到七八十家，成为雅安历史上最具代表性的一项民族工商业。其中像义兴隆、天增公、孚和、永昌、姜家等几家大茶号都是经营了数百年的老店。这种格局，一直延续到20世纪80年代末期。

今天，雅安雨城区生产的雅安藏茶，更是占到了藏区茶叶总销量的80%以上。南路边茶制作技艺被列入国家级非物质文化遗产保护名录，“雅安藏茶”也与“蒙顶山茶”一样，成为雅安茶产业的两张名片之一。

千百年来，人文自成一家。汉民的茶，藏区的马，在南来北往的交流中渐渐融合成了茶马古道一条路。有了茶，有了马，被汗水血泪浸染，也算是有了生命。

那是一个时代的伟大华章。时至今日，茶草香气散尽，驼铃声西行远去，虽清脆不再，万古也常青。

/
/
/

一些普通人家中，农村厅堂、宾馆大堂中常挂的匾额已经不再流行墨书，而是“茶书”——用茶叶压成“芬芳的文字”，制成匾额、对联、挂画悬在客厅。

900年“茶马司”旧梦如烟

每天上午9点，82岁的杨淑珍婆婆会准时打开“茶马司”的褐色木门，静候来客。这座古老建筑的背后，是青葱起伏的蒙顶山，层层绿意荡向天际，一场雨后，清新的空气扑面而来。

这座位于雅安市名山区新店镇318国道旁的茶马司遗址，是全国唯一遗存的“茶马互市”官衙所在地旧址，在周边高速公路和钢筋丛林的映衬下，透出一股高贵而古朴的气息。

全国唯一的茶马司遗址

历史上大名鼎鼎的名山茶马司，一般游客可能不一定感兴趣。这个遗址，是个冷清寂寥的四合院，始建于宋神宗熙宁七年（1074），迄今944年，重建于清道光二十九年（1849）。

整个建筑坐北向南，以中轴线对称布局，全用整块成型的石头凿成。大门口横卧着几根赭红色石柱，石柱上隐约可见“赤兔”二字，据说这石柱是当年的拴马石。院子中有一棵似已枯死的罗汉松，枝叶零落，已有七八百年树龄。

院口竖立的“茶马司”石碑碑文，像是在提醒人们，这里曾经是四川茶马交易的极盛之地。碑文写道：“宋时因连年用兵，所需战马，多用茶换取。神宗熙宁七年，派李杞入川，筹办茶马政事，于名山，以名山茶易马用……明洪武时，对茶叶实行官买官销，由茶马司主持交易……”

古代茶马司的职责，就是利用藏地和西戎民众的“嗜茶”习惯，专管茶马贸易，以确保茶叶能长期稳定地供应藏区，最终目的是强化中央王朝的统治地位。

茶叶飘香，竟唤醒一个王朝的“治边”灵感。

名山茶马司，源于古代中原王朝跟北人长久征战的需求：北宋熙宁年间，驻守甘肃的经略安抚使王韶，在临洮一带与西夏人和女真人作战，在一次次跟游牧人的厮杀争战中，宋军损失了不少马匹。王韶向朝廷请旨，他的部队急需大量战马，用于装备骑兵和运输粮秣。王韶还说，他发现西戎番地急需茶叶，所以具备茶马“互换”的条件。

朝廷觉得这话很有道理，便令王韶先在四川收集战马。为了方便军队大范围征马，朝廷干脆在四川的名山、天全（碉门）、汉源（黎州）、雅安（雅州）多地设立了茶马司，专门负责茶叶收集并以茶易马的工作。

宋朝统治者十分重视茶马互市。当时，契丹、西夏和女真等少数民族的崛起，对两宋政权造成严重威胁，迫使朝廷同西南地区少数民族保持友好关系，以便集中力量与北人抗衡。在这种情况下，茶马互市除了为朝廷提供巨额的茶利收入补充军费之需，还能满足国家对战马的需要，维护西南边境的安全。

名山被设立茶马司，有个巨大的资源背景——它依托蒙顶山这个世界茶文化发源地，盛产大量高质量的边茶。在古代，蒙顶山（又名蒙山）的范围很宽，跨雅州、邛州、名山、芦山等州县，以“蔡蒙旅平”“天下大蒙山”传世。早在西汉时期，蒙山茶祖师吴理真开始在蒙顶山驯化栽种野生茶树，后传入日本。欧阳修有首《时会堂》诗写到贡茶，开篇便是蒙顶茶："积雪犹封蒙顶树，惊雷未发建溪春。中州地暖萌芽早，入贡宜先百物新。"唐宋时，蒙顶山茶叶已饮誉天下，成为皇家重要的贡茶。

李朝贵、李耕冬《藏茶》一书介绍，北宋后期，朝廷为了能收集到更多的优良战马，还在陕、甘、川多处设置了"卖茶场"和"买马场"，铁心要把以茶换马进行到底。

熙宁七年（1074），朝廷采纳王安石和王韶的建议，派李杞入川，在成都设置茶场司（榷茶司）实行川茶专买专卖。于是，大量川茶被运送

名山县保留着全国唯一的茶马司遗址（李贵平摄）

到陕西秦风（今甘肃天水）、熙河（今甘肃临洮）两路，用茶叶与党项吐蕃等少数民族交易马匹。

李杞主政的大提举茶马司，权力非常大，不只因为他是由当朝宰相王安石推荐，神宗皇帝钦点任命，更因为他肩负三大重任：第一，每年要收买3000万斤茶叶；第二，要将茶叶运往西北边境换回宋朝军队需要的3万匹战马；第三，每年要上缴朝廷30万贯茶税。可以说，宋朝的军事问题、政治问题和经济问题这三大难题，全都搁在李杞这个大提举茶

马司的肩头上，当然最终，也落实在四川的茶农及茶商的肩头上。

财大气粗的茶马司官员在朝廷眼里，简直就是敛财“英雄”和经济“功臣”。皇帝规定，其他各司不得干预茶马司的事务，地方官员必须协助茶马司的工作。于是，李杞在他上任的当年十一月，就上交茶税40万贯，超额完成了朝廷下达的每年30万贯的任务。此后他一鼓作气，实行更加严苛的茶法，比如遇到有人私贩茶叶或背夫在路上丢弃茶叶开小差，他就命手下将当事人的脚筋挑断，予以严惩。李杞任期的4年里，上交的茶税竟达到122.9万贯，受到朝廷嘉奖。李杞死后，皇帝下诏追录其功，为其子封官晋爵。

后来，身为国子监博士的邛州人李稷，受命担任大提举茶马司，又在陕西做转运使，主管茶马司，实施更加严厉的茶法。从1078年到1082年，李稷在任5年里累计收茶税达428万贯。1082年，年收茶税达160万贯，1085年，收茶税突破200万贯，1113年，年收茶税达到了371万贯之巨。就这样，李稷等酷吏通过茶叶为朝廷敛财，也为自己升官铺路，其征收茶税的手段到了无所不用其极的地步。李稷死后，皇帝也对他的“丰功伟绩”大加赞赏，并下诏赐予百亩良田给其子孙后代享用。

我们现在看到的名山茶马司，也是全国唯一保留下来的茶马司遗址。小小遗址，回荡着茶马互换和茶叶生产、茶税的百年风云。

三次诏书“专用易马”

如今，这个茶马司遗址，平时也就两三位老人待在这里。她们守护着遗址也让遗址陪伴着自己。院子里，杨淑珍婆婆告诉我，过去很长一段时间，茶马司门庭若市，常有各地商人包括藏商赶赴名山，寻求茶马交易，排列的队伍延伸到数里之外，蔚为壮观，安静的步履连接着传承千里的精神纽带。

而这条起始于名山（蒙顶山）的茶马古道名为“牦牛道”，一路向西南方向经雅州（雅安）、严道（荥经），翻大相岭进入汉源境内（俗称南路边茶）。到汉源后再一分为二，一条经清溪、宜东去泸定、打箭炉（康定），再往理塘、昌都、拉萨以至西亚各国；另一条经邛都（今西昌）到越西、云南，然后出国。这后一条路，也就是历史上著名的南方丝绸之路，任乃强先生称之为“蜀布之路”。

杨婆婆说，她听老辈子讲，清朝中期，官方茶马交易被朝廷废止，名山茶马司也失去了它的功能，渐渐冷落成普通衙门所在地，后来被改造成一座寺庙，人称“长马寺”，供奉几尊菩萨像。尽管如此，还是经常有穿大襟长袍、蹬长筒皮靴的藏民同胞经过这里，进来烧个香、许个愿，俨然把这里当作心中的圣殿。2004年6月，当地政府对这里进行了重新改造，长马寺又恢复成“茶马司”的叫法。

我在茶马司陈列厅待了差不多两个小时，一下打开了关于茶文化的所有记忆。这里，俨然是一个中国西南地区茶马古道博物园，几乎囊括了茶马古道和茶马互市的全部历史信息。雨后的小镇，空气是如此清新，氛围是如此宁静，连雀鸟的飞翔都那么轻盈，似乎是造物主要刻意让我吸收那些古老沧桑的故事。

我从茶马司陈列馆品读到，最早的以茶换马（茶马互市）是在唐代，但那时的规模要小得多，到宋代时形成一个高峰。随着茶马贸易的发展，到宋神宗熙宁三年（1070）置文州（甘肃文县）买马场，又置威州（四川理县）、龙州（四川平武）、碉门（四川天全）买马场。此为官方第二次置买马场——全国四处，四川占了三处。

蒙山茶品质优异，换马深受青睐，价格很高。宋时，名山茶年运两万驮（每驮120斤）。《宋会要》卷四载：“秦州买四至十岁赤（尺）大马，用名山茶一百二十斤。”所以宋徽宗在建中靖国元年（1101）和大观二年（1108）分别重申：“熙、河、兰、湟路以名山茶易马，不得他用，恪遵神考之训。”（《宋会要》卷六）规定名山茶专用于换马，不得他用。

从元丰四年（1081）起，到后来这28年时间里，前后有两位皇帝三次诏书“名山茶专用易马”，可见蒙山茶当时的影响。元丰八年（1085），四川茶叶产量达2954.8万斤，川茶产量占江南诸产茶省产茶之和（周重林、太俊林《茶叶战争》，华中科技大学出版社，2012年）。

大量的蒙山茶，默默承担着维护边疆和平与民族稳定的使命。尤其宋代以茶易马的制度形成后，蒙山茶行销数量之大、地位之重，是其他省市茶叶、茶类难以比拟的。有学者估计，两宋时期四川年产茶3000万斤中，每年至少1500万斤以上销往西北地区……一直延续到清朝，为后来汉藏边境的文化交融、经济繁荣做出了巨大贡献。

1995年版《名山县志》也记载：名山茶马司运营的茶马互市，在明朝鼎盛时期达到“岁运名山茶二万驮”（每驮50公斤）之多，占官方统筹总数的一半以上，有时接待藏羌茶马贸易商队的人数一日竟达2000余人，极为壮观。

那是一个时代的繁盛华章，激荡着无数名山人的记忆。

私茶出境，凌迟处死

历史上无论哪个王朝，中央政府对茶马交易都有着极严格的规定，无论民间还是官衙，当事者弄不好是要掉脑袋的。

比如，北宋朝廷设立了严苛的“茶马法”，规定沿边少数民族，只准与官府（茶马司）进行以茶易马的交易，不准私贩，更严禁商贩运茶到沿边地区去贩卖，甚至规定不准将茶籽、茶苗运到边境，凡私贩者予以处死或充军3000里以外，官员失察者也一同治罪。

最严厉的是明代。《明律》载：“私茶出境与关隘失察者，并凌迟处死。洪武时驸马都尉欧阳伦使西域，因贩私茶，赐死罪。”驸马欧阳伦因违禁走私茶叶，为兰州一小吏告发后，被朱元璋赐死。驸马一死，贩私茶者惶惶不可终日，民间走私之风也温柔了许多。

明朝的茶马政策，有着明显的政治企图，甚至可以说是一种“国家战略”。1393年，明朝中央政府开始推行“金牌信符”制度。金牌信符类似于今天的许可证，没有金牌信符就不能从事茶马贸易，违反者会被依律处决。重要的是，这种制度抬高了茶价，压低了马价，起到牵制西藏地方政府的作用。蹊跷的是，就算面临不公平贸易条件，西藏人也不愿终止茶马贸易——因为“嗜茶”，他们已经成了茶的“奴隶”。

清初依然沿用明律，规定“凡通接西番关隘处所，拨官军巡守，遇有夹带私茶出境者，拿解治罪，番僧亦许沿途官司盘验，如有夹带奸人私茶，则茶货入官，伴送夹带人送官治罪”。康熙四十三年（1704）以后，管理虽有放松，也只允许出界人带茶不多于10斤，如驴驮车载，仍按私茶治罪。但还是有不少腐败的官员、军人和老百姓冒着掉脑袋的危险，私运茶叶进藏，侥幸获取巨大利润。白居易有诗曰“商人重利轻别离，前月浮梁买茶去”虽然说的是唐代，但也暗讽了历史上某些“茶客”一以贯之的见利忘义。

名山因茶而兴，也影响了当地的社会生活和民间习俗。

1995年版《名山县志》带着诗意的笔触，描绘了一幅温馨画面：清末到民国初期，在新店镇乃至整个名山县的大街小巷，经营茶叶的店铺已成为这里的一道风景，名山茶现实地存在于当地人的生活方式中。在一些普通人家中，农村厅堂、宾馆大堂中常挂的匾额已经不再流行墨书，而是“茶书”——用茶叶压成“芬芳的文字”，制成匾额、对联、挂画悬在客厅。老人在院落里，坐在茶树下，品着名山茶，下着象棋——连棋子也是茶叶所制；逢喜庆、婚姻、儿女即将出世等重要场合，一些人还会到茶庄订购一桶好茶，仿造葡萄酒存放方式，将名山茶在木桶里封存数年，赠予自己珍爱的人。

在名山，民间种茶也一直兴旺。比如，宋朝初年，朝廷允许民间自由种植和买卖茶叶。一户茶农辛苦一年下来，多的可卖三五万斤，少者可卖一两百斤。每斤茶叶，质量中等的可卖得20文，次等的也有10文，就算每斤茶叶卖得15文，产一两百斤的茶农能卖得1贯500文到3贯，产三五万斤的大户，就能卖到450贯到750贯了。民间老百姓靠种茶、制茶、买卖茶叶养活自家的例子，比比皆是。

眼前茶马司遗址早已成空壳，曾经商贾繁荣、骡马如织、铃声叮当的茶马交易早已繁华不再，茶香尽散，但那些散落在地上的建筑构件，遗留下的院子和建筑，却向过往的人们诉说着900多年来藏马换茶的峥嵘往事。

树影摇动满山寂静。离开茶马司遗址时已是傍晚。天边，一抹橘黄色夕照透过云层漫天照射，也映在眼前的褐黑色大门上，留下悠长的阴影。门楣上那三个用汉藏两种语言书写的“茶马司”烫金大字，在两旁鎏金壁画的映衬下，格外醒目，也格外神圣，它似乎是在向每个参观者彰显自己曾经的尊崇身份。

/
/
/
马帮和背夫来到驿站，歇口气儿后继续把盐、茶驮运走，留下当地人需要的生活物品。频繁的贸易过程中，也吸收了大量中原及邻国经济文化理念。

清溪：风口上的火热驿站

“清风雅雨建昌月”这则谚语，把汉源县清溪镇的“古城劲风”、雅安的“桥头烟雨”、西昌的“如盘明月”这三大自然奇观，铭刻在古道背夫和过往商贾的记忆里。

清溪镇，是一个建在风口上的古镇，曾经是茶马古道和南方丝绸之路上的驿站。唐宋至清雍正时期这900多年，汉源都是州府所在地，古称黎州。作为牦牛道的门户，清溪古镇既是过往马帮歇息、补偿给养的必经地，又是躲避蛮烟瘴雨、毒虫兵匪的好场所。

从雅安出发的茶马古道，需要翻越大相岭去往康定。令人谈虎色变的大相岭，就是今人说的泥巴山。大相岭陡峭奇崛，从前没有修通雅安到汉源的公路，很少有马帮走过，也根本走不了，只有靠背夫背运。背夫要一直背着货物翻过大相岭，下山后的第一个镇子就是清溪镇。

从边茶运输路线来说，雅安名山、天全、荥经一带的南路边茶，经常取此道西行经宜东、飞越关、化林坪通往康藏高原。这是千百年来川藏茶马古道的一条热门路线，非常有名，也非常难行。

今天的清溪，当然不再有这样的历史使命，背夫都老了、死了，客栈也都陈旧了、荒废了，留下的只是记忆。镇上居民过着悠然自得的生活。街上除了零星的副食品小店，几乎看不到商业的痕迹，除非是赶场天，你甚至找不到一家可以充饥的餐馆。

这种驿道必须一口气攀爬上去

（李贵平摄于汉源县清溪镇野外）

小镇古朴、清爽，春天更美，曲径通幽，花香四溢，十步之内，必有桃红柳绿。粉嘟嘟的樱桃花树、梨花树点缀在房前舍后，摇曳出一片片璀璨如月光般的白，直逼人眼。

唐时风、汉时雨。清溪是个有历史的地方，也是如今驴友们乐于户外徒步的地方。他们说，这是一个让人忘掉时间、又想起时间的地方。这个有1340多年历史的小城，古貌依稀，古风犹存，脚下的路，由各色砖石铺就，有新有旧。曾经商号林立、马店繁盛的景象已成如烟往事，犹如一个红颜褪尽的女人，眉梢间仅留着淡淡风韵。

有数百年历史的北城门，仍是人们来往进出的通道。每天，骑摩托的小伙儿、赶牛的老农、提菜篮的农妇、打伞的姑娘、系红领巾的孩子，全都从拱形门洞里进进出出，将庸常生活压缩成一幅风俗画卷。城墙杂草丛生，墙面苍老斑驳，门洞下的青石板路，早已被水泥石阶替代。上了年纪的老人会说，其实在十多年前，门洞下都能看到许多“子窝”，“子窝”不是马蹄踩出来的，而是一代代背夫在歇气时用手头的T字杖戳出来的。

北门外，旧时还有一座武侯祠，始建于三国时期，相传由蜀国大将军姜维为缅怀丞相诸葛武侯亲自督造，后历代维修，在千百年的变幻中虽已残破颓废，但恰似风雨中摇摆的古灯，虽微茫而不灭，让人想起那鞠躬尽瘁、死而后已的诸葛武侯，令人肃然起敬。这座武侯祠，后毁于清朝末年的兵燹之中。

镇南不远处的山峦上，有一条七八公里长的茶马古道旧址。这很难得，石梯、马店、拦马墙遗迹均在。周遭野草丛生，荆棘遍地，地势逶迤，伸向山岗。这里平时人迹罕至，至少冷落了半个世纪。如今，乡村旅游搞得红火，镇里花钱将这里打造成一个景点，保留了原来遗址，也新修了一些土坯房、石梯、甬道等，还放置了一些过去背夫用过的篾条茶包。每到春天，当梨花开遍山岭，花香追逐阳光，县里会搞些文化活动，找些美女让她们穿上旗袍，邀请文人和摄影师来采风宣传，山野顿时热闹起来。

所有的宣传都离不开茶马古道这个主题。的确，清溪当年的背夫们太有名了，他们一路跋涉，晚上到达这里，放下沉重的茶包，吃一顿饭，再睡个觉，第二天又继续赶路。古往今来，皆成习惯。

我去过两次这个古道遗址，发现山上的风太大了，一阵接着一阵，呜呜吹个不停，好像有无数头怪兽任性地出来鼓捣一番。山岗上的茅草、砂子、矮树枝上的花朵，都在大风中落雪般飞旋，又撒落一地。很难想象，当年背夫是如何在负重两三百斤的情况下，一步步跋涉而且随时会被野风吹得东倒西歪。

清溪镇保护最好的当数文庙。这里，高大的“万仞宫墙”色彩斑驳，仍有皇宫般气势。浮雕图案中，状元打马游街图特别有趣——状元固然喜气洋洋，百官也形态各异，惟妙惟肖。墙内古杉参天，斗拱重檐、琉璃碧瓦的大成殿，冠戴般的棂星门，还有滴水桥、泮池、礼乐亭、千年紫荆、百年丹桂、古铜香炉……文庙的书香气息，传递着一个跟茶马古道传统相背离的世俗信息：娃娃们必须好好读书，长大了才可能功成名就，造福桑梓，流芳百世，否则就只有一辈子下苦力、当背夫的命。

文庙里屋檐下开了家茶园，本地每客3元，外客5元。桂花飘香或银杏正黄的时候，居民都喜欢来这里喝茶，这几乎是一种约定俗成。他们懒洋洋地躺着竹椅上，让温情的阳光发酵着自己的身心，一“泡”就是一整天。榕树下，一位叫周钟喜的八旬老人跟我们聊天说，他很小的时候，就跟父亲在文庙外头开了家不小的马店，生意红火，主要招待那些“出得起钱”的大商队。

如今过了几十年，周钟喜脑子里还常常浮现这样的画面：夕阳西下，天地苍黄，从古道山湾处走来一队马帮，马铃声破风而来。这时，坐在门前竹椅子上的爷爷一骨碌站起来，放下手里的水烟筒儿，大声安排店小二做好迎客准备。不过十来分钟，伙计们就熟练地抬出骡马草料，给大石缸加满饮马的泉水，用大锅炖好土豆排骨腊肉等，将热腾腾的洗澡水用木桶装好放在客房里……赶马人走近客栈，会看到两层楼的瓦房上酒旗飘扬，大门上贴着一副对联：“关山难越谁为主，萍水相逢我做东。”有种宾至如归的感觉，很舒服。

赶马的汉子笑着跟主人家打招呼，他们把散发着汗臊味的羊皮褂和包袱丢给伙计，嘴里大声嚷嚷，接过茶碗儿咕咚咕咚地猛喝，乐滋滋地唱着小调儿，走进飘逸着酒香肉味的房屋里。很快，屋子里响起觥筹交错的声音……

那个年代，由于运输量的巨大和运程的遥远，清溪镇出现了很多马帮（俗称马脚子），同时大批背夫（背二哥）也扎堆云集。他们凭借原始简单的运输工具和一身力气，怀揣“东方不亮西方亮，西方不亮打远仗”的希望，奔波于茶马古道上养家糊口，犹如当年河北、山东人闯关东、西北人走西口一样，求得基本的生存。当中，有不少人通过赶马走货发了些财，但更多人的日子却过得艰辛。

杨茂群老人11岁时起就跟他父亲在牦牛道上背茶包，对那段生活记忆犹新。他说：以前的背夫大多家里穷得揭不开锅，只好干这种体力活儿，他们出发时，随身携带一点玉米面或馍馍，带一点盐巴和咸菜，走到“幺店子”（客栈），胡乱烤热干粮，要碗开水，潦草对付一顿。如果能买上一碗“豆泡子”（豆渣和着菜叶煮成的汤食），就很奢侈了。至于过夜，客店里若是住满，掌柜的最多备一些“哨凳”（在地下铺些草帘子、玉米叶子、干谷草），让背夫临时作床铺用。疲惫之极的背夫也不管三七二十一，横七竖八躺一屋子，汗臭味和叶子烟味弄得乌烟瘴气，连蚊子都呛得不敢光临。天麻麻亮，鸡鸣三遍，有人吆喝一声，大伙儿爬起来吃点东西，又背上货包，迎着晨曦，踏上新的旅途。

1995年版《汉源县志》载，清溪镇过去是个货运集散地。以民国十年（1921）九月为例，这个弹丸小镇每日容纳了背夫、马帮、行商七八百人次，骡马上千匹。晚上用餐时段，大大小小的馆子人声鼎沸，店小二端着碗碟儿跑得满头大汗。喝酒猜拳声此起彼伏，划破夜空；街道两旁灯笼高挂，杂货琳琅，人来人往。

马帮和背夫来到驿站，歇口气儿后，留下当地人需要的生活物品如绸缎、布匹、香料、皮革等，而继续把盐、茶驮往西运走。“来的都是客，铜壶煮三江”，频繁的贸易过程中，蜀人也吸收了大量中原及邻国民俗文化理念。

从清溪向西翻山越岭走60里路，就到了另一个重要驿站宜东镇（泥头）。过去很长一段时间，雅安几乎所有的大茶号都在宜东开设了分号。由于历史积淀和商业惯性，清末到民国，这里形成的旅店、茶号、茶市、马店、洋行、仓库、兵营、商贾甚至比清溪还繁多。20世纪三四十年代，康定流传着一句谚语：“背不完的宜东镇，填不满的康定城”，说明宜东货运周转之繁盛。

随着20世纪50年代中期川藏公路的修通，马帮背夫的身影，逐渐从沟谷坡岭间淡出。但这些跋涉者经年累月用“T字杖”戳出的一个个石窝“子窝”，却把那段不平凡的历史，铭刻在茶马古道的山山水水间，铭刻在一代代人们的记忆中。

100多年前，英国人威尔逊在中国西部拍了很多照片，其中有一张是清溪古镇的全貌。照片上，这个有着美丽名字的古城坐落在一个山间平坝上。四周有逶迤的城墙，城墙之内有纵横的阡陌，有鳞次栉比的屋宇，有屋舍俨然的书院，有焦虑的面孔和弯腰劳作的身影……那天上午，猎猎秋风吹拂在我的身上，如一根根芒刺提醒着我到了一个不寻常的地方，我慢慢走到当年威尔逊拍照的半山腰，试图从他的照片中再读出点什么。

车子一路疾行，崇山峻岭和平畴沃野变幻着错落之景。我想，由于时代的进步、经济的发展和交通的便捷，从实用角度看，今天的人们当然不再需要茶马古道了，而一些景区对“茶马文化”的刻意雕琢，很难真正把握其神韵；如同我的老家长江三峡地区经常有几十人扎堆嘶吼，搞些“复活”川江号子的表演，不啻隔靴搔痒。可笑的是，有的地方还出钱雇人裸着身子在江边拉纤比画，大搞行为艺术，这都难以触动人们心灵的认同。茶马古道文化是博大精深的，它昭示的是中华民族自强不息的探索开拓精神。通过对古道遗迹的踏勘，通过对文献的研读，通过对当事人踪迹口述的记录，我们情不自禁以虔诚的心态，唤起对那一代代跋涉者先民的礼赞。

/
/
/

荥经，是南丝之路和茶马古道的重镇，也是边茶生产的主要基地。明清以来，荥经姜家大院两朝都获得边茶专卖的许可，成为荥经边茶贸易第一大户。

荥经严道和姜家边茶

茶马古道并不是一条单一的古驿道，它是川藏、滇藏、甘青等主线延伸出来的大大小小若干分支的统称，它就像一条奔腾不息的大河，纳百川而入海。

从古至今，雅安一直是四川商道入藏、入滇的交会处和重要驿站。而雅安境内的荥经县，以严道古城为中心的聚落等地，更是这条古代商贸运输线上一颗闪亮的明珠。

两条重要古道汇一体

荥经，古称严道，位于四川盆地西部边缘，是古代南方丝绸之路和茶马古道上的驿站。两条重要古道交集重叠，合二为一，这在国内极为罕见。黄炎培先生曾赋诗吟诵："荥经之水，岩石嶙峋；荥经之城，空气氤氲。"

古代严道的权力很大，管辖着今雅安市的全部和泸定县、洪雅县的一部分。公元前312年，秦惠文王为了奖励战功显赫的异母兄弟樗里疾，将严道赐予他，封其为严君。表面上是嘉奖其功，但主要是利用樗里疾勇猛无敌的威望镇守边关，发挥其智慧进一步开发西南夷的经济资源，促进边境贸易的发展。秦灭楚以后，秦将楚国的贵族千里迢迢迁徙到蜀中严道和邛州（邛崃）一带，一是为了避免楚人的叛乱，二是利用楚人先进的文化进一步开发严道和邛崃。

荥经是南丝之路西线四条支线的汇聚点，其中三条均与邛崃有关：一条是，经邛崃翻越镇西山过青龙关到龙门，顺玉溪河而下至今芦山县分道，顺芦山河、飞仙关望岩渡口，逆荥经河，穿过伏龙峡谷至荥经境内；二条是，邛州到上里河谷，出谷至雅安，横渡青衣江，越羊子岭到荥经，汇集主干线牦牛道；三条线，是经邛崃、蒲江过境，到百丈、名山县越金鸡关，渡青衣江登羊子岭、飞仙关进入荥经、汉源而汇入华南道主干线。西汉时，名将邓通派遣临邛人程郑在此开矿，在临邛筹钱的史实，更显荥经与临邛的“渊源”（明黄汴辑《明代驿站考》，上海古籍出版社，2006年）。

这里之所以一再提到邛崃，是因为过去除了雅安，邛崃也是蜀中重要的产茶基地。任乃强先生名之的“蜀布之路”和邛杖，就是以邛崃为地理基点。

荥经严道古城，是茶马古道和南丝之路这两条著名古道（交集）的边关门户。20世纪70年代末，四川省文物考古研究所多次对严道古城遗址进行发掘，出土的墓葬文物十分丰富，特别是战国、秦汉时期的出土文物（包括古印度等南亚国家运入的玉器、珠宝、毡毯、象牙、琉璃等）更是珍稀。严道的考古发现和城址周围出土的古墓葬群，基本包括了战国时期巴蜀流行的主要墓葬形制。它的存在，说明了蜀人与外界早期的商贸往来。而之前荥经县出土的巴蜀印章数量，几乎超过了巴蜀地区出土的印章总和，这证明了荥经是南丝之路上的商品集散地，也是各种物资进入“西南夷”和出口中亚、西亚、东南亚的发力之地。

西康第一富户姜家茶店

我第一次去荥经采访是在2007年春季，这也是荥经最美丽的季节。放眼看去，山川河谷笼罩在灿烂春阳里，犹如一幅鲜艳的油画：黄的油菜，碧绿的卷心菜、萝卜，还有各种果树，小葱已经结籽了，像一蓬蓬等待吹拂的蒲公英。田畴边长着野菊花。田野的边缘就是深沟，沟里流水清浅，游着密集的小鱼和蝌蚪，伸手一抓就能捞上来几条。如此美景，刺激我的探究步伐越加亢奋。

提到荥经过去的茶叶，当地很多人都说到姜家茶店。

在川藏茶马古道"大路茶"的运输历史上，荥经姜家的"仁真杜吉"边茶名闻遐迩。

姜家大院遗址，就在今天荥经县城开善寺的南面，那一带还难得地保存着一些明清民居。姜家大院从建筑上看，原本不像是用来生产边茶的，而是典型的民居建筑。为什么不住人而用来生产边茶呢？这是因为，明朝中期，大户姜家从四川洪雅迁居荥经后，以"华兴号"招牌与康藏地区做起了茶马交易生意，创立了享誉康藏的"仁真杜吉"品牌。我们今天从刻在遗址门窗上的浮雕，可隐约看到姜家茶叶最兴盛时的场景。

姜家茶店从明朝开业伊始，就信奉"诚信即资本"，建立了一套科学的管理和经营机制，主张讲信誉、求名牌、重商德，有着严明的号规。譬如号规第七条是："必须维护信用，礼貌待客，不许以假货充真、或以次充好、短斤少两等行为。"在行业树立了一道标杆。

清末民初，姜家不但成了荥经首富，甚至成了西康第一富户，他们在"大路茶"的制作和运输上有相当的话语权，即使在康藏地区也有很好的口碑。不过，由于时局不稳，社会混乱，匪患横行，内外安全成了问题。于是，清末道光年间，姜家和荥经县城的另一家有名的茶商兰家茶店强强联合，抱团取暖。

康藏茶叶有限公司第一茶厂（孙明经摄于1939年）

清光绪年间，姜家借鉴云南喜洲茶商的经验，发明了一种酷似窝窝头的紧压沱茶。这种沱茶，不但便于马帮运输，也适合储藏，口感也更醇厚，常年在藏地畅销不衰。如今，上百年过去了，姜家茶叶遗风犹在，氤氲着川茶文化的悠悠韵味。

民国地理学家、摄影家孙明经先生的一张老照片，让我印象深刻。

这张图片拍摄于1939年7月，地点是荥经县裕兴茶店（姜家分店）：茶店前，一名头戴头巾的女背子，低头用绳子捆绑长条边茶，神情专注，茶包上齐整叠放着9条茶包。另一边地上，摆放着已捆包好的边茶，也是9条。一条边茶重16斤，20条边茶重达320斤。女背子后面，是瓦房木结构的厂房，厂房右侧，挂有“康藏茶叶股份有限公司第一制造厂”牌子。门匾上写着“裕兴茶店”四个字。

当年，孙明经在荥经逗留了一个礼拜时间，拍摄了大量该县的照片，如康宁桥、东方公园、县城小学、太湖寺（今云峰寺），更多是跟茶叶有关的图片。孙明经后来在笔记中写道:"在平路上一匹马可驮12条茶，在雅安到打箭炉的路上，一匹马最多驮两条茶。这条路上一个男背子最少可以背12条茶，多的可以背19条到20条。女背子少的可以背7条，多的可以背10条，一般背8条。"(《孙明经1939走进雅安》，文物出版社，2014年)。

长期以来，荥经茶叶在制茶配方和经营理念上形成了许多先进的理念，制定了广受认同的行规。虽关山重重，荥经茶叶、茶商均为遥远的康藏同胞熟知。这当然不是一朝一夕形成的。荥经边茶具有良好的生态环境，鲜叶质量好，做工考究，工艺独特，特别是在茶商兰云泰手中达到新的高度。这也是荥经边茶受到藏族同胞喜爱的重要原因。

抗战时期，藏区许多地方的藏民感染了火症(现称痢疾)，荥经数家生产茶叶的厂家闻讯后，根据古法紧急配制了湫木茶，运送藏地，让藏族患者迅速得到康复，及时抵御了瘟症疾患的侵扰。这种根据需要研制的配方，是荥经茶叶加工生产销售的灵魂，也是川藏茶马古道茶文化的独特魅力(李朝贵、李耕冬《藏茶》，四川民族出版社，2007年)。

荥经砂器"飘香"边地

荥经县不远处的新添古镇，是南丝之路和茶马古道上的另一门户。这个地方，从明清和民国年间一直很繁荣。至今，新添古镇的建筑依然完好，上百户人家的青瓦屋顶紧紧相连，登高俯瞰蔚为壮观。

在镇东头，我看见一个老人牵着一头水牛，从青石板这头走到那头；一个小伙子站在井口打水，水桶碰触井壁时发出"噗通"的声音；一只癞蛤蟆从墙缝里翻过身来，青黄色的腹部与青砖挤在一起蠕动……

我们去新添镇采访时，街上一位姓周的老人说，他的曾祖父在清咸丰时期，就是严道一带有名的马帮大户，后来他父亲也跟老辈子去跑货运。"过去这条古道上，来往骡马多得很，太拥挤了，有时弄得当地人在街上走个路都困难。家谱记载，我曾祖父他们运输的货物，除了茶叶，还有丝绸、布匹、邛竹杖、盐、香料、宝石、象牙、琉璃、铜矿、锡矿等。我小时候就很好奇，老汉（父亲）他们跑运输时，用的货币经常不是银票或银圆，而是一种海贝，印度运过来的海贝。你说怪不怪嘛？”

这些价值不菲的东西来往经过荥经，很少有过运输上的纰漏。周大爷说，严道的马帮都是由传奇人物组成，用今天的话来说都是些牛人。马帮头领的“马锅头”更是决定一支马队生死命运的带头大哥，他不仅要懂四时节令、天气变化，还要能辨别方位道路，通晓各民族语言。

当时在荥经，背运茶叶相比其他货物是比较安全的，棒老二（土匪）虽然动不动就抢，就是不怎么抢茶叶——抢去了他们也背不动。当然背运茶叶的人也是最辛苦的，背的人弯着腰，汗流浃背。那时的人还不晓得用手帕，更不晓得用啥子卫生纸，他们自有办法：在背架子上吊个a竹

荥经大相岭下的草鞋坪（孙明经摄于1939年）

环，用来刮汗。他们不穿布鞋更不穿皮鞋，穿的是一种叫“瘸马子”的草鞋。出发时，每个人背上一小捆稻草，草鞋烂了就利用休息的时间现编现用。如今，由于宜东到泸定、清溪到荥经的古道上几十年少有人行走，这些地方茶马古道的痕迹都较完整地保存下来。

严道遗址旁的古城坪，有一条远近闻名的砂器街。我在街上看到，每家每户门前摆满了龙纹砂锅，几乎清一色的兽面锅盖，在日光下闪着漂亮的银光，看起来很有春秋时期青铜器的遗风。我随便走进一家，轻轻拿起一只砂器，敲击一下，它就发出金属质感的铿锵声儿，听着很悦耳。

这家作坊里，一位姓王的砂器师傅一边劳作一边告诉我们，荥经砂器是一种传统工艺，祖祖辈辈走的是“下里巴人”的路线，主力产品大多限于药钵、蜂窝煤炉和砂锅，兰草花盆已是稀罕货，价钱都在三四十元，买主也多是十里八乡的当地人。现在，有许多游客经常顺便买几只回去，据说炖鸡肉、排骨是最好的。

王师傅说，只要经过馒头窑的淬炼，出窑后的砂器就会变色成神奇的银光；更神奇的是，传统荥经砂器并没有上釉这道工序，银色的釉光，来自烧造时加入的木屑，木屑内的油脂在高温下析出，完成了自然天成的敷色。

清乾隆年间，官方茶马古道虽被朝廷宣告停止，但民间商贸往来细水长流，在20世纪40年代达到一个高峰。很长一段时间，荥经砂器除了走灵关道运送到东南亚，也有很大一部分随藏茶走“大路茶”往西，经大相岭、清溪、宜东、化林坪、泸定、康定、昌都等漫漫长途，运到西藏拉萨乃至印度、缅甸、巴基斯坦等异域。

如今，先人开创的茶马古道已成遗址，掩埋在荒山草丛，人迹罕至。曾经成群结队的马帮，早已不见了踪影，清新醇香的古树野花也淡出人们的视野。然而茶马古道留下的先人足迹和马蹄烙印，却书写着巴蜀儿女一脉相承的开拓雄心和探索精神，也在中华民族的发展史上雕铸成一座不朽的丰碑。

/
/
/

远古的人类，不会有家乡的概念，能生存的环境，就是他们向往和依恋的家园。萍踪不定的居住点是无数次的选择，而故乡是跟随着人四处漂泊的。

松茂古道：西路边茶大驿道

清晨的阳光破云而出，打开新的一天。岷江滔滔南流，日夜滋润着两岸的沃野田垄。都江堰西街上，女老板马铭玉早起打理刚运来的松茸、马鹿茸、青菠面、人参果、刺嫩芽、橡子等山货，这些都是松潘高原出产的好东西。

马铭玉生意做得大，她在岷江上游的茂县、松潘、川主寺都开有分店。

为了吸引顾客，她为自己的土特产店起名“松茂”。旁边的一家面馆，则取名“松茂古道第一碗”。

远古的人类，不会有家乡的概念，能生存的环境，就是他们向往和依恋的家园。萍踪不定的居住点是无数次的选择，而故乡是跟随着人四处漂泊的。马铭玉的家族，当年就是这样漂到四川来的。

“我们搬到都江堰（旧称灌县）已经是第六代人了。祖上在清朝时从陇南流浪到灌县买了这块地。听老辈子讲，百年前这里叫慰乐茶园，是川藏茶马古道上的一处古驿站，很热闹。”马铭玉说。

马铭玉家的经历，也是松茂古道移民族群的一道侧影。

灌县北门外的骡马店

松茂古道，是古代通往西藏和西北少数民族地区的著名商贸之路，也是成都平原连接松潘和茂县的主要通道。松茂古道起于都江堰，终止于阿坝藏族羌族自治州的松州（松潘），全长700多里。

远在两千多年前，松茂古道就已经是成都平原通往川西北高原的主要商道。那时的松茂古道叫“冉咙山道”，最早的记录是：李冰开建都江堰时，凿通了龙溪、娘子岭至冉咙的山道，打通了通往藏羌的山道，故称冉咙山道。山道狭窄、崎岖，多为羊肠小道，故民间还有将娘子岭称为“羊子岭”的说法，意思是只有山羊才翻得过的山岭。就像很多人将崎岖难行的茶马古道称为“鸟鼠之道”，以前灌县人形容路途艰险、生活艰难就爱比喻为“翻羊子岭”。后经若干代人的努力，才形成近代松茂古道的通衢大道。

汶川是松茂古道的门户

马铭玉所在的都江堰西街，是茶马古道“西路边茶”松茂古道的起点。西街位于老城中心，毗邻玉垒山景区，宝瓶口以南，与伏龙观隔江相望。在过去赶马人的眼中，这是一块依山势、顺龙脉的风水宝地。

西街是一条有几百年历史的古街。1995年版《都江堰志》记载，自宋代开始，这里就开了很多家骡马店，大多供途经该地的外地商队和马帮住宿，街上一天到晚人喧马嘶，熙熙攘攘，灯红酒绿，酒香氤氲，数里可闻。

松茂古道在不同时期经常改道。唐宋时，曾在都江堰河西（河东河西以外江为界）设青城县，县治在今石羊镇杜家墩子。西路边茶进入后，从青城山脚的太平场翻白石片进入青城后山，经沙坪沿味江而上，过泰安寺，上大火地，翻熊耳山到达汶川地界，然后上松茂古道去松潘。后青城县撤销，青城后山的线路也逐渐废弃。

松州其实不是松茂古道的最后终点，运入的边茶有很大一部分还得往前走：由松潘出发，经南坪辐射至甘肃、青海部分藏区。该道前身为湔氐道，秦汉时开通。唐宋时期，松州、茂县、汶川、永康军等地设置了茶马交易市场。宋元时期，加强了西山古道的修整并增添了多处驿站，明代松茂古道增至10个驿站。到清代，以灌县为中心制造的边茶行销松、理、茂一带，称为“西路边茶”。

把战马“换”到灌县

历史上，由于和西藏吐蕃的地理关系，松茂茶马古道变成了以战略物资互换为主的战略交通要道。战马，在冷兵器时代几乎是决定战争胜负的最重要战略物资，但战马的来源主要在黄河上游吐蕃统治区域。吐蕃需要的重要生活物资如茶叶、布匹、铁器等又主要产自中原，特别是茶叶主要产在川西。根据这样的互补关系，宋代分别在甘肃、四川建立了茶马互市集散地。

在四川，大量内地物资先在灌县集中，然后组成几十上百匹的骡马，经松茂古道运往松潘，再把战马赶回灌县来。沿途古道，下临深谷，背靠危岩，山石空灵如初，河川激扬如故，崖壁间残字飘零，古书隐约，道路也极其艰难，大路宽不盈丈，仅通骡马肩舆，小路若羊肠，仅容人背攀缘而行。

从现在的眼光看，灌县到松潘不过区区700里，当然算不上遥远。但在古代，其艰难困苦和危险却是无法想象的。马帮用血泪凝成一首民谣："上一回松潘作一回难，下一回灌县过一回年。"

四川省社会科学院民族研究所所长徐学书指出：过去，从灌县到川西高原，还有另一条水路和一条陆路远通藏区。水路是，从都江堰乘船，沿岷江而上，在漩口直接到现在水磨镇——现在的水磨中学就是水码头

昔日松茂古道的马帮

位置。茶叶从那儿上岸后，沿途马帮早就候着，装货后再通过四姑娘山进入小金。还有一条陆路，是从青城后山翻山，到达水磨的黄龙寺，也就是以前的黄龙港，在那里跟水路会合，再进入小金，然后到丹巴一带。线路比较复杂。

《四川岷江上游历史文化研究》（内刊）记载：茂县以北的石大关，是个重要关隘。古时，这里原本是深山野林野兽出没之处，只是随着茶马古道的形成、马帮的增多、商品经济的发达，才依崖临水建起一个山寨。明清时期，这个山寨已经很有规模，拥有千余户移民。那时的千家寨在山中何等风光，每日有七八百匹骡马从此路过住宿，形成一个重要住地。马店、商铺、烟馆甚至还有妓院，都在这片绿荫之中堂而皇之开张经营，以满足过往马匹路人的需要。赶马人和背夫一出门就是数月，背井离乡，难耐寂寞，娶个媳妇留守此处，有个照应也算司空见惯。清澈的十里河水，每天早晨都会被女人们洗涤的胭脂染得色彩缤纷，香气浮动。

松茂古道进入阿坝后，沿途风景迷人，幽静僻远，即使现在交通方便了自驾去观赏，那种对人神经的震撼也是强烈的。路上，许多地方万物皆静，四周群山寂静无语。这种荒凉寂静之美，很容易把游人带进一个空灵的远古地带。秋天，古道上层林尽染，彩林缤纷，这些彩林以槭类、花楸等树种为主，伴有野樱桃、稠李、木姜子、连香树、水青树、高山桦等；红色是花楸，槭类则由黄变红，每年9到12月，漫山遍野呈现红、黄、绿、褐色斑块，甚是好看。到了冬季，雨雪在一起融化，远山呈现出刚强与精致的山脊，雪水从山上冲到山下，又迅速汇聚在一起，流入千万条河流中。如果把群山看作是川西阿坝的骨架，这些河流与小溪便是阿坝的血管，而河流又给古道带来勃勃能量和生机。

大地震“拧碎”古驿道

这是松茂古道上循环上千年的贸易链条：松潘与茂县，各路商贾用马驮、人背从藏区运出皮毛、毡毯、牛肉、药材，然后在灌县西街换回藏区人民生活的必需品：粮食、盐巴、布匹和玉器。

这条贸易链条，却在历史上经历了一次惊天动地的断裂——遭遇了松潘大地震。

1933年8月25日下午3时52分，叠溪古城突然爆发了7.5级、烈度10度的大地震。这次地震及引发的洪水倾泻，导致叠溪古城、沙湾、较场坝、猴儿寨、龙池及附近的21个羌寨全部毁灭，山峰崩塌滑落。另有13个羌寨石砌房屋悉数垮塌。总计死亡6865人，受伤1925人。

松茂古道是一条完全由马蹄和赶马人的脚步一步一步蹚出来的永恒之路，很多地段都是以羊肠小径的形式出现的，曲折的盘山路上，陡峭的悬崖边上……雅安、大邑、什邡、彭县、灌县等地运到松潘的数万担边茶、货物都要从此经过，而甘肃、青海及阿坝牧区的羊毛、羊皮、牛皮、鹿茸、川贝、天麻、虫草、麝香、熊胆等土特产，亦须循此道运往灌县、成都。人来人往，十分热闹。

四川省地震局编纂的《叠溪地震》资料记载：1933年那场地震和随即而来的洪灾，破坏了灌县至茂汶太平镇长达200公里的交通要道，尤其是叠溪、观音崖、沙湾一段悬崖古栈道，路基全被破坏，看上去惨不忍睹。而且洪水过后余震不断，塌方飞石，溅落江心。整整一年半，商旅裹足，行人绝迹。

松灌大道中断后，相当于改变了这条传统古道的地质路线，商旅行人只得改走松潘东路，即翻越5588米的雪宝顶大雪山，下到黄龙镇，经小河镇过木瓜墩铁索桥到达平武县城，再循涪江而下，经江油、绵阳、德阳、广汉、新都而至成都、灌县，绕了个大圈子。松潘至平武一段崇山峻岭中的羊肠小道，平均海拔4400米以上，峭壁千仞，江河湍急，冰崖纵横，兽虫出没，深涧险谷之上仅靠铁索桥、竹索桥、独木桥和溜索悬空攀缘过渡，人行其上，如行刀棱，稍不留神就将坠入万丈深渊。背夫每人最多也只能背运50公斤以下的货物，否则身家性命难保。

1933年地震时任叠溪县长的张雪岩，在1960年他写的回忆录中记载：松茂古道地震发生后，沿途人烟稀少，连盐巴都买不到。旅店多为“火觉”（旅客围着火塘睡觉），没有床被。故商旅行人必须带足十天的口粮及被褥，否则饥寒交迫，那滋味实在是不好受。另外，由绵阳平武运往松潘的茶包，大的每包重60公斤，一匹大骡子驮两包，就是120公斤，体积庞大不说，还要打野宿，商旅之艰难，可想而知。

因为地震，这条茶马古道改道后，人畜倒毙、货物坠入深渊的悲惨之事多不胜数。土匪抢劫钱财、杀害商人的案件更是层出不穷。一些胆小怕事的生意人，干脆改行或歇业了。

董湘琴和《松游小唱》

100多年前秋天的一个早上，黄叶簌簌飘舞的日子，董湘琴离开灌县，只身踏上西去岷山的古驿道。

董湘琴（1843—1900），名朝轩，号玉书，灌县虹口人。董湘琴自幼聪颖，敏而好学，精通文史，擅长诗赋，是清末灌县地区著名文人学者，为同辈人中的佼佼者。此次，他是应松潘厅总兵夏毓秀的邀请去做幕僚的。

董湘琴一路吟咏，写了首洋洋万言的旅游叙事长诗《松游小唱》。诗歌亦文亦白，亦庄亦谐，讴歌了松茂古道的山川风物、民俗风情、历史掌故。《松游小唱》第一小节，诗人就写出了走出灌县西关后所看到的景色和感受：

“橐笔往西游，灌阳郁郁闲居久。几封鱼书催促后，辞不得三顾茅庐访武侯。把行期约定九月九，走！第一程江山雄构，镇夷关高踞虎头。恶滩声，从此吼，大江滚滚望东流。安澜在前，伏龙在后；青城在左，灵岩在右，二王宫阙望中浮。好林峦蔚然深秀，看不尽山外青山楼外楼。竟夷犹，故乡风景谁消受。”

都江堰作家何民对《松游小唱》多有研究，他说，全诗从灌县始至松潘止，记述了沿途120多处名胜景物，18处历史遗迹，16处民族风情及大量掌故传说，如沙窝奇景、安顺风光、大禹故里、松州古城等，这些地方，至今仍是松茂古道旅游线上的知名景点。

2004年，受《松游小唱》影响，四川画家张宗品、作家王继鼎踏上了古道寻踪的旅程。如今，《松游小唱》里描述的古道景象已然模糊、“三塪九坪十八关”以及那些行走的风景，大多已经湮没在荒烟蔓草中。然而，古道印迹还是深深映在他们的脑海里。王继鼎用照片和文字，把所见所闻记在了《九环线文化长廊》书中，张宗品用中国传统线描画，给《松游小唱》配了70多幅图片。

而何民的父亲、已故文化学者何正泰先生，更是历时三载，走访百余人，完成了对《松游小唱》的勘误、订正、注释、校对工作，并写下数万字的“校注笔札”。比如他对“丙子本”文本中“夕阳无限，金乌西落”之后“旅邸有张罗，松坪沟小酌”的句子，经实地考察，就认为著名的松坪沟景区在校场西北，距大栈营100多里，且不在松茂古道上，诗人不可能离开茂州没多远就去“松坪沟小酌”，故改正了疑为后人增补的句子。

民间谚语说“搬不空的灌县，堆不满的松潘”“上一回松潘作一回难，下一回灌县过一回年”，见证了灌县、松潘这两座古城曾经的辉煌：当年，一队队骡马驮着货物，驮着商贾，驮着山里人零零碎碎的日子走在山道上，他们或顶着烈日，或冒着寒雪，那踢踏踢踏的马蹄儿，敲打着青石铺成的大自然键盘，成为驿道上最有节奏的音乐。途中，商贾们你一言我一语，计算着这趟货运是亏是盈，有哪些货物遗忘了，有哪些货物下次不能再卖了……

如今，松茂古道早已消失在大山深处。山谷里，偶尔隐隐传来的羌笛残音，划破云空，伴随着夕阳消隐在地平线。今天，我们只能站在斑驳的古城墙上，远眺那一道历史剪影。

/
/
/

松潘古名松州，是连接九寨沟、黄龙、红原—若尔盖大草原重要枢纽。小小弹丸之地，承载了太多的历史重荷，辐射力犹如高原上的灼灼烈日，光耀四方，热暖天地。

松潘：弹丸之地的历史重荷

“如果命运安排我在中国西部生活的话，我别无所求，只愿能够生活在松州。”100年前，英国著名植物学家、探险家欧内斯特·亨利·威尔逊这样写道。

威尔逊从1899年到1910年，先后五次到中国进行植物考察，其中三次来到松州。他在《中国——园林之母》一书中，用诗一样的语言描述松州：“它舒适地安顿在一个狭窄而美妙的山谷，四面是田野和金黄色的稻谷，河流的源头是一股清澈的小溪流。它仿佛一簇优雅的曲线划过这片土地。田野上是歌者们正在热火朝天地忙碌着，男人、女人和小孩，大部分是部落里的族人，身着盛装，在他们完整的工作画面之中，全是强健的身体和欢歌笑语。”

我在松州古城的几次逗留中，也浸润在这位英国人的书香里，领略到他笔下对松州城的真实感悟和人文遗韵，也慢慢喜欢上了这座川西北高原的小城。

“一锣一鼓上松州”

“三垴九坪十八关，一锣一鼓上松州。”在松州古城，也就是今天的松潘，流传着这样一句耳熟能详的民谣。它说的是过去有一条从灌县出发通往松州和茂县的茶马古道，逶迤漫长，高山深谷，全长700多里，这条古道被称为“松茂古道”。

松茂古道仅仅是指灌县作为源头而言，而松潘作为辐射周边的形胜之地，描绘了更为开阔、更为恢宏的历史画卷。有人说，松州境内还有另一条有名的茶马古道，就是从绵阳平武过去的道路，被称为“松龙古道”。当然，这条古道也早已绝迹。

如今，两条古驿道都已被修成通衢大道，从都江堰开车到松州也不过三小时。偶然有零星的马队通过，也主要是作为旅游表演项目，让人依稀感受到当年古道的繁盛。

松潘古称松州（李贵平摄）

我多次去松州采风，每次徜徉在古城街头，都别有一番滋味。这座地处川、甘、青三角地带的古代军事重镇和茶马互市集散地，在蓝天白云下巍然屹立，周边绿草如茵，经幡如林，太阳也每天都是新鲜、清新的，热辣而通透，仿佛被川西北高原的雪水洗过似的。

松潘，古名松州。城内，一条湍急清澈的河流从东端穿过环城路向西流去，再经中央大街转往南边，最后从南城门左侧流出古城。河水叮咚，清韵悠然，映照着城楼和花草的倒影，使得整个松州城活泼生动起来。沿街的酒楼、茶肆、烟馆、旅店、杂货铺一家紧挨一家，吸引了大批游客驻足。汉藏居民沐浴着阳光安静地摆摊、闲聊。

松州古城墙巍峨厚重，在全国都享有盛名。1995年版《阿坝州志·城池》载："松州城墙的厚度，特别是城门洞的进深度，为全国明代城门之冠。著名的北京故宫城门、南京、西安明代城门，现存均无如此之厚。"说当年用于筑城的青砖每块重30公斤，沉厚异常。城墙总围长达6.2公里，高12.5米，厚12米，以糯米、石灰、桐油熬制的灰浆粘连勾缝。在冷兵器时代，可以说经得起炮火箭矢的猛烈攻击。古城原有7道城门，城门上建有重檐歇山式城楼，现存4座城门。这在川西北地区是罕见的。

奇特的是，西门（威远门）竟然是建在古城西侧的巍巍山顶，垂直探出古城500米，居高临下独当一面拱卫主城。这在我国现存古城中同样是绝无仅有的。

松州始建于唐文宗太和三年（829），剑南节度使李德裕在此筹边时筑"柔远城"。明洪武十二年（1379）松州卫和潘州卫合并为松州卫，平羌将军丁玉开始在柔远城基础上大规模修筑松州古城，并在松州境内修筑多处关隘城堡。这些关隘城堡，既是军事要塞，也成为茶马古道的通道，更是官府查验茶引的关口。

古城墙下，有个卖松茸、菌菇的阿婆一直在跟游客聊天，她身着古羌粗麻布长衫，满月般的脸，笑得弯弯的眉，看上去十分开心。我问她听得懂汉语不？老人家点头说晓得一些。她略一思索，竟一口气说出七八个常用词语，如“我”“你”“一”“二”“三”“茶”“丝绸”等。不过，阿婆将“茶”读成“夹（jia二声）”，将“我”读成“日”，将“你”读成“na”等。她还如数家珍地告诉大家，他们这一带喝的茶，主要是从绵阳平武运过来的。

“平武的茶好喝咧，我们家出去放牧时就得带上一壶。”阿婆身边一个小伙子插嘴说。小伙子说他读过几年师范学校，对川茶文化有一定了解。我顺便问小伙子知道丝绸之路吗，他摇头说不大清楚，但对四川边茶的来龙去脉倒如数家珍。

通过和小伙子的交谈，结合自己多年来在藏区的采访，我忽然想到曾有专家提出观点：相对于古代北方丝绸之路主要是用于贵族奢侈品的贸易，茶马古道则要草根得多，民间得多。尤其是清朝关闭了官方茶马古道后，民间商贸得到井喷，茶马古道一度更加繁忙，所运货物除了茶叶，还有盐、铁器、药材、香料、皮革、毡毯等日常用品，即使历史上出现宗教冲突或战乱，茶马古道都很少停止过，因而它在民间对藏羌老百姓的影响也似乎更大。这也是茶马古道伟大的历史作用。

文成公主以茶“治病”

在松州，几乎每个人都会说起文成公主和松赞干布。每个游客也会在他们的塑像前留影拍照。

文成公主与松赞干布的雕像，位于松州北门（镇羌门）之外。塑像形态是：松赞干布右手揽着文成公主，面带笑容，左手指向西边的茫茫雪山。

这位长相俊朗、头戴狐皮帽、身配藏刀火链、脚穿长筒皮靴的吐蕃王国雄主，是在轻声告诉他的爱人，圣城拉萨就在蓝天之下的美丽西方吗？

事实上，当年文成公主离开西安入藏并没有走这条路，而主要走的是唐蕃古道，离开长安（西安）后经甘肃到青海日月山，过大河坝到达鄂陵湖再进藏。塑像只不过是赞美了文成公主和茶马交易的伟大渊源。

塑像背后，当然深藏一个发生在千年前的“唐蕃大战”故事——间接地因为一个女人，吐蕃和大唐这两大王国都捏紧了拳头。

吐蕃起源于拉萨河谷的农耕部落，是他们最早发现并种植了青稞。吐蕃是集农耕、游牧于一身的二元经济体，这种结构有足够的向心力及较稳定的社会结构。吐蕃的统一史，就是务农的吐蕃人不断吞并融合周边其他部族的历史。公元7世纪，松赞干布用武力统一西藏后建立了吐蕃王国，极盛时一度罩住四川、云南和青海湖地区，也对大唐帝国虎视眈眈。

唐贞观十二年（638）二月，川西北松、丛二州地震，坏人庐舍，多有压死者。吐蕃首领松赞干布向唐朝求婚未允，大怒，率羊峒及吐谷浑、党项、白兰羌部落共20万兵马，东袭松州。唐吏部尚书侯君集将军率师与吐蕃大战于松州。一时旌旗猎猎，箭镞横飞，血腥杀气弥漫草原，双方留下的尸骸染红了青绿岷江。九月，吐蕃因后方发生内乱退兵回到拉萨，但松赞干布已达到炫耀实力的目的。不久，这位高原枭雄再次遣使臣、送黄金，以求通婚和好。

唐太宗之前没答应松赞干布的求婚，倒不是心疼自己的美丽公主，而是有他自己的考虑。古语说“西罗马，东长安”，当时，西方帝国首都罗马和东方大唐帝国首都长安，构成了世界的两极。号称“丝绸之路”的曲折通道是世界上最长的路，连接着两大帝国的首都，维系着东西方的文明和商旅贸易。从长安到吐蕃的一段路程被称为“唐蕃古道”，中间有吐谷浑、党项、回纥等部族割据并控制着各个路段。这条丝绸之路，并不像她的名字那么美丽浪漫，而是恰恰相反，充满着危险和恐惧，令大唐皇帝寝食不安，因为常常有烽火急报，把各游牧部族攻城掠地的坏消息带到正在歌舞的皇宫之中，令他和文武百官束手无策。在唐太宗看来，这是战争之路、死亡之路。最终，为了天下的安宁，为了帝国的生息，为了道路的畅通，唐太宗终于决定，接受吐蕃王的求婚，将文成公主远嫁西藏吐蕃。

这段佳话，如幽幽茶香，飘荡在康藏高原的历史天空，也浸透在松州这片广袤土地上。

随着文成公主嫁至吐蕃，茶叶也被引入西藏。传说当年文成公主在江夏王李道宗的护送下，从长安出发入藏，翻过日月山，走到青海湖边。这时随行人出现头昏脑涨、四肢乏力的症状，队医把脉后找不到准确原因。文成公主吩咐侍卫，从宫中带出来的贡品中取出蜀中贡品蒙山茶，从倒川河里取来净水，煮开后拌上藏族奶酪缓缓喝下。稍事休息，不适感觉全无。随行大惊，问文成公主何故，文成公主道：你我自踏上高原，一路少吃蔬菜水果，吃的多为青稞糌粑、牛羊肉和奶酪。饮食的变化和干燥寒冷气候是引起身体不适的主要原因。《神农本草记》就说，“神农尝百草，日遇七十二毒，得荼（古代把茶称荼）而饮之”。茶叶具有药用的作用，能消食、解腻。随行听罢，恍然大悟。

这个故事，应该是从《西藏政教鉴附录》演绎来的：“茶叶自文成公主入藏地”，即雅安所产龙团、凤饼茶，贡奉朝廷后作和蕃礼品带进藏区。

文成公主嫁入吐蕃后，她用来自松赞干布家乡山南的名贵紫檀木，制作出16种精美绝伦的茶碗。茶碗分上、中、下三等，茶碗上画神鸟衔茶、神鱼引渡、神鹿驮茶的美丽图案。从此，吐蕃以桦树、桃树、枣树等木材，经过水泡、日晒、毛坯、成型、磨光、染色、镶银等独特工序，制作出各种茶碗，木碗轻便结实，不烫嘴，不怕摔。木碗盛茶香味更浓，又能解毒，人人随身携带，处处皆可使用。

在西藏，经过近百年演变，茶叶逐渐由宫廷、寺院扩散到民间，成为藏族人日常生活中和粮食一样不可或缺的必需品。唐肃宗至德二年（757），受松赞干布激励，回纥人也闻“茶”而动，进入松州西部草原和四川内地参与茶马交易。一时，边地汉域商贸繁荣如火如荼，似夏天川西的大草甸，青青茂盛，繁花似锦，一望无际，铺向远方。

松州的民间歌谣，也形象地唱出了边茶从种植、采摘、运输到熬制、饮用的全过程：

茶叶最先出在哪里？茶叶最先出在南方，
三个汉族子孙种的茶，三个汉族姑娘采的茶。
雪山的铜锅烘出的茶，商人洛布桑布买来的茶。
汉白大洋换来的茶，驮夫道桑翁姆驮来的分茶。
渡过了大江小河的茶，翻过了高山峻岭的茶。
用黄金白银换来的茶，种在家乡土地上的茶。
将茶放在锅里熬，好像空中黑鹫飞。
茶在锅中开三遍，好像大海波涛翻。
金黄酥油放其中，好像黄鸭湖中游。
白盐放入茶水中，好像草原降冰雹。
将茶倒入茶桶里，恰如喇嘛戴黄帽。
头道茶香敬贵客，二道茶香敬朋友。
最后共饮如意茶。

（李朝贵、李耕冬《藏茶》，四川民族出版社）

可见，边茶与藏区民众的日常生活真是息息相关。

弹丸之地川西重镇

几年前在松州考察，听同行的茶马古道命名者之一、北京大学中文系教授陈保亚说，南宋以来，从松州高原和若尔盖北上形成了三条茶马古道重要支线：一、从若尔盖去青海西宁卖马场；二、从若尔盖去甘肃临洮卖马场；三、从松州去甘肃宕昌卖马场。至于松州草原，更是中国西部重要的名马产地之一。

松州藏汉民族间的茶马互市，开始于唐代，当时主要交换的物资是茶叶和马匹。宋代，因之前唐朝中期吐蕃一度占了松潘，岷江上游就成为唐蕃一个拉锯战的区域，于是宋朝的很多茶叶仍通过岷江上游卖往川西北，再经青海转输到吐蕃。到了元朝，因蒙古人自己不缺马，茶马贸易有所衰弱。

明朝是茶马互市的中兴时期，中央政府在松州设立了专营茶、盐、马的茶马署，通过以茶易马法，在藏区和西北换取大批良马以充实军队。除了茶叶和马匹，交换的物资还扩大到牛羊肉、酥油、盐巴、中药材等，明代的松州城更是“烟火万家，俯视即见”，往来繁盛，饮誉一方。

四川省社会科学院民族研究所所长徐学书等人曾做过茶马互市专门研究。他指出，历史上茶马的交易量大多以马匹计算，宋代每年川、甘各茶马互市点与藏族交易的马匹，大约在9000至13000匹，明代易马数量大量增加，仅川西与松州、茂汶每年的易马数量就达3万匹以上。

徐学书说，明朝晚期，朝廷担心每年在松州举行的茶马交易过于密集庞大，每年来的人较多，危及朝廷在岷江上游的统治安全，所以一度改道走黎州（汉源）、雅州（雅安）一带的线路，对松州似有些冷落。但这只是昙花一现，松州特殊的地理位置和历史渊源，注定了它会成为川西北高原最重要的驿站。

清乾隆年间，茶马互市作为一种官方交易制度渐渐淡出历史舞台，但由此形成的茶马古道及汉藏间的贸易往来，仍在延续且相当红火。四川大学教授、博士生导师冉光荣考证认为，乾隆初年销售的边茶大概是100余万斤，到嘉庆初年将近200万斤，到了清朝末年竟达到400万斤，彼时松州也“人烟稠密，商贾辐辏，为西陲一大都会”（《松茂古道九环线的文化长廊》内刊），贸易已不限于茶叶，而是扩展到五金、陶器、布匹、药材、油料等。

20世纪50年代初，松潘古城依然商贸兴盛，产物繁荣，本地各行业资本家和来自全国的商贾，把边茶、布匹、绸缎、糖、酒、纸张、颜料、五金、陶瓷、烟草等运往松潘草原和青海、甘肃，又从这些地方运回畜产品、乳制品、皮毛、山货、药材，再由松州转销到成都、重庆、武汉、上海、天津等地。

小小弹丸之地，承载了太多的历史重荷，其辐射力犹如广袤高原上的炎炎烈日，光耀四方，通天彻地，灼热大地。

今天的松潘，是连接九寨沟、黄龙、红原—若尔盖大草原等重要景区的枢纽。如今，岷江河谷、涪江河谷沿岸大量的土司官寨和关隘、兵屯、靖墩、烽燧（烽火台）等仍随处可见。

松潘藏族汉子（李贵平摄）

松州以西的阿坝藏族羌族自治州，是茶马古道的一个重要区域。考古材料显示，自新石器时代以来，该地带即为藏、羌、汉频繁活动和接触的地带。阿坝茶马古道路段是茶马古道川藏北线、川青线和川甘线必经地带，形成川西北茶马古道的枢纽网络。

松潘以西以北，是著名的红原大草原和若尔盖大草原。我们去的时候正是夏季，也是一年中最美丽的季节，海拔3000米以上的空地，绿草丛丛，范围之广更令人惊叹，难怪被誉为“中国最美的草原”之一。这里，几乎一寸的土色也找不到，各种野草紧紧将自己的命脉埋藏在土地里，或隆起的山坡，或平铺的草甸，或夹杂其间的花朵，全部被绿色吞噬，牦牛、绵羊栖息于此，马儿摇摆着尾巴在上面奔跑。这是一场视觉饕餮大餐，绿色刺激着整个视网膜，容不得半点相悖的色调出现。

/
/
/
晨曦初现，锅庄主人开门迎纳东来西往的汉藏商队马帮。每每完成大型交易，锅庄主人就在跑马山举办集会予以庆贺，盛装的康巴青年男女手牵手跳起欢快的锅庄舞，直到东方既白。

填不满的康定城

经典影片《罗马假日》末尾桥段是：记者们站成一排采访奥黛丽·赫本，有人问:您去过的欧洲城市中，最喜欢哪个？赫本凄然瞥了眼近在咫尺的心仪男子格里高利：各有千秋吧，但我很喜欢罗马——当然是罗马。

作为赫本的死忠粉丝，我想，如果有人问我：这些年你走过的民族地区城市中，最喜欢哪个？我会说：康定，当然是康定。

徒步去康定

几年前一个夏天，我和摄友去泸定采风，其间我“剑走偏锋”，告别众人，沿一条古道徒步10多公里去了康定。我想体验一把独自跋涉驿道的感觉。

计划线路是：从康定以东20里外的瓦斯沟乡出发，沿318国道南端的崎岖山道，西行到炉城镇。

早上8点过，我暂别驴友们，和家住瓦斯沟的顿波结伴出发。顿波是个30来岁的黑瘦汉子，康巴藏族，会说藏汉双语。头天晚上，他骑一匹小黄马经过我住宿的客栈，我试着问他能不能陪我去古道走一走，有偿服务。他勒住马缰儿，看我一脸厚道样儿，可能又是农闲时节，答应了。

说走就走。这是一条沿大渡河支流折多河西行的葱茏河谷。沿途，高高低低、遍布野草荆棘的石梯伸向天边。远望，折多河像一条淡绿色飘带蜿蜒于崇山峻岭中，连绵山峦夹着大片原野在脚下铺开。视线的灭点处，是康定西北方的木格措雪峰。

上午10点过，我们走过一个叫三道水的山岗。山峦最高处应该在海拔3000米左右。许多地段，被灌木丛和葛藤遮掩得看不到路形。一些起伏陡峭的石灰岩地段，是当年赶马人在悬崖边“挖”出的半圆形过道。路上，让我难受的不是轻微的高反，而是那些三面背山、一边临河的奇崛古道，这让我有种飘浮在虚空的感觉。因是临时起意徒步，我没带登山杖，便在路边找了根木棍儿拄着，心头才踏实些。

顿波说，康定过去叫打箭炉，这条顺着318国道往西的古道，是昔日雅安到打箭炉茶马古道的热点线路，运茶背夫熙来攘往，摩肩接踵，如今早已人迹罕至。顿波提醒说，沿途路不大好走，遇到陡峭绝险之地，

康定北关 藏茶出发地（1939年）

再好的“老司机”也如履薄冰，眼睛不敢朝外看，悬崖下边是恶浪翻滚的折多河，人若失足坠河，很可能就被阎王爷收走了小命儿。过崖口时，我屏住呼吸，照他说的不敢乱看，伸出棍子让走在前面的顿波牵住我，一步步挪过去，目不斜视，就是脚下有万千金银也不管不顾。

这是一段散发着浓郁古风气息的山道，荆棘丛生，弯弯曲曲，很不好走。我似乎瞅到了当年马帮背夫坚毅而谨慎的神情，嗅到了他们喘着粗气掉落在岩石上的汗水味，听到他们背货站立歇息时咕咚喝水的声音，也听到了他们失足落崖时的凄厉呼救。阳光直落千丈，天地橙黄，照亮我探究远方的欲望。

过了那段悬崖，道路才稍稍平稳些。不远处有几只野兔儿噗噗地从草丛里穿过，闪身往岩洞跑去，还回头瞪望我们这两个不速之客，准确地说，是望着我这个自找苦吃的怪人。

离开黑日村，又走了两个多小时。这时，前边转弯处冒出五六个年轻人。他们拄着登山杖，背着旅行包，墨镜挽在头顶，清朗的笑声回荡在山谷。简单交谈后得知，这是一群成都来的驴友，他们从炉城徒步过来，打算走到姑咱镇，再顺着大渡河往北去丹巴。汗水将其中两个女孩儿的头发浸湿成一绺一绺的，脸蛋红扑扑的像鲜艳的苹果。

中午1点过，我们来到一个叫草坪子的山坡。这地方已偏离318国道掩藏在丛林深处。我看到错落不平的石梯上，隐隐现出几个凹进去的浅洞。顿波说，这浅洞是以前赶马人经年累月行走留下的马蹄印儿。马蹄印约两三厘米深，里面落满腐叶儿。它如同一个个张大的嘴巴，讲述着当年马帮行走跋涉的艰辛，也贮满对他们的深情回望。

有些饿了，我们坐在草地上吃干粮。康藏高原一年四季阳光灿烂，这阳光也照亮了彼此的心扉，更激发出康巴汉子顿波的谈兴。

顿波说，他家从高祖父到父亲这一辈，先后有10多个男人都当过马帮和背夫。这条古道，是川藏茶马古道的西线主道，主要是将从雅安、天全（或荥经大相岭）、泸定背运过来的茶叶运到康定，再通过雅江或道孚运至拉萨乃至更远的地方。这条古道，多有豺狼虎豹出没，每年10月底就进入冬天，大雪纷飞，冰崖林立，天寒地冻，背夫马帮只能结伴而行，谁若落单就很危险。“鸡声茅店月，人迹板桥霜”，他们日复一日，一步一步，翻山越岭，仅从康定到道孚的单程都要20多天。途中人马失足坠崖，悲惨死去，也是常事。

顿波的话让我不寒而栗，半晌说不出话来。继续走。时间如野兔般在山峦跳得飞快，此时已是下午2点过，已走到离康定炉城七八公里的地方，顿波说这里是个叫菜园子的小村落。我满头大汗，T恤衫尽被湿透，似乎把这辈子的汗水都流光了。此时，天气还很炎热，一道斜斜的金光透过树丫照过来，将顿波的脸庞勾勒得硬朗英武。

走出菜园子村，穿过树林下山回到318国道，我的这次徒步算是结束了。此时已是下午4点过。我付了顿波的劳务费，跟这位善良的康巴汉子道别，然后带着一身灰尘又独自向炉城走去。

算下来，这一趟徒步，走了六七个小时，行程约18公里。虽腿脚发酸，内心却很快乐。

“治藏重镇”

金乌西坠，彩云徜徉，不规则的山岭被勾勒出一道酒红色光晕，起起伏伏向远天荡漾。眺望眼前的康定城，穿城而过的折多河浮光耀金，携带着跑马山吹来的阵阵凉风，由西向东咆哮奔流，又像一条巨龙竭尽肌体的每一寸张力，桀骜张狂。如果不是被高高的河栏围住，我疑心它会咆哮溢出，瞬间吞没周围的一切。

折多河两岸，当我还来不及打望李家大姐张家大哥，就被扑面而来的茶马古道和情歌氛围吸引了——沿街商铺上，大多挂着“锅庄”“马帮”“跑马山”“情歌”标牌。华灯初上，流光溢彩，身着短裙露出修长美腿的女郎，和穿着长袖大襟束腰长裙的藏族老人擦肩而过，熟识的相视一笑，点头招呼，其乐融融。

历史的日月光华中，康定城承载了一代代人的光荣和梦想。

康定在宋代以前是一片不毛之地，在元代也只是个小村子，名“打箭炉”。

打箭炉这名儿，源于一个有趣的传说。三国时，西藏的吐蕃人实力强大，曾打到离成都不远的地方。孔明打不过，就说这样打来打去不好，大家讲和吧。吐蕃人问怎么个讲和法。孔明说我射一支箭出去，箭落到哪里就以哪里为界。吐蕃人一听，心想哥子你文绉绉地摇个羽扇儿，躺在帷幔里出个主意还行，若亮肱二头肌还能整出啥幺蛾子？答应了。谁知孔明拉弓一射，不知怎么就把箭招呼出去了。大伙儿面面相觑，说没看到你射出的箭呀。孔明就派大将郭达骑快马去找。郭达跑到很远的折多河边说箭在这里。其实郭达早就把箭插在那儿了。吐蕃人一看傻眼了，说孔明你耍赖是小狗。但他们说话算话，只好同意以此划界。从此这里

康定的西康茶关（1939 年）

就叫打箭炉，而郭达藏箭的山就叫郭达山。清朝中叶改土归流后，这里改名叫康定。

康熙三十二年（1693），由于藏商经常在距雅安较近的打箭炉与汉商交易藏茶，达赖喇嘛向清廷奏请在打箭炉设茶市，获准。

康熙三十五年（1696），四川巡抚于养志在一道上疏里说："查勘打箭炉地带，自明季至今，原系由土司所辖之地……但蕃人借茶度生，居处年久，且达赖喇嘛曾经启奏皇恩准行，应仍使贸易。"（《清圣祖实录》）清廷下令经营打箭炉藏茶市场。从此，打箭炉成为四川南路边茶总汇之地，藏茶市场主要由雅州（雅安）各地运入藏区。

20世纪30年代末，康定作为当时西康省的省会，成为与上海、武汉齐名的三大商埠之一。正值抗日战争时期，中国出海通道均被日军封锁，茶马古道便成为唯一的国际运输通道，大量战略物资由此进入内地，既支援了抗战，也促进了沿线城镇的发展。

"我多想跳起热情的锅庄，为你献一条洁白的哈达。"歌曲《珠穆朗玛》里的这句歌词，让不少人知道了锅庄是著名的藏族舞蹈。其实，"锅庄"最初并不是舞蹈，而是一种商业机构。锅庄早先的主人，多是土司属下农牧区的头人或侍从，也有贵族后裔或商人，他们因依附于土司在社会上有一定的地位和财富，后来效仿土司建造了房屋，各家一独院。这些独院，逐渐演变成以商业活动为主的交易场所。清末康定有著名的48家锅庄，达到鼎盛。每天晨曦初现，锅庄主人就开门迎纳东来西往的汉藏商队马帮，为其洗尘接风，安置食宿居间，撮合茶马交易。每每完成大型交易，锅庄主人就会集会庆贺，盛装的康巴青年男女手牵手跳起欢快的锅庄舞，直到东方既白。

《甘孜州民族志》载，据乾隆年间统计，四川的邛崃、名山、雅安、荥经、天全等县销往打箭炉的边茶总引额数（交易量），达到100340道，计约1000万斤以上。当时有一句谚语："背不完的宜东镇，填不满的康定城"，意指康定城商队林立、货物成堆、贸易繁荣的景象。

以往，雅安的“边茶”运到康定后，经藏族茶商的加工改装，便成了“藏茶”。凡需西运的藏茶都得先出北关办理“税引”，再离开康定，然后分北线、南线进入藏区深处。线路是：北线从康定向西北经道孚、炉霍、甘孜、德格、江达、昌都（今川藏公路北线），再由昌都通往卫藏地区；南线从康定向西经新都桥、雅江、理塘、巴塘、芒康、左贡至昌都（今川藏公路南线），再由昌都通向卫藏地区。

那时，入藏的马帮，会入乡随俗地换上一身藏族行头：头戴翘边儿牛皮毡帽，宽袍大袖的楚巴（外衣）用一根腰带束紧，右臂袒露，藏靴闪亮，佩剑华丽，非常拉风。据说只有这样的藏装才能适应那里的人气。

/
/
/

曾几何时，薛城每年的马饲草要消耗几千斤，以致附近山寨的农民都纷纷上山割草出售。而著名的筹边楼，也经常成为茶马商队的“活动中心”。

理县薛城：壮压西川四十州

如果你乘车疾驶在317国道上，隔着山脚下蜿蜒的杂谷脑河，你很容易忽略一个不该忽略的地方——薛城。

在茶马古道的漫漫长途和悠悠岁月里，薛城向来是一个令骡马商队精神为之一振的驿站重镇。

从理县县城出发，过甘堡、蒲溪，车行半个小时就进入薛城古镇。薛城很小，但来之前必须做些功课。这是一本历史大书，书中信息量很大。我经常翻阅也未能读懂它的全部。我一直觉得，薛城很像是一个文韬武略无所不能的奇人，他既可运筹帷幄、杀伐决断，又能亲冒矢石、攻城拔寨，还会咏诗泼墨、弹琴对弈。

站在薛城欢喜村脚下的回龙桥桥头，朝西北方向眺望，只见熊耳山双峰直插蓝天，气势蔚为壮观。两边挂着的风马旗随风飘荡，霸气招摇。虽然这里的海拔不过2000米，但已然是高原天气，早晚骤冷。白天，湛蓝的天上彩云翱翔，鸟雀吱吱飞向苍穹。穿过宁江门的烽火硝烟，依山而建的城墙映入眼帘，城门口历经80年风雨的红军石刻，斑驳中依然清晰。

走进薛城老街，犹如走进一座古城的底片。这条经过了千年脚板搓来揉去的麻石街，被搓出了古董般的光泽。尽管因为引水需要，这里从街头到街尾都在铺架涵管。路，留给人行的路，显得蜿蜒逼仄，但古街的韵致是幽深的，又是鲜活的。

一群羌族老太太，手拿绣花针，坐在屋檐下，麻利地绣着七彩云云鞋，谁都不避人，见人说话眉眼里都是笑。问，那都是给自个儿穿的。

1995年《理县志》介绍：薛城镇，古为氐羌之地，很长一段时间是大唐的边陲重镇。如今，薛城筹边楼、箭山寨等新石器时代文化遗址等完整保留。

轮廓分明威风八面的筹边楼，依然高高挺立在杂谷脑河边的山坳上。它不只是理县的脸面，很大程度更是川西平原的脸面。

筹边楼始建于唐太和五年（831），为时任西川节度使李德裕所建，如今是川西平原难得保留的一处古代防务遗址。

李德裕（787—849），唐文学家，字文饶，赵郡（今河北赵县）人。历任中书舍人、御史中丞、兵部尚书等职。又先后出任剑南、西川、淮南等地节度使。后遭李宗闵、牛僧孺集团打击，被贬崖州，卒于崖州司户参军任所。工诗文、书法，贬黜岭南时诗较有名。著作有《次柳氏旧闻》《会昌一品集》等。

筹边楼，是一座两层重檐歇山式木结构建筑，通高18米。底楼为正方形，楼外绕建石栏杆一周，石栏杆、桩、条栏均为方形，柱顶为须弥座上托莲花瓣石珠，在阳光下熠熠生辉。二楼四周板壁及顶部望板，皆彩绘各种人物故事图案，还有一些藏地唐卡旧作，内容多为李德裕筹边故事，如商讨军事、演练兵士、察访地形等。筹边楼四周，山峦起伏，沟壑纵横，巍峨壮观。当地老百姓说，这楼“风水不摆了”。

当年，李德裕为什么要修建这个筹边楼呢？

晚唐时期，唐军与吐蕃军在边境战事频仍，打来打去，双方都不安宁。李德裕为了加强战备、激励士气、筹措边事，就选址在杂谷脑河畔的薛城，修建了这座防务楼。

许多史家提到，李德裕这人很聪明，虽说修的是防务楼，但他并没把筹边楼纯粹当作死扛敌军的“钢锯岭”，更多时候，他是把它当成一个交际场所，相当于一个豪华会所。

他搞这个“会所”，主要是为了与少数民族的土司联络感情。戍边期间，李德裕还不定期地请吐蕃头领来筹边楼“会盟”，请他们喝喝酒，聊聊天，赏赏舞，缓和了汉蕃之间剑拔弩张的关系。

唐人李德裕修建的筹边楼（李贵平摄）

这一招有效。在李德裕的军政方略下，唐太和五年（831）五月，吐蕃主动放还了以前所掳掠的4000多名川人。是年九月，吐蕃维州守将悉怛谋，还率部下到威州（汶川）投降，李德裕大喜过望，立即上奏朝廷，同时派兵迅速入据其城，使沦丧40年之久的维州城（在理县东北部）不费一兵一卒，又重新回到大唐版图。之前，大唐与吐蕃军50多年来在边境持续征战，互有胜负，但因“安史之乱”，在失去了陇右等战略要地的情况下，唐军始终在战略上处于被动挨打的局面。

那天，夕阳西下，暮色四合，我登上筹边楼的最高楼层，凭栏眺望，崇山峻岭，迤逦连绵。远处草地上，吃草的牛羊被阳光勾勒出一道金边。而筹边楼下面的博物馆里，墙上那首唐代女诗人薛涛的《筹边楼》，引起了我的注意。诗是这样的：

平临云鸟八窗秋，壮压西川四十州。

诸将莫贪羌族马，最高层处见边头。

薛涛，为什么要写这样一首诗呢？她当时从李德裕身上想到了什么？

唐太和七年（833）深秋，“历事西川十一镇”的薛涛从松潘来到薛城。她对李德裕治边有方大为欣赏，感慨之余，写了这首诗。这时，李德裕已离开理县大半年。

薛涛此时已是60岁左右的老妪。那天，她伫立在滔滔杂谷脑河边，落叶萧萧，随水乱流，她高挽的发髻被河谷的厉风吹散。这时，她隐隐听到山外响起一阵战鼓牛角的声音，似乎看到了不久后这里又将卷入刀枪剑戟、斧钺钩叉的战火中。薛涛悲愤之余，写了这首《筹边楼》。她在诗中不客气地指出，李德裕离川后，新来的节度使“贪羌族马”，目光短浅，穷兵黩武，使得美丽川西边衅不断，狼烟再起，百姓又将陷入水深火热之中……

薛城当然与茶马古道也是联系紧密的。

这里，地处杂谷脑河与孟屯河交汇处，川甘茶马古道穿越全境，又是民族地区和汉族地区的结合部，很早就成为茶马互市商品集散地。城虽不大，来往客商很多。小小的薛城，一度容纳不下外地的客商，食宿条件非常紧张，常常出现“一店难求、一铺难求、一座难求”的情况。于是家家开餐馆，个个办客栈。即便如此，也阻挡不了源源不断的商旅者。

当地八旬老人郭永德是这样描述的：以民国40年代末为例，城外和河滩，基本上是骡马、牛羊和野物汇集的大市场，商人们有的用现金交易，有的以物易物。“白天大家忙着交易，夜晚就是马帮、牛帮放松休息的时候。河谷上下，到处搭起帐篷，条件好的逛窑子喝花酒，猜拳行令。条件差的就自己搭灶头烧火做饭。各路人马的风马旗扎堆飘扬，好看得很哩。”

老人讲，之前，民国初期，虽然官运茶马互市已经结束，但民间的商贸往来依然红火，除了进藏的茶叶，沿途老百姓所需的生活用品都能在这里买到。于是骡马队挤在一起，真是热闹。骡马一多，镇上每年的马饲草就要消耗几千斤，以致附近山寨的农民都纷纷上山割草出售。筹边楼，也经常成为茶马商队的“活动中心”，各路商贾马帮在这里进进出出，交货结票，不亦乐乎。

20世纪50年代初期，为活跃经济，理县规范市场，扩大经营场地，使商业经营面貌焕然一新。1950年至1953年，除原有客商往来不断增加外，又加入了部队、支前民工、筑路民工、共青团志愿者……薛城的市场繁华到了极点。当年，理县民间流传着一种说法：“一股银水在向薛城流来。”

由于沾上了南来北往商贸热线的灵气，历史上的薛城民居建筑很有“吞吐天下”的气韵。仅从雕饰看，就有圆雕、浮雕、镂雕、链雕、透雕、半浮雕和线描等，从门窗、走廊看，或中式或西式，或古朴或现代，很难明确区分何为中西式，何为宗教元素，何为古现代，何为藏汉结合……可见薛城的民居，是以“多元素”的大融合来吸引世人眼球的。

今天的薛城也是一个红色旅游景区。1935年5月到8月，红四方面军第九、三十、三十一、三十三军、四军一部及总指挥部，均设在这里。筹边楼也成为红四方面军的总指挥部，徐向前等领导人在此运筹帷幄，决策指挥过维关、娘子坡、宝殿寺、梓潼宫战斗。当时，红四方面军在镇上还建有医院、兵工厂、被服厂、工具厂、文工团、招待所等机构。至今在宁江门老城墙，还留下3幅红军石刻标语。

/
/
/

这里流传着茶马古道的地名歌儿。人们一边跳着弦子舞，一边用地名歌追念当年赶马人历经的漫漫长途。这种歌谣，从雅安唱起，一路连贯，直到圣城拉萨。

千年善舞的巴塘弦子

“上有天堂，下有苏杭；到了巴塘，忘了爹娘”，这句略带俏皮味的顺口溜，是人们对美丽巴塘及“巴塘弦子”的礼赞。

去巴塘，一般人选择从康定启程，沿318国道自驾西行，经雅江、理塘过去，一路平坦顺畅，3个多小时就能到达。我们去巴塘，是沿着人迹罕至的川藏古道颠簸行驶，曲曲折折，竟耗时了七八个小时，但沿途看到了更多的历史遗迹。

这条老路的很多地段，是与茶马古道（南线）遗迹重叠交集的。茫茫山野，溪流淙淙，基本上看不到人和车的影子。裸露的土黄色岩石与蓝天白云对抗。这过于的沉静荒凉，也为我们的特立独行搅起心绪的微澜。沿途驿道，山石裸露，废弃已久，有几个村子也早已异地搬迁。翻越扎瓦山，也就是史书记载的大朔山，山势越发陡峭险峻，原始森林郁郁莽莽，峡谷深涧深不见底，盘山道路曲折回绕，加上长久没有养护，路基松散坎坷。翻过海子山姊妹湖，一路下坡，就到了滇藏茶马古道和川藏茶马古道的汇合处——巴塘境内。

这里是“弦子的故乡”

甘孜州西部门户巴塘县，位于金沙江上游东岸的川、滇、藏三省（区）结合部，素有“高原江南”之美誉。巴塘，最早见于清康熙五十八年（1719）《清实录》，系藏语译音，意为“绵羊声坝”，含吉祥之意。

1905年，清末最后一任四川总督赵尔丰经营川边，实行改土归流等改革，均以巴塘为大本营。赵尔丰的许多大刀阔斧建设如废除土司、头人、寺庙的经济特权，废除无偿劳役和各种杂派，建设城池，建立官署，开办学校，垦荒开矿，改善交通，发展邮政，给当地带来实实在在的好处，受到巴塘民众的拥护。1995年版《巴塘县志》载，清末改土归流时，当时巴塘城内聚集了3.6万人，“几成西康第一都会”，堪称当时康藏高原第一大盛事。

巴塘，自古被人们誉为“弦子的故乡”，历史悠久，影响广泛。在敦煌莫高窟156号洞窟、拉萨大昭寺壁画上，都可以看到巴塘弦子的曼妙身姿。四川著名作曲家罗念一的《洗衣歌》，也是根据巴塘弦子的舞步和旋律改编的。

巴塘，从所处茶马古道路线看，位于这条古道的中段，也就是云南丽江地区、迪庆藏族自治州，四川甘孜藏族自治州，西藏昌都地区四地交界地。这一带，从宋代开始直到今天，都还流传着茶马古道的许多故事和歌谣。那时，人们一边跳着弦子舞，一边用地名歌追念赶马人走过的漫漫长途。从地理渊源上讲，这种地名歌从四川的雅安唱起，途经康藏地区，一路连贯直到拉萨，甚至唱到锡金、尼泊尔和印度。

进入巴塘境内，我们先来到党巴乡。党巴乡距县城还有10多公里。在乡上，在当地朋友引导下，我们见到了八旬老人次仁顿珠大爷。次仁顿珠年轻时跟他父亲做过马帮，被公认为是当地茶马古道的活字典。老人讲了很多关于康巴汉子马帮的故事，但他脑子里记得最清楚的是，很早以前，一群美国人从康定辗转来到巴塘，他们驮来许多医疗设备，在当地建起了一座医院。医院竣工那天，好些老百姓都呼朋唤友，跑去看热闹。

其实，顿珠老人可能不知道，美国和这条茶马古道上运输的最大宗货物——茶叶，有特别重要的联系。很大程度上可以说，正是中国的茶引发了美国的独立，是茶使美国成为一个国家而不再是英国的殖民地。

原来，很早以前，美国的茶都是由英国的东印度公司从中国买来，再用船运过去。1773年，英国人突然宣布说，要对销售在美国的中国茶叶征收高额税。人们愤怒起来，在波士顿，他们爬上东印度公司的货船，将342箱茶叶倒进了大海，这就是引发美国独立战争的著名事件“波士顿倾茶案”。接下来，1776年，英国人投降，美国诞生（周重林、太俊林《茶叶战争》，华中科技大学出版社，2012年）。

扎西老人和洛松达瓦

巴塘县城，三面环山，海拔2500米左右，一般从内地来的人基本上没有高原反应。到了县城，下车安顿好住处，我们就赶往县城的金弦子广场，急欲观看名满藏地的“巴塘弦子”。

金弦子广场有半个足球场那么大，四周是藏地特产杂货铺和小商店。广场上有座一对青年男女组合的巴塘弦子雕塑。中央，一位名叫扎西的花甲老人，正带领10多名演员手持拉弦乐器“毕旺”，边唱边跳，向来往的宾客表达好客之情。伴奏乐《金色的弦子》激越欢快，充满强烈的动感和高原气息。当地朋友告诉我，这段歌词是：

措普湖等了我多少年，我便等了你多少年
见你独坐古桑抱石下，手握弦胡，轻吟慢唱

于是，我便在你身边翩然而舞，红袖添香
前世，今生，来世
一曲弦子，一世情缘
我们相约巴塘，一切便有了开始……

细看，眼前的巴塘弦子，是一种集歌、舞、乐于一体的综合性歌舞艺术。与藏族地区一般的锅庄不同，巴塘弦子表演时，由数名男演员边演奏边歌唱边领舞；女舞者则跟在后面，舞动长长的衣袖，边歌边舞，在行进中跳成一个圆圈，然后不停旋转。

孩子们也会跳弦子舞

跳舞的男子，大多穿着黑色或红色氆布长袍，头戴缀满流苏的毡帽儿，脚穿长筒皮靴，显得彪悍、威武、粗犷。女子则身穿坎肩连衣百褶裙，褶裙一展有如孔雀开屏，且腰束彩带，脚穿白色藏靴，显得俊俏大方，曼妙无穷。

这里，远离城市喧嚣的人们，沐浴着圣洁的阳光，常年生活在雪峰以下，内心纯净，舞步格外利落，歌声也格外清亮。

地方志记载，早在战国时期，巴塘隶属白狼古国。当时生产力十分低下，面对大自然的风霜雪雨等自然灾害，人们迷信鬼神、信仰祖先，崇拜图腾，便产生了一种叫“歌卓”的祭祀舞蹈。每当集体祭祀时，参加者由年长者排头，自然分成两排，不论男女互相牵手，弯腰垂首，围着篝火舞蹈歌唱。

作为滇藏、川藏两条茶马古道的交汇重镇，巴塘弦子舞的歌词和舞姿，还融入了云南宾川、祥云一带的赶马调，如“好女不爱闲游浪荡的无用人”“好男人不爱好吃懒做的大姑娘”“聪明的姑娘她样样会”。词句深入浅出，通俗易懂，反映了劳动人民的爱憎，韵律上具有山歌的特点，高亢而又抒情，段尾处都有一句固定的衬腔“哥呢妹子亲亲”，接地气又俏皮亲切。

金弦子广场上，扎西老人身边的洛松达瓦，是个1983年出生的年轻人，也是巴塘弦子的新一代传人。洛松达瓦从读书时就爱跳巴塘弦子。这一跳，就是10多年。

说话时，洛松达瓦头上戴的“梭哈”——顶上缀满流苏的红色帽子，随着头轻轻颤动。洛松达瓦笑着解释，巴塘弦子有个特点，就是颤，缀满流苏的帽子在舞蹈时会随着动作而颤动，看起来更漂亮。除了帽子，洛松达瓦全身上下都是传统的藏族服饰：里面是一件白色藏衫，外面套着金红相间的藏褂，脚蹬一双藏靴，藏红色的藏袍系在腰间，十分英武。

“传统的巴塘弦子一般是戴毛皮帽子，但现在出于保护动物的需要和时代发展，我们一般都不戴毛皮帽了。”洛松达瓦说，巴塘县是农牧县，四季分明，舞者在天热时就戴轻便、凉爽的帽子，天气冷的时候则戴毡帽。

洛松达瓦对老前辈扎西老人十分敬佩：“扎西老师是巴塘唯一会做毕旺乐器的人。我们手上拿的毕旺都是老师做的。”

毕旺，是一种拉弦乐器，长约60厘米，由琴头和琴杆、琴筒组成，琴头被雕刻成龙头。扎西从他爷爷开始，一家三代人都从事藏弦胡制作。巴塘弦子用的藏弦胡音色厚重、柔软，制作时需要用5种不同的木料，琴弦则是用马尾制作。

他们手上的毕旺五彩斑斓，十分华丽。“以前藏弦胡没有这么精致，琴筒最早是用牦牛角做成。现在既要满足音质，又需要有美感，所以制作难度大多了。”扎西笑着说，如今巴塘弦子在舞台表演的机会很多，为了舞台效果，自己在做完毕旺之后还会请藏族唐卡画家为其上色。

在金弦子广场，洛松达瓦开怀一笑，来了个压轴表演。他边跳舞边弹唱，激情演奏的曲目《扎拉西巴》，意为“吉祥的日子”，略显粗犷又不乏悠扬的乐声，展示了巴塘青年的豁达与豪放。

婀娜多姿的巴塘弦子，不但风靡整个藏区，且蜚声海内外，成为藏民族文化艺术宝库中的一朵奇葩。

靓丽妹子和呆萌小伙儿

夕阳下，流动的云朵闪烁着透明而金黄的光彩，映照在绕城而过的巴楚河面上，犹如雪花落在大地被默默接纳。傍晚，我们沿着城南那条名为“茶马古道”的老街漫步。老街南端栽种着许多植物，最多是箭竹，竹竿儿嫩黄嫩黄的，竹叶翠绿翠绿的，翠绿色的竹叶让人心旷神怡，在内地只有春天刚来、树叶发芽的时节才能见到。这里不同，满眼都是翠绿的竹叶，嫩得让你不忍用手去触摸。

街上行人很多，却少见“西服革履”。各色漂亮的藏袍、藏饰打扮着大街上的男女老少，手里的转经筒随着他们的脚步有节奏地旋转。在一条岔路口的台阶，我看到有个将辫子盘于头顶的康巴汉子，一手搂着小女孩，一手帮她拨弄手里的玩具，黑红色的大脸和稚嫩红润的小脸贴在一起，对比强烈，看着悦目。

夜幕降临，华灯初上，一拨拨跳舞的人走了，新一拨人又来了。大家微笑着点个头，就加入圆圈舞里。跳舞人群中既有耄耋老人，也有几岁孩童，还有临时加入的下班族。轻盈舞动的身姿，在灯光下映照出长长的身影。人们身上佩戴的金银耳环、玛瑙项珠，似夜空中的星星缓慢流动。

巴塘弦子动作舒畅轻柔，具有行云流水、长袖善舞、同手同脚的特点，踏步、擦步、跨腿步、前点步都非常优美流畅。我痴迷地欣赏着，感觉他们不是在跳舞，而是在用舞步聊天——聊的是生命的根脉、民族的自信和对先祖的缅怀。

我身边一位漂亮的藏族姑娘说，巴塘人生活中离不开歌舞，会说话就会唱歌，会走路就会跳舞。除了在劳动之余、时令佳节、朋友聚会、耍坝子时尽情歌舞外，还在婚丧嫁娶、开张营业、乔迁新居、祝寿贺岁时，以跳弦子为主人支撑场面。不管在哪儿，人们只要一听到胡琴声就会结队欢舞，围着篝火或火塘，跳个通宵达旦，丝毫没有倦意。

这时，一阵从远方雪山吹来的轻风，将盘在姑娘额上的绿丝线儿吹得飘起来。姑娘冲我抿嘴一笑，点点头，算是告别。她迈开修长美腿，轻盈跨进弦子队列里，灵动的身姿精灵般舞动，很快融入灯光和月光交织的炫酷大幕中。

第二天，当地朋友告诉我们，巴塘的面食很好吃，在整个甘孜藏区都有名。他说，300多年前，有几个山西人千里迢迢来到巴塘，带来了地道山西面的做法，也入乡随俗增加了四川麻辣的味道。不知为什么，后来巴塘的小伙子特别喜欢吃面食、喝啤酒，许多人长得胖嘟嘟的，挺着个大肚儿，呆萌可爱。

听朋友这么说，我特地留意观察，还真是这样呢。县城里，许多胖小伙儿乐呵呵地跟人聊天，似乎啥都晓得，啥都满不在乎。就餐时，他们仰起脖子一口气喝完两三瓶啤酒，腆起的肚子像滚圆的西瓜。连摆书摊的小贩也扭动肥厚脖子，大侃巴塘的美女比成都的美女“更有味道”。有趣的是，这些胖小伙儿身边，总有个俏丽妹子嘟着小嘴儿偎依在身边，眼神热辣而温柔……

离开时我们发现，从巴塘县城继续沿318国道往西藏方向走，沿路都是美丽的河谷风光。不同的是，先看到的是水色清澈的巴楚河，最终它将汇入泥沙滚滚的金沙江中；而在两江汇合的交界处，巴楚河的碧绿色与金沙江的泥黄色形成鲜明对比，在江中心划出一道清晰蜿蜒的界线，泾渭分明，非常奇妙。

/
/
/
这座庄严神奇而“化险为夷”的明代佛寺，在一代代马帮跋涉者看来，定然是庇护他们一路平安、护佑家人、走向乐园的祈福宝地。

报恩寺的祈福隐喻

有一年，我和几名成都驴友去绵阳平武县徒步，带队的朋友选了一条古栈道，起点是平武县平南镇龙治村的哨棚岩，止于龙治村松岭，全长16里余。

这条路人迹罕至，荆棘丛生，不时有乌鸦从树丛里飞出，呱呱呱叫得有些瘆人。沿途几乎全是窄窄的石路，依崖壁开凿。有的地方是一级级向上的石梯，有的是刀削般险峻的绝壁。

这段古道宽1米左右，两边皆为遮天蔽日的乔木，林中弥漫着潮湿的气息。路面时高时低，有的被树枝腐叶覆盖，有的铺着大大小小不规则的石块。石块长满青苔，多为破损陈旧，石面上留有碗口般大小的石坑，深深浅浅，状如马蹄，是很让人浮想联翩的。

踏着古道，仿佛进入一个独特的生存环境，聆听着断断续续的清脆马铃声，与马帮结伴而行。我仿佛看到这条寂寞的古道，骡马成群，熙来攘往，前赴后继，负载的是繁盛、原始的商业文明。

李白“蜀道难”原生地?

多次走这条线路的徒友老赵说，之前他查找地方档案发现，这条古栈道至少有500年历史，是古时下江油、上龙州（今平武）的交通要道。当年，龙州至川陕甘等地的茶叶、马匹等物品，都在这条南北走向的古栈道来来往往，十分热闹。

平武县，古称龙州，位于青藏高原东北边缘地区，是青藏高原向四川盆地的过渡地带，全境皆是山区。就地理环境而言，特别适合茶叶的生长，至今仍能在平武找到许多野生茶树。史书记载，早在南北朝时期就有从江油关（平武南坝镇）出发，溯涪江而上到达松潘的交通要道。南坝镇，是三国时魏将邓艾率三千精兵偷渡阴平道，克绵州（今绵阳市）、陷成都的古战场。

唐朝贞观八年，松赞干布出兵20万占领松潘边缘，平武北部成为吐蕃力量的波及区，从此平武与藏区的联系更加紧密。

唐朝开辟茶马互市后，平武更是成为进入西北民族地区的交通要地，这里还大量生产专供松潘藏族民众消费的边茶，拿去换马。平武本地的马又是从哪里来的呢?《宋史·兵志》中有这样一句话：“龙州，产善马”，说宋朝时官衙就在江油关设置了著名的龙州买马场，进行茶马贸易。

李白有诗曰：“蜀道难，难于上青天！”对这首千古名诗，绵阳文化学者曾维仪经多次踏勘考察，提出了他自己的观点：《蜀道难》实际上写的就是平武境内涪江边上的茶马古道。

的确，在江油到平武这一段的茶马古道，全是千回百转的羊肠小道，当年马帮要把平武、北川、安县、彭州、什邡的茶叶、瓷器、丝绸、布匹和盐，从灌县运往松潘集散地，实在不是一件容易事。

在古驿道上，马帮从灌县出发到松州（今松潘），要在崇山峻岭中走20多天。最危险的路段就是涪江六峡这一段。其中青天峡内有个弯道，马帮管那儿叫作“倒马坎”，路的上面全是悬崖，下面是滔滔涪江水，只能勉强通过一人一马。若是马背上的茶包子碰到悬崖，马就不能保持平衡坠入涪江。

再有，马帮路上不时会遇到病魔和匪患的侵袭。许多赶马人都有遭遇痁疾、瘟疫和被盗抢的经历，险象环生。每次入甘送货归来，很多人都有当“二世人”的感觉，心有余悸。

正是因为这样，南来北往的马帮在经过平武时，总会以极度虔诚的心态去报恩寺烧香祈福。月亮升起的时候，如水的月色洒在寺里的庭院，四处树影婆娑，大伙儿开始烧香拜佛，浅吟高唱，祈求菩萨对自己和家人的保佑。

“逢凶化吉”的报恩寺

平武县报恩寺大有来头，它原本就是一座“逢凶化吉”的寺院。

这座距今580多年的“深山里的宫殿”，背依群山，面临滔滔涪江，在青山绿水衬托下显得古朴静雅，雄伟壮观。

最初是作为深山王宫修建的，迫于龙颜震怒、面临株连之罪不得不改建成大型寺院——这是关于报恩寺为何修建的记载里最惊艳的一页。

报恩寺，由明代龙州宣抚司世袭土官佥事王玺、王鉴父子奉圣旨主持修建，颇有些“歪打正着”的意味。

话说明正统年间，王玺进京朝贡。这位白马王氏土司就像刘姥姥进大观园般震惊，他看到紫禁城层楼叠阁，巍峨宏丽，蔚为壮观，羡慕不已。他决定自己也修一座王宫。王玺用重金聘请了几名曾参与修建紫禁城的能工巧匠，带回龙州，大兴土木，历时七载，经王玺、王鉴两代土司的努力，终于建成这座“缩小版故宫”。这一年，是明正统十一年（1446）。

王宫建成后，那些扛着叮当作响钱袋子的工匠返回北地，乐颠颠购置田产房屋，尽显风光。很快，这事儿传到明英宗耳朵里去了。龙颜震怒，差点直接下令咔嚓砍人。王玺被宣进京，坚不认账。皇帝拿不到证据，便派一个谭姓钦差大臣去四川看看。

谭钦差是个贪财贪色之徒，"蜀山水碧蜀山青"让他流连忘返，耗了两年才走到龙州。此前，王玺的仆人早已赶回龙州禀报了王家夫人。王家吓坏了，紧急请工匠改头换面，鼓捣成一座像模像样的佛教寺院。

谭钦差来到龙州后，一双眼睛瞪得像个铜铃儿：这哪是啥王宫？分明是一座金碧辉煌的庙宇嘛。尤其让他亮瞎眼的是，大雄宝殿正中，赫然供奉着"当今皇帝万万岁"的九龙牌位……王家夫人趁机送给谭钦差黄金美女若干，又哭诉自己的相公如何如何冤枉。

谭钦差打着饱嗝回京后，跟皇帝满嘴跑马车：陛下那王玺是个懂得起的好人喃，他修建的不是王宫，而是为您老人家祈福祝寿的报恩大寺呀。英宗认为错怪了王玺，传旨给王玺加官两级，由从七品的龙州土通判升为正六品的龙州宣抚司世袭土官佥事，命"报恩寺"改为"敕恩报恩寺"。

平武县文管所前所长向远木所著《报恩寺揽胜》（中国三峡出版社，2000年），也记载了这个明显带有段子性质的野史。奇怪的是，这段野史580多年来一直成为报恩寺修建缘由的强力支撑。当地人认为，这个说法是平武人审时度势、逢凶化吉的深刻隐喻。

王玺父子为啥要修报恩寺，正统史书当然另有说法：平武当地志书《龙安府志》认为，父子俩确实是出于对皇上的感恩，也想利用宗教来巩固自己的世袭统治；但无论如何，白马王氏土司世袭700多年，从京城聘请工匠建成的这座经典建筑群已成珍贵文化遗产，所谓正史野史争议流言，在这座经典古寺面前已春风化雨，不那么重要了。

全楠木“斗拱博物馆”

报恩寺大门，是一座单檐歇山式山门，层层台阶逐级而升。寺院里，由钟楼、天王殿、大悲殿、华严藏、大雄宝殿、碑亭、万佛阁等主要建筑构成，大约有30个院落。占地面积27800平方米，建筑面积3518平方米。

平武报恩寺，是目前我国保存最完整的明代建筑群之一，所有建筑、木雕、石刻、泥塑、壁画、神像均为原貌。由于该寺文物价值极高，已成为清华大学建筑学院的教学基地。

报恩寺也是目前中国保存最好的“斗拱博物馆”。向远木他们多次统计估算，报恩寺有斗拱2730余朵，这些斗拱形状各异：有的如莲花，有的像芙蓉，有的如象鼻，有的则像犀角，制作精巧，造型独特，也蕴含古老的民间哲理。

1004只手的千手观音以一根金丝楠木雕成（李贵平摄）

报恩寺保存至今，还得益于所用材质良好的原因——寺内所有殿堂的柱、额、梁、枋、檐、椽、斗拱、雀替、门窗及楼板、天花、藻井、回廊、栏杆等，全用楠木构成，其中有大量极珍贵的金丝楠木。楠木质地坚固，芳香长溢，虫蚁不蛀，蛛网不结。

大悲殿内，那尊高

9米、呈扇形密布1004只手的千手观音，就是以一根金丝楠木精雕而成的。这些手儿，前后参差，左右环绕，悬空排成15道圆弧，宛若一朵怒放的金菊。其规模之大，仅次于承德避暑山庄和北京雍和宫的雕像。

建筑面积达3518平方米的报恩寺，当年得耗费多少楠木？这些楠木又是从哪里来的？《龙安府志》载：平武县境内的豆叩、水晶、古城、南坝、平通等地，林木幽深，古时盛产楠木。在明代，金丝楠木（金桢楠），俗称皇木，明成祖朱棣建造紫禁城长陵时，楠木主要采集地就是四川、重庆和云贵等地，其中四川的金丝楠木被认为是上等佳品：纹理直

报恩寺共有斗拱2730余朵（李贵平摄）

而结构细密，不易变形和开裂，木材表面在阳光下金光闪闪，金丝浮现，且有淡雅幽香。这，也应该是报恩寺“坚不可破”的重要原因。

经常跟我参加户外徒步的老赵说，他老家在平武县城，很小的时候，每遇山洪暴发，他看到涪江边冒出许多暗红色的楠木，这些树是被江水冲出地面的，摸上去梆硬结实，糙铁般沉甸，它们很可能是当年龙州土官来不及运走的“皇木”。

老赵听他曾祖父讲过，古代的龙州人，对朝廷没完没了的皇木采集、运输苦不堪言，便偷偷将山岭里的楠木砍掉后埋在地里，或是将没来得及拖走的丢进涪江砂砾里，以免被发现招来杀身之祸。这是一种鸡蛋碰石头般的无力抗争，也让我想到当年曹操颁布的“士亡法”对兵士的伤害，按其《步战令》规定：“卒逃归，斩之。一日家人弗捕执，及不言于吏，尽与同罪。”如果你因怕苦、想家或什么原因半路跑水了，你的家属就会被治罪，轻者沦为奴婢，重者甚至要被砍头，许多男子为逃避兵役，不得不自残手脚求得苟活。

史书里没有记载当年王玺父子修建报恩寺时，是如何动用滔滔人力采集楠木的，碑亭里说，他们家族有个很大的私家园林，园林里种植了大量楠木，除就地取材，有很多是从大桥、水晶等地砍伐运来的，想来动静定然小不了。

如此肃穆庄严而“化险为夷”的佛寺，在一代代马帮跋涉者看来，也定然是庇护他们一路平安、远离灾祸、走向自由王国的福地。

/
/
/

通高37米的土司官寨，静卧在群山环抱的沃日河畔，如一个解甲归田的老将军，经历金戈铁马，看惯春花秋月，孤独地听着脚下河流的絮叨，不愿被人叨扰。

沃日河畔的土司官寨

位于阿坝藏族羌族自治州小金县东部的沃日土司官寨，是清朝大小金川之战中一处著名的古战场遗址。此地群山逶迤，激流滔滔，通高37米的土司碉楼城堡赫然屹立，高高在上。当年第二次金川之战中，清军名将温福就战死在这片河谷山坳里。

37米高的土司官寨

说起阿坝州的土司官寨，一般人可能首先想起名气很大的马尔康卓克基土司官寨。始建于1718年、占地面积1500平方米的卓克基土司官寨，如今早已变成一座商业气息浓郁的仿古建筑，成了人气喧喧的热门景点。

相比之下，小金县沃日土司官寨，保持着原汁原味的古旧风貌。以我多次深入藏区采风的经历并查阅资料所知，即使在整个川西北高原，沃日土司官寨遗址都算得上占地最庞大、碉楼最巍峨、年代最久远的土司官寨之一，它远离喧嚣，静卧于群山之下的沃日河畔，如一个解甲归田的老者，经历刀剑戈戟，看惯春风秋月，孤独地听着脚下河流的绵绵絮叨，很少被外人叨扰。

阿坝藏区，明清曾有“十八土司”之说。这18位土司，在18世纪均受清廷封号。到清朝后期，阿坝的明正、冷边、逃边、鱼通四个土司被赵尔丰施行“改土归流”撤销了。

沃日土司官寨，位于小金县城东部、红色旅游景区达维镇西部，距县城18公里。清乾隆十五年（1750）由沃日安抚司所建。民国年间重建。

那天下午，我们驱车行驶在山势逶迤的省道S303上，蓝天之下，风景在不停变幻，车窗外时而闪过树木葱郁的山谷，时而闪过灰蒙蒙的土山。小金川河水在峡谷中咆哮澎湃，急速穿过，由于几日前的暴雨，马路两旁的小山沟里，还能依稀看见泥浆溅撒在崖壁上的痕迹。

这里的藏族民居，大多沿河而建，每一座房屋的式样整齐排列，如出一辙。楼顶，形如牛角的八个石砌尖角直指苍穹，绑缚在尖角边沿的五彩风马旗，随着河风的吹拂猎猎作响，煞是壮观。

车子还没开到沃日乡，就隔河看到藏寨中屹立着一座直指云空的碉楼。夕阳在碉楼上镀了一层金色光芒，在黛色苍穹的映衬下，在青绿河流的环绕下，显得巍峨壮观，古朴厚重。

第一次发现，这里的风马旗又多又漂亮，在阳光和河风中如跳动的彩鹬，雀跃不已。藏地风马旗是一种圣洁的图腾标志，寄托着人们祭祀神灵、祈祥祛难的心愿。

根敦群培著作《白史》称：古时懋功（小金）的藏民皆为游牧，来去无踪，一旦选好一块水草丰美之地落脚，每户人家都会在门上竖立一根旗矛，上系五彩旗幡，让高原的风带去他们的祈愿。这也是当地独有的习俗。他们还认为，“风马”在深层意义上是指人的气数和运道，因而在灵气聚集之处（如河谷、湖泊、湿地）挂上印有神灵的风马旗，让风儿吹送，便有利于自家愿望的传达和实现。这源于一种朴素原始的宗教观念。

末代土司改过自新

金川之战中这种高大的碉楼让清军大吃苦头
（李贵平摄）

小金，古有“不断流动的河流”之意。县境内，四姑娘山和巴郎山各条山沟里奔流而出的河水，汇集成美丽的小金沟（又名小金川）从沃日官寨前流过，向西流入甘孜藏族自治州丹巴县境内，与大金川、东谷河、革什扎河等汇合成滔滔南流的大渡河。

眼前的沃日土司官寨遗址，主要是指南经楼和碉楼。经楼原有两座，如今保留的仅为南经楼，20世纪40年代中期重建；北经楼则于1958年被当地人拆毁。如果算上初始建筑面积，沃日土司官寨比卓克基土司官寨还略大。

平时这里十分清静，外人更少有机会登楼参观。经小金县史志办主任王学贵跟当地文管所协调，我们得以进入碉楼参观。

沿着一根长约4米由圆木凿阶而成的梯子，爬上南经楼。这种没有扶手的独木梯，比我在许多羌寨看到的要高得多。攀爬时，有个成都美女因为是头一回爬这样的“棒棒梯”，很是害怕。她两脚颤巍巍往上迈，大半个身子悬在空中。姑娘倒很风趣，她对下边的人说："都把手伸出来，万一我摔下来就接住啊——别丢了英雄救美的机会。"

22.5米高的土司南经楼，是一座五层三重檐、四角攒尖顶的单体建筑，石木结构，立体厚实。它坐西向东，呈长方形，占地近80平方米，是汉藏风格合一的经典建筑。

南经楼墙体厚达3米，看上去极是沉厚稳固。我们爬盘旋楼梯上去看，里面空空如也，什么陈设也没有，只有墙面上绘满了佛教壁画。这些壁画的色泽、笔触颇似唐卡，内容以佛像、佛教故事为主，也有少数历史传说和神话故事题材。每一层走道的镂空窗框上，都用雕刻、绘画、线纹等装饰。门面上绘制着神兽、祥云、花瓣。走在深邃幽暗的回廊上，听着脚下楼板被踩踏后发出的咚咚声，感觉很有些瘆人。金灿灿的阳光透过镂空花窗照进来，在地板上留下斑驳的阴影。

沃日土司官寨是个有故事的地方。

《嘉绒藏族史志》载，乾隆十五年（1750），沃日土司因顺应王朝，为乾隆"一征金川"供粮助战，出力不少，被朝廷晋封为安抚司职衔（从五品）。沃日官寨，就是由授勋的安抚司主持修建的。那位安抚司在动工时，不惜血本征集了全阿坝最好的工匠画师，历时十多年才竣工。竣工时几乎轰动了整个藏地。

当时，沃日安抚司还有一个名字——鄂克什安抚司。"鄂克什"为满语称号，其义尚未追溯清楚。至今在小金尚有"沃日""鄂克什"两名并用的说法。

到了末代土司杨春普那里，共历23代土司，大势衰竭。1950年初，杨春普一度参加颠覆人民政权的"靖懋叛乱"，未及放两枪就被解放军拿获，后经教育学习，走上改过自新的道路，成为一名自食其力的普通藏民。

居高临下的立体城堡

作为古代兵事爱好者，我最关注的还是那座通高37米的碉楼。碉楼为四角形木石结构，坐西向东，外部保存完整，呈台锥形。无论从哪个角度看，都卓尔不群。

王学贵告诉我，沃日土司官寨还不是最高的，金川县马尔邦乡有座碉楼，是原大金川土司莎罗奔的官寨，高50.2米，基宽6.5米×5米，顶宽3米，是目前保存最完好的第一古碉，被誉为“中国碉王”。金川曾达乡也有一完整的藏式高碉，高28米，宽3米。

“这样的碉楼在冷兵器时代，是很厉害的防备工事。”王学贵带我们来到碉楼的东面，他指着一道高出地表4米多的门说，这道门的底部3米多，全为石材垒筑的实心体，基础极牢，奠定了碉楼下大上小、重心向内、稳定性强的特点，还可以抵挡来犯之敌的攻击。

让人吃惊的是，这座古代立体城堡，还建造了良好的供水系统，水源地网环环相通，仓储空间很大。据说，每遇战事，大量玉米、小麦、洋芋、胡豆和各种器械、甲胄等源源不断存储于碉楼里，还可饲养一些牲畜。拥有如此强悍的军事堡垒，同入侵者扛上一年半载并借机凶狠还击，完全不在话下。

南经楼独木梯的下面，几名身着嘉绒藏族服装的阿妈坐在小凳上聊天，见一下子来了这么多外地人，她们兴奋地打开话匣子。其中一位婆婆指着碉楼上的残痕断墙和枪炮、弹孔等说，这些，都是260多年前金川之战留下来的痕迹。

一名73岁的大妈戎斯珂（音）说，她小时候听老辈子讲，金川之战中，土司官寨到处都让土火药、猎枪、土炮、乌朵、弓弩、飞石等击打得千疮百孔，死的人都漂在河里，太惨了。

这些头戴氆氇帽、颈系银索的藏族阿妈十分可爱，对人厚道，不像许多热门景区的居民，遇到外地人一举相机就动辄推销东西，或直接伸手要钱。她们乐呵呵地站起来理理衣服，脸上笑成一朵菊花："照吧，随便照。你们来了这儿还好玩些。"戎斯珂阿妈说。

为了找到拍摄碉楼的最佳位置，我来到碉楼西面一户人家的楼顶。主人名杨成全，70来岁，他热情地拿来木凳儿，还端了碗酥油茶请我喝。杨成全指着距官寨七八百米远的小山包说，当年，小金川的藏兵在山包上修建了72个小城堡，最有名的，就是在川西北颇为有名的龙灯碉古堡。龙灯碉居高临下，炮火凌厉，掩蔽得法，守军经常配合沃日官寨碉楼里的藏军，对清军进行"空中打击"，互动夹击。

"你看，从下往上数第四个眼子（窗口）的左边——"杨成全指着对面20米开外的碉楼说，"有几个石块的颜色不大一样是吧？那是当年被藏军大炮误伤轰出缺口后新补修的一块。我听老辈子讲，这碉楼很牢实，早年这儿的土司互相打来打去，碉楼挨了好多炮火都没有倒塌。"

做过泥水匠的杨成全还说，从这个角度看过去，那碉楼的窗户比一般民居开口小，都有铁栅和窗扇。碉楼上部的四角，建有一种全封闭

经楼顶部的通风口（李贵平摄）

或半封闭的角堡（俗称燕子窝），砖块之间用糯米浆粘连。角堡内分别开设了向前、向下的射击孔，可以居高临下无死角地还击入寨之敌；同时，各楼层设有射击孔，经常把下头的敌人打得晕头转向，留下一大片尸骸。

初生婴儿也用茶洗澡

金川之战的滚滚硝烟，如眼前落入山坳里的夕阳，不见身影，唯见光照。我们从王学贵的讲述以及他提供的文史资料中，捡拾出那段历史战幕的一些碎片。

沃日土司，曾是阿坝“根正苗红”的地方望族。沃日最早的土司，是金川信众中具有崇高威望的本波教巫师世家门第，历经历史发展，形成最大的部落寨主，也就是一方势力集团的带头大哥。家族传至巴碧太土司时，已是清代。巴碧太土司于顺治十五年（1658）归服清王朝，日子越过越滋润，还获得国师的名号，威名大振。“沃日”，在藏语里为领地之意。

清乾隆中期起，前面提到的鄂克什土司，同小金川十一代土司赞拉发生家族矛盾，双方结下梁子。鄂克什土司精通巫术，他将赞拉父子画成丑陋人像，还将其扎成草人儿用箭穿射。他还公开扬言，要把赞拉土司咒死并绝根断苗。小金川土司忍无可忍，盛怒之下决定对鄂克什土司动武，试图一举灭他和整个家族。两方土司首先开打了。

乾隆皇帝决定以调解之名调兵灭了小金川土司。但当时大小金川土司为宗亲门第，凝聚力强，抗拒外人武力介入。他们不吃清政府那一套。

乾隆三十八年（1773），也就是第二次金川之战中，大清名将温福率部攻打大、小金川。不料在沃日龙灯碉前，温福被索诺木、僧格桑两队藏军阻击了半年多时间。

由于长途奔袭，屯兵日久，清军士气越发低落，防范也开始松懈。

藏军白天藏匿在龙灯碉里，夜间下山劫营，来去无踪，他们的藏刀、长矛、杈枪、火绳枪、乌朵等用得出神入化，穿戴在身上的“具装铠”如面帘、鸡颈、当胸、搭后等，又能将自己很好保护起来。一个午夜，800多名藏军趁着月色突然进攻，杀入清军营中。火光四起，混战中温福挥刀砍死了几个藏兵，只听嗖的一声，他的面门被空中飞来的乌朵击中，惨叫一声，倒地毙命。清军大惊，人马相践，死伤惨重，踏着月光、火把四处溃散。两周后，清军增援部队来到沃日镇，加强对龙灯碉的围攻。不久，龙灯碉的藏军越战越少，粮秣耗尽，弹药打光，无法补充，最后被清军攻上山头。

当时打死温福的这种乌朵，原是藏地人放牧牛羊用的抛砸工具，它用牦牛毛搓捻成粗毛线，再编织成毛辫儿。毛辫儿的上端有个直径三寸的套环儿，使用时将套环套在中指上，中间是一块巴掌大的椭圆形“乌梯”，乌梯内放上坚硬石头，放开一甩，石子便可嗖嗖飞到一二百丈远外。沃日大战中，这种乌朵成了藏军击杀清军的骇人武器。

如今，经过260多年的风雨侵蚀，龙灯碉只剩残壁断垣，孤零零屹立在山顶。与它遥遥相望的沃日土司官寨，也早已失去昔日的盛况。除了南经楼和碉楼，四周已拆迁变身为嘉绒藏族居民聚居地。老人们每天披着阳光坐在碉楼下聊天、喝茶、逗小孩和纳鞋垫儿，倒也快乐。

小金县沃日镇，是茶马古道“灌汶通金川道”上的重要驿站。其主要线路是：从灌县经卧龙翻越巴郎山、牛头山到懋功（今小金），被称“小路”；另一条路从威州（汶川）经理番（今理县）越鹧鸪山，到金刚寺再进入牧区，是一条风险较高的运茶支线。

那天，我听沃日官寨的几位藏族老人讲，他们这一带主要是吃（喝）“康砖”和“金尖”茶。康砖茶熬出来的汤色好，金尖茶的口感好，于是常将两种茶混合起来熬，这样茶的颜色和口味都不错。说到“芽细”，那是顶级藏茶，一般居民吃不起。茶叶解毒，不喝茶没有劲儿。藏地的牲口也吃茶，只不过吃的是茶渣，吃了才会有力气。

老人还讲，过去小金这一带很少产蔬菜，主要吃牛羊肉和糌粑，若不喝茶，肠胃燥火，连拉出的大便都黢黑梆硬，所以藏家人的生活离不开茶，即便现在谁家生了孩子，也用茶水给婴儿洗澡，老话讲“不用茶水洗，菩萨不保佑”。若来了客人，他们也用酥油茶热情招待。

第二辑

马帮背影

/
/
/

风霜雨雪，大山大川，毒草毒水，野兽厉虫，瘟疫疾病，随时随地都能置马帮于死地。绝大部分时间的野外生活，对任何一个赶马人和马锅头都是严峻的考验。

马帮背夫：“高山之舟”

关山万重，刻写商旅蹉跎；江流百转，沉淀古道沧桑。

茶马古道已然远去，它的碎影却如一抹夕阳，映照在古城、古道之间，映照在人类的漫漫征途史上。

川藏茶马古道的线路，一般学者认为主要是三段：源头在四川雅安，先从雅安出发到打箭炉，再从打箭炉到西藏拉萨，又从拉萨经江孜、日喀则、亚东，最后往西到达不丹、锡金和尼泊尔等地。

按任乃强先生的说法，从雅安出发到拉萨，全长约四千七百华里，所过驿站五十有六，渡主凡五十一次，渡绳桥十五，渡铁桥十，越山七十八处，越海拔九千尺以上之高山十一，越五千尺以上之高山二十有七，全程非三四个月的时间不能到达（《吐蕃地名考释》，刊发《西藏研究》1982年第4期）。

抗战时期，重庆为中国陪都，西南地区至关重要，大批货物进入中国西南地区。茶马古道更是承载了严峻的历史使命，仅川藏线每天来往的骡马就多达上万匹。

马帮、背夫、跋涉古道的人，这是一群用特殊材料制成的硬汉。

专业马帮和业余马帮

“前头有一阵杂乱的响声——铃子的叮当声、铁器的铿锵声、喊叫声和牲口踩踏声。那是从城里出来的一队藏族马帮。不久，马帮的主人骑着肩宽体壮、粗毛蓬松的矮种马来了。他们是两个藏族绅士，穿着华丽的红色丝绸衬衫和厚实的上衣，腰间系着彩带，头戴绣金宽边帽。”——这是20世纪40年代初，俄国探险家顾彼德《被遗忘的王国》笔下的中国马帮：精干、勇敢、华丽、有范儿。

但在茶马古道的漫漫征途中，更多的马帮可不是这个样子。他们为了生活而艰难跋涉的样子，并不那么潇洒，有时还很尴尬。

时而翻越高山和深谷，时而顶着草原的狂风，时而翻越白雪覆盖的雪山，马帮队伍是如此壮观，可这壮观的背后，也隐藏着他们为在这片贫瘠的土地上生存下去而付出的百般艰辛。

理县古道上的背夫（方苏雅摄于1899年）

周重林、太俊林《茶叶战争》（华中科技大学出版社，2012年）写道：不管是从灌县出发的“西路边茶”，还是从雅安出发的“南路边茶”，沿途都是山峦连绵，道路盘折，崖岭重叠，坡陡地薄，溪河密布，河浪滚滚。如果没有很好的背夫或赶马人（马帮），这些茶叶不会自己跑到藏地去。

马帮互助

茶马古道的马帮，有专业和业余之分。专业马帮规模较大，有固定的马夫头和固定的路线。这样的马帮少则数百匹马，多则上千匹马，专为客商运送大宗的货物。但茶马古道沿途，有着横断山脉的绵延大山，有着特殊不同的地理气候，使得再大的马帮、再充裕的骡马都很少能全线走完，因而采用的是接力赛式的运输方法，环环相扣，步步为营前赴后继。

除了专业马帮，还有农闲时出来挣外快的小马帮，算是业余马帮。大多由几个相识要好的人各自吆上几匹马相邀结伴，置办好茶、丝、麻、黄蜡、挂面、硫黄等货物，捆扎好马驮，找上可靠的马锅头入伙结成一个临时马帮。常走短途，往返只需十来天时间。他们也看重信誉信用，如果出现什么意外，哪怕自己吃亏栽进去，也要保证客户的利益。

常年在古道上往返的马帮，有着“高山之舟”的作用，他们不仅将茶叶和盐、铜铁、丝绸、香料、玉器、皮革等带到各地，还依靠自己的见多识广，在沿途起到信息传递和文化交流的作用。

不论多么漫长的路途，马帮都要一步步走过来。“鸡声茅店月，人迹板桥霜”，每天出发后披星戴月，风餐露宿，住店后生火做饭，晚上睡到半夜还要爬起来查看放养在附近的骡马跑了没有，是不是安好无恙。每天的上驮下驮，对赶马人来说就是一项烦琐工作，往往一个人要把十多匹骡马所驮负的几百斤货物搬上搬下，一天搬两三次。每天不管多苦多累，首先要服侍好骡马，一日三餐，最后才轮到打发自己。没有骡马，他们寸步难行。

经年累月，马帮兄弟同吃一锅饭，同睡一顶帐篷，一年四季朝夕相处。马帮的利益就是大家的利益，就是每个人的利益，因而相互之间亲如一家，同舟共济。

路上若遇到别的马帮的人或骡马生病了，都要给予帮助。碰到路断桥垮什么的，就合力去修。缺了粮食、草料什么的也会相互接济。这都是约定俗成的行规。若争抢道路，争抢草场，争抢顾客货物，只会两败俱伤，对谁都没好处，也会被同行鄙视。

无论云南的还是四川的马帮，出发前都会举行一个庄严的仪式：选择吉日，宰鸡宰牛摆席，祭山敬神，祈求一路平安。路上，无论烈日煎熬或风雪袭身，马帮兄弟都得风雨无阻地前行。

赶马人当然会经常遇到危险，甚至一些突发事件都可能酿出大事。韩国KBS制作的大型纪实片《茶马古道》第一集“最后的马帮”里有个场景：一群从云南香格里拉出发的马帮经过喜马拉雅悬崖深谷时，山势急转直下，骡马队如履薄冰走得极为小心。这时，两包滇茶因长时间颠簸突然掉落下来，朝江边翻滚，幸亏没砸在下方盘旋行走的人马身上。51岁的马锅头贾瓦迪珞告诉随队采访的记者，这种情况太寻常了，随时可能发生，防不胜防，许多马夫经常坠崖受伤或死亡。

“带头大哥”马锅头

中国茶马古道马帮的高度专门化，成为人类古道上的一个奇迹。

各种马帮会面临无数危险。首先面对的是狭窄险峻的道路和变化无常的高山气候，还可能遇上专门抢劫马帮货物的盗贼。这个时候，马帮头目“马锅头”的作用，就非常明显了。

马锅头大多是百里挑一的精悍汉子。他不仅要会刀枪拳脚，还要会各民族的言语，懂应变，善组织。他要会照料马匹，会为马治病，经验丰富的马锅头只需看一眼病马，就能对症下药。

“马锅头”骑行的是最好的头马。头马是精挑细选出的有经验的成年大马，额头上戴着金灿灿的马罩儿，正中还镶嵌一面小镜子。阳光照上去，远远地看着明光灿灿，传说有辟邪的作用。头马的身上，还要用红绸装饰一番，脖子下挂一串铃铛儿，走起来铃响叮当，提醒沿途的村落：我们来啦！

走长线的马锅头，有他们特殊的装束：短褂外大多套件白色羊皮背心，脑后挂着漆布的凉帽，脚下是一双厚牛皮底的草鞋状凉鞋，鞋帮上大多绣花，还钉着亮晶晶的亮片。以前雅安汉源县的马锅头喜欢在肩膀上扛一只猴子，猴子夜里经常活蹦乱跳，往往起到站岗放哨的作用。

马锅头的能力决定贸易的成败。以物易物时，货物的行情并不固定，马锅头要事先搜集货物行情，再根据搜集到的信息讨价还价，以求获得最大的利润。这也是马锅头的职责之一。由于并非处于法制社会，马帮的经营几乎完全靠的是信誉和信用，马锅头从来都是说一不二，干脆果断，说到做到，绝无戏言。只要预先交付一点定金，他就会尽心尽力安排完成运输任务。这已成为他们的铁律。

二锅头，是大锅头的副手。当大锅头离开时，马帮由二锅头掌握。他主要负责马帮内的经济支出如草料、饮食、住店等核算。

一年四季阳光普照的攀枝花米易县，是牦牛道上的重要驿站。过去，背夫将茶叶和丝绸、蔗糖、毡毯等往南运到盐边、会理、会东等地，再换回那里的盐巴背回米易。2018年春，我来到米易县傈僳族新山乡采风，听当地阿姑考大爷说：过去，灵关道多是毒蛇瘴气和豺狼虎豹，马帮必须要结伴而行，他们将马脖子下拴上铜铃，行走时响成一片，可以起到震慑野兽的作用。

“我的曾祖父是民国初年西昌的一个马帮老大，他无所不能，懂得四时节令，善辨方位道路，通晓各族语言，熟谙骡马性情，精于自卫格斗，还会支帐做饭、砍柴生火、识别野菜野果、修钉马掌等。我以前听阿爸说，曾祖父那匹枣红色马是一匹极会识路的头马，背上插有‘西昌’字样的号旗。马儿的脖子上常挂一面小镜子，亮晃晃的用来辟邪。他们一般天不亮就出发，走到下午四五点就要停下来安营扎寨，这是因为马匹不能太饿，它得吃草，得休息。次日早上又走，到了一个地方，一般是个小村落，当地人老远就听见他们的铃铛声儿在山间回荡，大伙奔走相告：哎呀快看，西昌的马帮来了——孩儿们，卸货。”

阿姑考老人说起他的老辈子，掩饰不住自豪感，“正因为马锅头压力大，他的待遇也还不错，出一趟门儿钱拿得最多，啥子好东西他都吃过。就是今天，西昌、会理、盐源、米易好多马锅头的后人，日子还是蛮安逸的。”

阿姑考还说，过去灵关道上的马锅头在编制上也很讲究：一般9匹为一群，三群为一伙，全部骡马组成一帮。选3匹健壮识途的好马，组成头骡、二骡、三骡在前头带队。头骡打扮华丽，好比是马中贵族：额头佩黄红色标记，中央缀圆镜一面，周围6面小镜环绕着，纯银的笼头，系上9个铜铃儿，头顶系红绣球，耳后佩红缨一对，鞍上插帮旗。二骡驮背所需药品，三骡是马锅头或病号的坐骑。看上去有模有样，既壮观又分工清楚，不会含糊。

民国时期，康定一带的大商号和马帮，还有一种“扶持赶马人”的规矩：普通赶马人给商号马帮赶上三四年马后，就可以分得一匹骡子，骡子的开销费用归商号出，挣的钱全归赶马人。有了几匹骡马后，赶马人就会脱离马帮自己赶自己的马，做起马锅头来。康定、泸定、雅江、理塘一带的许多大掌柜、马锅头也是这么一步一步“草根崛起”的。正因为许多大马帮的老大都是过来人，他们体验走货的艰辛不易，知道这是用血汗换取的，所以形成一种关照赶马人的人性化规矩。

“十个背哥九个穷”

1917年夏季的一天，美国人甘博在四川一条崎岖山道上，看到了一些奇特的苦力，他们有的戴着一顶大草帽，每人手持一根“T”字形拐杖，一根纤细的篾条挂在胸前，背负着高大而沉重的包裹。

随行通司（翻译）告诉甘博说，这是蜀道上的背二哥，他们身后那些比人还高的包裹是货物，背二哥们一天要走几十公里，负重可能超过200斤。

这场刻骨铭心的相逢，被甘博定格在他从大洋彼岸带来的神奇小方盒里。这个小方盒儿，后来有人才知道，它叫相机。

背夫（背二哥）、挑夫，一般是农闲时间出来背东西谋生的。七八个一群或十来个一伙，他们手持一根“T”字拐杖（俗称拐筢子、墩拐子），拐尖镶有铁杵，用来撑着茶包歇气；有的是靠一根扁担挑一路。因为负荷重，背夫只有用这种方法才能在路上休息。他们胸前挂一块圆形篾条，用来刮汗。

背夫、挑夫比马帮辛苦得多，骡马过不去的悬崖峭壁或陡峭深谷，只能靠背夫脚踏实地地一步一步跋涉。

自古以来，四川劳动力十分廉价，川人又善于背负，加之蜀道艰辛异常，商行、码头有了人力背夫、挑夫在打探活路。这是当时最苦、最累的谋生人群。天全县二郎山下的甘溪坡，曾经是川藏茶马古道上的驿镇，《古道背夫铭》说："藏区多用牦牛，滇地古有马帮，惟天全一带，既无天时赶牦牛，也乏地利走马帮，往返古道者，惟有人力。"（1995年版《天全县志》）

甘孜州女作家亮炯·朗萨在《恢宏千年茶马古道》（中国旅游出版社，2004年）一书中写道：康藏高原，崇山密林，道路艰险，半年以上都是积雪期，艰难程度可想而知。70多年前，背茶几乎是康定周边贫苦农民唯一的谋生手段，一个背夫背上的茶包少则百余斤，多则两三百斤。他们从雅安到康定，背一趟茶需要半个月，每天行走20多里，如此辛苦的报酬不过是两斗玉米面。加上沿途食宿开销，背夫们的收入也所剩无几。因此当地民谚曾经这样形容："十个背哥九个穷，背架子弯弯像条龙。"

亮炯·朗萨曾在2003年参与"川藏茶马古道课题组"，行程近万里。她指出，一般来说，当年的背夫到了康定后，就可以改用骡马驮运了。清乾隆时期，康定炉城镇的48家锅庄（相当于经纪公司），还出现了康藏高原最大的包装业市场——人们将背夫从雅安用竹篾扛装来的茶叶，改用牛皮包裹制成方形茶包，以便接下来在古道上用马匹、牦牛驮运。

泸定县海螺沟景区附近的磨西镇，保留着许多清末和民国时期的老建筑，其中有些是过去的幺店子。镇西还有一座百年前法国人修建的教堂，教堂已改装成红军长征纪念馆和茶马古道陈列馆。2011年夏秋，我在磨西镇教堂采访时，看到不少珍贵的文史、图片资料。以民国十二年（1923）为例，磨西镇一个壮实男背夫，可背250斤左右的茶叶包，女背夫也能背120斤以上。崎岖山道上，背夫们的山歌声、口哨声和"拐子"杵地声，汇成铿锵的劳动号子。他们若想在路上歇气，就立着身子"坐"在哨凳上，没有哨凳的地方就把"背架"歇在拐子上。由于劳动强度极大，五步一梯，十步一坑，加上恶劣的自然环境，不少背夫走着走着就悄没声息地倒下了，遗尸荒野。

明洪武年间，汉源县有个"宜兴茶号"。这个茶号中从事茶运的主要是背运。壮年人可背10包茶叶，每包十八九斤重，每包可挣回25斤大米，每趟除消耗可挣200斤大米，在当时情况下还算可观的收入。还有全家四口人一起上阵的——老公背十来包，老婆背三四包（她怀里还吊着个吃奶的婴儿），十岁多的儿子也背一包。全家虽辛苦，好歹在一起，有个照应。

背夫除了路程的艰辛，还不得不承受各种险恶的盘剥，一路上他们要拜富绅大爷，拜青帮红帮等地头蛇，有时在土匪面前也不得不低三下四，苦苦求饶。背夫和挑夫在经过泸定桥过“关卡”时，不仅要交400文铜钱的“养桥费”，还要挨守桥官兵的几“响刷”，也就是被吃诈钱。背夫们背一包边茶能挣一个银圆，合8升米，但沿途食宿开销加上重重盘剥，背夫们的收入所剩无几，十分可怜。

/
/
/

翻越大相岭时，突然大雨倾盆。女人左手扶着胸前的婴儿，右手拄着“T”字拐，喘着粗气一步步挪移，汗水和雨水把她额上的头发浸湿得一绺一绺。这时，怀里的娃娃突然嘤嘤嘤哭起来……

三位背夫口述史

“正二三，雪封山；四五六，淋得哭；七八九，稍好走；十冬腊，学狗爬。”这是旧时泸定、汉源一带关于背茶季节的民谚。

茶叶，也涅槃着自己的生命季节。那一片片来自雅安、邛崃等地的柔嫩之枝，经过加工后成为坚硬的茶砖或茶饼，一路向西缓缓移进，它们将跟随商队穿越人迹罕至的喜马拉雅山脉至亚洲诸国，甚至远达欧洲。

茶马古道的漫长交易是从茶开始的，但到后期，并不限于茶和马，羊毛、皮张、药材、矿产、布匹、锦缎、五金、百货等都加入进来。随着清朝官方茶马古道贸易的停止，大量民间商贸依然如火如荼，更多背夫也加入其中。

日复一日，年复一年，背夫们用脚丈量着川康古道，无论是炎炎盛夏还是隆冬时节，他们都不曾停下跋涉的步伐。

至今想起那些故事，我的心都会轻轻颤抖。

口述（一）：外公当了30年背夫

刘文进（泸定县政协工作人员，37岁）

祝定国老人的故事，我是从他外孙刘文进那儿知道的。文进是泸定县政协工作人员。2016年夏天，我在泸定采风时认识了他。

37岁的刘文进长得斯文白净，个子很高，说话不紧不慢。他说，他这辈子最崇拜的人大概就是外公了。

外公叫祝定国，1924年出生在泸定县兴隆镇。祝定国不到20岁就做了背夫（当地也叫“背脚”）。那时，最穷的人才去当背脚，买不起马骡就只好卖力气，脚踏实地背着茶砖行走远方。

20世纪50年代攀西大峡谷的女背夫（陈保亚摄）

祝定国每次和村里的青壮年打伙背茶之前，会自带苞谷面和一些咸菜之类的东西，天不亮就出发。途中遇到茶店子或客栈，他们就借主人家的锅灶煮熟后吃几口。口渴了就喝几口山泉。他们先将打好包的茶砖背到金川，再用工钱买回梨子又背回泸定。来回背在身上的东西起码有两百斤。

那时候，村里生产结束后年轻人都出去背茶包。虽说背茶包是苦力活儿，但还得有人组织、有人担保呀，不然背夫中途把茶包子丢弃了，岂不是整人家冤枉？

他们走的线路不固定，很杂。这要看老板对货物目的地的要求。走得最多的还是磨西、兴隆、泸定、康定这条线。从泸定到康定是热线，背一趟茶包需要20来天，每天走三四十里。

也是在那个时候，祝定国在磨西镇认识了刘文进后来的外婆。当时外婆家有四姊妹，她是老幺，不到20岁，做事很有主见。外婆年轻时长得眉清目秀，是公认的美女。她看祝定国长得壮实，话不多，做事踏实，就羞答答地主动跟他商量，想招他入赘。祝定国没咋想，就点头答应了。那时起，他们结为夫妇，后来在一起过了40多年。

刘文进说，他读小学时跟外公外婆住过几年，还记得外公的样子：虎背熊腰，眼光炯炯有神，他身高约一米八，在兴隆一带被认为是力气最大的男人，一次可以背300斤的茶包子。“天长日久负重行走，外公落得个劳累损伤的毛病，他50多岁就佝偻着腰，后来完全不能直起腰了。不到70岁就去世了。”

当年，那些沉重的茶砖比人还高，外公就用两头翘起的艄公扁担挑运。因茶包过重，沿途无法卸下歇息，他们只能用一根拐杖作为支架抵在背包底下，这样才能挺腰歇脚一会儿。日久天长，在泸定的许多山道上就留下了拐杖的痕迹，也就是平时说的“拐子窝”。今天雅家埂一带的山路上，还隐现一些圆形石坑，也是拐子戳出来的窝窝。

泸定县城以南十多公里外的磨西镇，是当年祝定国和背夫兄弟的必经之地。磨西往北是雅家埂，雅家埂山上很冷，10月底可能下大雪，雪花在冷风的裹挟下纷纷扬扬，道路也越来越湿滑，有些凹进去的沟坎，被白得晃眼的积雪填平，稍不小心就会连人带货掉进去，非死即伤。背夫穿得又厚，走在雪地咔嚓咔嚓十分吃力。过了雅家埂再往北，就是老榆林，再是终点站康定。那些气力差点了的人，经常是没走到老榆林就再也走不动了，死在山里，尸体很快被野狼叼走了。

如果天色太晚，走得再累也不敢歇气儿。有时路上背茶包的人太多，还打挤争路。住宿也麻烦，人一多，动作慢点的就歇不到店子，住不到店就只好随便找个马厩牛棚啥的，铺块牛毛毡对付一晚上。如果半夜下雨下雪就麻烦了，人冷得双脚跳。

刘文进很小的时候就晓得，过去，从雅安到康定的背夫不用牛皮口袋包装茶条，他们用的是竹篾捆扎，到了康定后再换成牛皮口袋，因为承货的牦牛有时候喜欢乱跑乱撞，只有牛皮口袋才经得起它的折腾。

口述（二）：女人带着奶娃去背茶

钱羽福（汉源县新黎村民，87岁）

钱羽福，87岁，汉源县清溪镇新黎村村民。60多年前，他也是一名背夫，在清溪土生土长的他，见证了背夫的艰难。

清溪镇，位于汉源县城北39公里，地处大相岭山脉西南麓的高山河谷地带。这里，是从雅安出发、经荥经过来的“大路茶”古道所在地，旧称牦牛道。大相岭，就是现在说的泥巴山。

背夫是靠下死力气吃饭的人，地位也低，被人称作“背子”或“背二哥”。背夫们一般是农闲时间，以背茶包谋生。他们一般先去雅安的孚和、永昌这些茶庄里领茶包。茶包是用篾条包装的，16斤一包。力气大的背十五六包，重约300斤。

生活无依无靠的女人和娃娃，也去背茶，让人揪心。

“女人带起奶娃儿去背茶，是我最看不下去的。”钱羽福叹息说，他自己十八九岁那年出门，村里有个姓王的年轻女人也去了，“王姓女人是个寡妇，男人以前背茶时在大相岭遭毒蛇咬了，扯的草药没对，没治好就死在路上。那女人有个半岁多的奶娃儿，瘦得皮包骨，女人只好去背茶挣钱。出门前，她把娃娃拴在胸前，娃娃在胸前一甩一甩的，好像随时要掉下来。平时女人用茶包遮住头部，路人只看到她挽起的裤脚和小腿，我们都喊她‘伙计’。她经常边走路边给孩子喂奶，太难了。”

“有一年秋天，我们爬大相岭经过百步梯时，那才吓人哦。百步梯的石板路歪歪斜斜，一级一级朝上延伸，足足有130多步，就跟挂到天边去了一样。百步梯外侧是一面三四十米高的悬崖，悬崖下是河沟。要下雨了，到处是奶白色的坨坨雾在面前晃来晃去。石梯太陡了，中间没有一处可以歇脚的，得铆口劲儿不歇气地登上去呀。我以前走过四五次，所以格外小心。

“这时天上电闪雷鸣，跟着下起瓢泼大雨，噼噼啪啪像鞭子抽在石板路上，我们赶紧帮女人把蓑衣套在她身上。一会儿，雨水冲垮路边的黄泥巴，稀泥随着雨水流下来，又湿又滑。女人左手扶着胸前的婴儿，右手拄着“T”字拐，喘着粗气一步步挪移，汗水和雨水把她额上的头发浸

女背夫

湿得一绺一绺。这时她怀里的娃娃突然嘤嘤嘤哭起来，娃娃可能是饿了很久遭不住了。这哭声，我听了像心尖尖儿遭啥扯出来一样难受。爬到一个稍平坦点的地方，女人就说哥你们等等我，给娃娃喂口奶吃……女人的体力毕竟不如男人，每次只能背七八十斤重的茶包子，挣的钱就少。我们看不下去，劝她说伙计你就莫干这个吧，这苦头男人都吃不了呢。

“那时都穷，背茶包子的人穿的是麻窝子草鞋，自己屋头打的，背一趟要穿烂四五双麻窝子。一般一天穿烂草鞋一双。另外，过小溪小沟、大河大沟都是走吊桥（当地人也称甩桥）。吊桥不稳当，铁链子上铺木板，缝隙大，晃得很。有桥过还算好的，最麻烦的是在冷碛过大渡河时需要溜鸽子（溜索）。溜鸽子是啥意思呢？人和茶包被拴在绳子上，嗖的一下子梭过去。遇到这种地方，王姓女人二话不说，把绳子绑在身上，也嗖的梭过去，久而久之她胆子也练出来了。溜鸽子用久了还不得行，缆绳要老化，悬吊吊的。

“我老汉（父亲）以前运茶时，他们一路有个女人，在溜过河时，那藤子做的挂人的接口突然断了，女人溜到一半啪地掉进大渡河里，叫都来不及叫一声，被浪花卷跑了，尸体都捞不到。我老汉说那女人掉河里去的样子很恐怖。”钱羽福讲起这些，老泪纵横。他接着讲：

“路上，最怕的是遇到棒老二（土匪）。棒老二有时也长了眼睛，看到背夫穷得叮当响，没啥抢头，就是抢了也背不动。他们最喜欢抢的是那些运杂货的，但有钱人的杂货也不敢随便动手啊，人家配有保哨（保镖），手里拿着家伙。

“最气人的是，棒老二看到长得乖点的年轻女人，就想占便宜。

民国二十多年，有个宜东（泥头）的年轻女娃子长得好看，大眼睛，脸庞红扑扑的，她背着茶包子走到三交乡，突然冒出三个棒老二。几个家伙当着我们的面，把女人按在草丛里糟蹋了。我们那个气啊，牙齿咬得咯嘣响，但有啥法！棒老二手头有刀有枪，砍起人来眼都不眨一下，我们背二哥有家有小哪敢惹呢？殊不知，那女人是个火炮性子，她裹好衣裤爬起来，抹去泪水，突然扑过去咬掉了棒老二老大的耳朵，满嘴血淋淋的，跟着又死死抱起另一个跳了山崖，惨叫声在山谷里传得很远。天哪，莫说我们，就连剩下的棒老二都吓得直打摆子。”

钱羽福老人断断续续地讲述着，他沉浸在年轻时的岁月里。我们快速地记录和倾听，偶尔提些问题，尽量不打断他。离开他握手时，我感觉到他的手还在痉挛。

口述（三）：“打捞”茶马古道文化

李中荣（天全县甘溪坡村民，58岁）

2012年春，我和几个朋友驾车沿318国道驶入天全县境内，一路风光壮美，山峦郁郁葱葱，河水澎湃轰鸣。刚过天全县城，还不到五公里的样子，眼前出现一座大桥，过桥不远处的半山上，可见一处风貌原始的小村落。

这个村子叫甘溪坡。甘溪坡有一株千多年的古樟树，树的顶端分出两条粗大的枝丫，像一对比翼双飞的恩爱夫妻，当地人称其为相思树，那是背夫与留守女人相思之苦的真实写照。

听说我们是来寻访古道的，几个村民大声嚷嚷：李中荣李中荣，快出来！很快，那位叫李中荣的村民笑着出门迎来。

李中荣五十七八岁，他的父亲李攀林，是村里有名的背夫。李攀林生于1921年，背过20多年茶砖，86岁时离世。老人生前经常摆背夫的龙门阵，久而久之，儿子李中荣也耳熟能详了。他现在是个资格的“茶马古道迷”。

事实上，在川藏茶马古道沿线，近年来活跃着不少这样的人，他们在打捞茶马古道文化的同时，也记录当年背夫、马帮和商队的传奇故事。

李中荣领着我们边走边讲，茶马古道在天全县境内长约108公里，主要在二郎山系的崇山峻岭与深谷绝壑中穿行。翻越二郎山的古道主要有两条：一条是“大路”，地势平坦些，可走马帮，只是路程稍远。另一条是“小路”，从雅安到天全，经竹岗山、马鞍山，过大渡河直往康定。小路虽较大路略近，但重峦叠嶂的二郎山系山恶水险，古道斗折蛇行，骡马很难有用武之地，只有靠人双脚并用，一步步跋涉，方能攀援通过。

从古至今，天全就是著名的边茶生产基地，种植加工边茶形成传统，至今不衰。李中荣所在的天全县甘溪坡，曾经是重要贸易地，这里的老

天全思经坝采茶（孙明经摄于 1939 年）

一辈大多干过背茶的营生，在民间深藏着极为丰富的茶马古道文化底蕴。

“十个背哥九个穷，背架子弯弯像条龙。”五六十年前，背茶几乎是雅安周边贫苦农民唯一的谋生手段，李中荣的父辈李攀林和李攀祥就是一对背茶的亲兄弟，他们从十五六岁就开始下这份苦力。

父亲在世时经常给他摆背夫的故事：在甘溪坡，每当春耕秋收之后，

地里的活忙完了，村里的男女劳力便结伴前往茶行受雇背茶包，到茶店去先拿部分路费钱，交了茶包回来再结清余下的。

出门一趟，来回一个月，背两三趟后就赶着收庄稼。一个人背上的茶包少则百余斤，力气大的背三百斤，等于两头骡马的负重量。父亲当年一次背七包半，背一趟可以买60斤大米。这对于耕种薄地一年也打不出几颗粮食的山民来说，比啥都实在。

李中荣说，他小时候印象最深的是来了西藏人，简直像过年一样好玩。西藏人来的时候，一是服装比较奇特，二是每次都会带一些泥巴做的小玩意如泥哨子之类的东西，让小孩子们爱不释手。由于经济发达，小镇上的人们也靠他们做些小生意，大家都赚些银子，所以往往对孩子们想买几文钱一个的小玩具也不会吝啬。这也成了李中荣那一辈人孩童时最幸福的时光。

李中荣年轻时跟他父亲攀岩采过草药，能治疗些小病痛。那些年缺医少药，穷苦背夫、赶马人或轿夫有点腹泻或脑痛的毛病，他都能用一些草药按土办法进行治疗。

过去，从天全县城到甘溪坡，短短七八公里，背夫却要整整走一天。20世纪50年代中期川藏线通车后，茶马古道湮灭了，甘溪坡的一段古道因穿村而过得以保留。

作为茶马古道迷，近年来，李中荣他们正在挖掘这方面的历史文化，也在筹建一个茶马古道陈列馆，收藏跟边茶有关的道具、用品、书信和遗物等，也经常深入民间记述尚在人世的背夫的口述史。他们把这些工作，视为向老一辈劳动者真诚致敬的责任。

前不久我听说，他们这个茶马古道陈列室还真的搞起来了，成了当地乡村旅游的文化名片。我也很高兴，准备找机会去看看。

/
/
/

仁青曲珍默默抹干眼泪，伺候男人养好伤后，她决定随男人一道去赶马走货。从此，雪山、大河、深谷、密林，留下夫妻俩一路前行、日夜厮守的身影。

坚如碉楼的爱情

在一些遥远的地方听到的故事，已成为我余生未曾忘却的记忆，如同热热暖暖的血液，途经血管注入我缺钙的生命肢体里，也让我练就了一双感念美好、善待人生的眼睛。

比如，甘孜州丹巴县那个坚实的爱情故事。

丹巴县甲居藏寨，被认为是甘孜州最美丽的藏族聚居地。远远看去，翡翠般的青草绿树中，沉甸甸的田地和隐在密林深处的寨房嵯峨参差，伴着若隐若现的潺潺溪流，一幅富有动感的乡村藏寨画卷展示在眼前。我们下榻的“姐妹客栈”十分醒目：典型的藏式建筑，用灰白色石头砌成，开有很多窗户；三层楼房，屋顶为汉式造型，用红色小瓦铺盖，八角飞檐高高挑起。

在客栈用餐后，三姐妹中最漂亮的桑朵阿珠，笑着指向挂在楼梯口的她家祖先走驿道时用过的布包、毡帽、马鞭、酒壶、马鞍、藏刀等，和我们聊起了遥远的马帮往事。

头顶绣花方帕、身着藏青色水獭皮镶边外套的桑朵阿珠说，她很小的时候，就听奶奶讲过扎科村那个赶马人的伉俪故事。那是一个不同寻常的爱情故事，我听了心情沉重，半晌说不出话来。这里，我根据桑朵的讲述，试着还原故事的情景。

“嘎登昂曲”相识牵手

簌簌黄叶漫天飘飞的日子，丹巴县城以北的扎科村，美丽的嘉绒藏族女子仁青曲珍难以成眠。她天天倚门而望，念叨自己的男人桑吉顿珠怎么还不回家。这一年，大约是民国七年（1918）。

仁青曲珍和桑吉，是两年前在“嘎登昂曲”上认识的。嘎登昂曲是嘉绒藏族的燃灯节，每年藏历十月二十五日举行。盛大节日里，村子里经幡飘舞，鼓乐喧嚣，人群围拢的露天舞台上，跳弓箭舞的桑吉显得格外俊朗，他身披甲、头戴盔、背负盾，右手持箭左手拿弓，腰挎宝刀，一副古代英武士兵的装束。这深深吸引了人群里的曲珍。

仁青曲珍是扎科村最漂亮的女子。那天，她身着长袖白茧绸衫，锦缎无领坎肩上，镶着的云头金丝闪着银光，扣在领口的银环不经意散开，一枚绿松石在白瓷般的胸口若隐若现，雪白的百褶长裙上沾着树叶和草，五彩线带横系在腰间像一道绚烂彩虹。

当时，有好几个小伙都倾慕这位柔情似水、天真聪颖的姑娘。按当地风俗，瞅准了姑娘得经受“杜苟”（爬墙）的考验：只有男方爬入女方的房间，才能得到她的接纳，此后女方家就不再对男方闩门也不干涉，视如自家人。问题是，不是所有扎科村的小伙都是爬墙高手，开赛时，就有两个追求者笨手笨脚掉下去了，摔得鼻青脸肿。唯独桑吉矫健异常，手脚并用，一身黝黑的肌腱在阳光下闪烁着油亮的质感，他像壁虎一样噗噗几下就爬进姑娘房间，顽皮地抢去她的头帕作为初次交谈、赴约的信物。

雪花飘飘的日子是那么美好，天地银白，雾凇挂满晶莹的玉珠儿，山涧溪水蜿蜒流淌，像是为这对恋人献出的洁白哈达。

第二年夏天，苹果熟透的季节，这对璧人结婚了，送亲的队伍唱着山歌在太阳落山前进入女方家大门。那时经济条件不好，他们婚后住在村东一座四角碉楼里（旧时嘉绒藏民有借住碉楼的习俗）。9月初，出于生计考虑，桑吉决定去做赶马人，驮运茶叶进藏。临别前一晚，小夫妻柔情蜜意缠绵通宵，连山下的滔滔金川河都变得轻声细语。

翌晨太阳刚出来，村里马帮就举行了出发前的祈祷仪式，他们双手合十，敬烧桑烟，祈求佛、法、僧三宝保佑，祈愿路上的山神、龙神保佑他们一路平安。

桑吉出门后，一晃40多天过去了，杳无音信，思念像远天缥缈的流云，仁青曲珍越来越焦急，她每天掐指计算男人返程的日子。10月末，康藏高原提前进入冬季，雪花漫天飘舞，到处冰天雪地，屋前的风马旗在风雪中破损不堪。仁青曲珍担心，男人和他的马帮兄弟会不会出啥事情呀？女人一片茫然。

雪域寻夫千里同行

忐忑不安挨过无数日子，仁青曲珍挂念心切，决定去找男人。她带上奶茶、酥油、奶渣、糌粑、青稞面出门了。肃杀寒冬让万物静默，遍地积雪，远处树上的雾凇，一层层一树树的晶莹剔透，银柳如丝，冰晶如玉。路上偶尔遇到骡马队，仁青曲珍就急切打听。她有时蹭车，有时走路，有时住寺院，有时投宿陌生人家。她翻越了横断山脉三四座连绵雪峰，走过峡谷险滩、冰蚀湖泊以及广阔美丽的雪山花甸，还渡过了几座悬空溜索桥……天寒地冻，越来越冷，曲珍裹着厚厚的连衣百褶裙，还是冷得发抖。茫茫雪域，女人家人生地不熟，无异大海捞针。她漫无边际地找了两个多月，一直走到炉霍，一直没打听到男人他们的消息。眼看带的盘缠用光了，她只得从炉霍又孤零零往回走。

鹅毛般的大雪越来越绵密，经过道孚县大雪山南麓的荒野时，曲珍看到雪地里有个小男孩被一头饿狼追着，那头母狼应该是在为它自己的孩子找吃的。眼看野狼瘸着腿儿跑过来一口叼住了男孩的右腿，疲惫之极的曲珍来不及多想，挥起手上的拐杖冲上去朝狼一阵痛打，居然将狼打得嗷嗷嚎叫，夹着尾巴跑了。仁青曲珍的手臂和右腿也受伤流血，她忍住疼痛，背着受伤的孩子，一瘸一拐帮他找回家的路，终于在夜幕降临时找到了。她谢绝了主人家的再三挽留，住了一天，又撑着木杖踏雪而去。月已冷，风正烈，白雪铺满回家的路途，村庄被冬天孤单起来，有时候走了大半天都看不到一个人影。过了两个月回到丹巴扎科村时，女人还没来得及跨进自家碉楼，就两眼一黑扑通栽倒在地。出这趟远门，曲珍的两双牛皮厚底藏靴儿都被磨穿了。

风雪摧没了女人的花容，但那双黑幽幽的眸子依旧清澈透亮。曲珍的苦盼有了感应。年底，一天凌晨，她忽然听到碉楼下有人大喊开门，忙披衣起床，只见几个满身污泥的汉子跌跌撞撞抬着一个人进来，被抬的竟是自己的男人桑吉顿珠。桑吉昏迷不醒，他的脸庞、额头、肩胛、腿上到处是血，看上去受了很重的伤。来时路上天冷出汗，汗水在袍子里凝成冰碴儿，冰碴儿黏着皮肤，脱他衣裤的时候几乎扯掉一层皮肉。曲珍的心头像被刀子扎着般难受，眼泪刹那间流淌出来。

经村里藏医的抢救，昏睡三天三夜的桑吉终于捡回了一条命，他握住仁青曲珍的手儿告诉她：那天下午，他们十多名马帮在翻越德格县境内的雀儿山时出了事。雀儿山素有“爬上雀儿山，鞭子打着天”之说，山区海拔5000米以上的雪峰有数十座之多，是康藏驿道上的著名险峰。冰雪皑皑，冰崖尖利，草木不生，山势挺拔，沟深坡陡，十分难行。

当时，桑吉他们牵着驮满货物的骡马，走的是一条三面临崖、一边临江的羊肠小道，脚下的积雪被踩得发出嘎吱嘎吱的声音，迎面刮来的冷风吹得大伙睁不开眼睛。人走在山道上，心却悬在半空中。好些地方，是不到半米宽的断层路，驮满货物的骡马根本过不去，他们只好拆下整件货物，一块一块搬运过去。当中，一匹骡子连同茶包失足掉进了河谷。

刚走出一道垭口，突然，前面响起轰轰隆隆的声音，犹如天崩地裂，震得人耳朵发麻。领路的马锅头尖叫一声：快躲开，雪崩来了，快！话音刚落，夹带着碎石的雪体从覆盖着白雪的山坡开始滑动，瞬间砸落下来，咆哮着扑向马队。桑吉当时处的位置太过狭窄，根本挪不开身，他被一团白得晃眼的硬东西砸在头上，脑子一晕，身子一歪，栽进岩壁下的激流中，很快被冰冷如刺的冰河淹没。桑吉记不得被大水冲走了多远，浑身僵硬。最后，他被冲到下游三四百米的地方，幸好让礁石的缝隙绊住了。他浑身哆嗦，咬牙爬上岸。浸透雪水的藏袄冰凌般扎刺着他的身体。他颤巍巍没走几步，就栽倒在雪地，昏死过去。过了好久，两个同样遍体鳞伤的马帮兄弟大喊着顺着河谷追了过来，找到了他……

曲珍听完，惊吓得半天说不出话来，眼泪哗哗直流，她久久抱着自己的男人。以后，她日夜操劳，伺候男人养好了伤。她咬牙决定，随男人一道去赶马，天天陪伴着他，就是死也要死在一起。桑吉迟疑地答应了。

从此，雪山、大河、深谷、密林里，留下夫妻俩一路前行、日夜厮守的身影，他们就像生长在沙漠里的胡杨，行走于天地间的草莽，已习惯了在恶劣环境下求生讨饭吃。青丝成雪，红颜成灰，在这条惊心动魄的古道上哪怕吃再多的苦，走再险的路，受再多的折磨，两人都恩爱如初，不离不弃。

几年后，桑吉不慎染上风寒，不停打摆子，身体每况愈下，药石无效，在病痛中死去了。男人走的时候，手里紧紧攥着一缕乌黑的头发，头发上绑着一根红绳。那是曲珍的头发，也是他们当年的定情物。已有身孕的曲珍悲痛欲绝，又哭得昏死过去。

桑吉走后大半年，曲珍的背上多了个小男孩。她带着孩子继续跋涉在茶马古道上。白路花开了又落，落了又开，时光在艳阳高照和漫天飞雪中度过一年又一年，风马旗破了又换，换了又破，女人艰难地在马帮江湖中讨生活。后来，女人带着小孩离开了马帮，也离开了丹巴。母子俩去了哪里，谁也不清楚。茫茫雪域，人命如草芥，如风过树摇，舞动一地尘泥。

这个故事，这对命运多舛的青年夫妇，让我对丹巴有一种难言的亲近。每次去那里，我都要独自驻足在金川河畔，看着翻卷的激流，看着矗立的碉楼，看着游走的云彩，心潮起伏。我的耳边，似乎又响起那首古老的马帮民谣："三十晚上吃喜酒，大年初一就出门。今生缘薄见不着你，来世我还等着你。"

丹巴碉楼：精神家园

丹巴，是甘孜州的东大门，东与阿坝州小金县接壤，南和东南与康定县交界，西与道孚县毗邻。在茶马古道远征史上，丹巴是古道的一条分支，赶马人主要是将云南和四川运来的边茶往西背运到道孚、炉霍、甘孜、德格等地，路线基本上是今天的317国道，途中要翻过终年积雪、坡陡谷深的大雪山和雀儿山，道路险阻，高山深谷，跋涉走货异常艰难。

2018年6月底我又去了丹巴，是陪几位从深圳、沈阳、安庆来的作家朋友自驾去的。我们从康定东行，经姑咱镇溯河北上来到丹巴县城以南的梭坡乡。在梭坡，一位叫然纳尹正华的藏族大爷受当地好友委托，早已在大渡河边等候。然纳热情地带我们来到梭坡乡莫洛村，近距离参观了这里的碉楼群。之前我多次听说，自古以来，丹巴举世闻名的碉楼曾经作为临时客栈，"收容"过很多辛劳跋涉的赶马人，让他们有个遮风避雨的地方。

阳光流金般灿烂，云天纯净而高旷，淡绿色的大渡河流过开满野花的草地，大自然气息清新而热烈。莫洛村里，高耸的古碉凌空挺拔，三五一群，独立山头，相互呼应，依山成势，蔚为壮观。风马旗迎风飘扬，与绿茵田野间的藏房相映成趣。莫洛村，古称"博呷夷"，是一个由多座高碉和数十座楼房形成的小村子，现在已成了著名景区。

然纳尹正华的高祖父曾做过土司的文书，撰写过较详细的家谱，

丹巴县现存古碉 166 座（李贵平摄）

马儿溜索渡江

他的父亲也当过赶马人，经常往返于昌都和丹巴之间。然纳本人从部队转业后回到丹巴，一直从事茶马古道和古碉楼的研究。他说，碉楼远在汉代就开始在藏羌地区发展盛行，最晚的是清乾隆皇帝平定大小金川之前所建。从现存碉楼看，功能主要有四种，即要隘碉、烽火碉、寨碉和家碉。

碉楼的产生，最直接的功用是战争防御，也在一定程度上承担了民居的功能。乾隆年间，大小金川土司两次叛乱，朝廷两次用兵，由于土司踞碉固守，清兵伤亡惨重。“其扼要处必有战碉，于墙垣间以枪石外击，旁既无路，进兵必须从枪石中过，故一碉不过数十人，万夫皆阻。”记忆力很好的然纳引用《丹巴县志》里的话说。

那天我们在莫洛村看到，近观碉楼，皆以泥土和石块建造而成，外形美观，墙体坚实，主要建筑材料是山石、泥、麻筋、木头等。麻筋由红麻秆或青稞秆、麦秸秆制成，将麻秆砍成寸段，捶碎即成麻筋，和在泥中加强黏性。碉楼棱角分明，表面光洁，如刀砍斧劈。

古碉的外形，一般为高状方柱体：有四角、五角到八角的，少数达十三角。高度一般不低于10米，多在30米左右，高者可达68米。碉身多为四边形，也有五角形、六角形的，县境中路乡还有座十三只角的碉楼，极是奇特。

梭坡乡莫洛村，保留了一座绝无仅有的五角形碉楼，据说这是东女王的专门建筑。一千多年前，位于丹巴、道孚、金川之间的东女国，处在唐朝和吐蕃两大王朝之间，美丽女王不得不应酬于两大王朝之间，她时而“降唐”，时而“附吐”，借力打力，游刃有余。传说东女国人衣着“缁衣”，首饰多用各种珠宝，华贵富丽。至今丹巴藏族妇女的服饰不管多么漂亮，多么变化多端，其色彩基调仍以黑色为主。

丹巴碉楼至少有上千年历史，主要集中在大小金川及大渡河上游两岸的村寨、山脊和要关隘处，以三五个一组相互呼应居多。20世纪60年代，古碉多遭拆毁，修建晒场、房屋。全县现存古碉166座，主要分布在梭坡、蒲各顶、中路，其中梭坡84座，蒲各顶29座，中路21座，其余各乡散存32座（1995年版《丹巴县志》）。

夕照群山，河水耀金。离开莫洛村时，沐浴在浩浩天风里，想象着仁青曲珍和桑吉顿珠的爱情故事，我忍不住再次走近碉楼，触摸它那粗糙的肌肤，仿佛触摸一个久远而神秘的历史符号。这些倚山而立的碉楼，是一个民族原始的思维构架，它昭示着悠远的时光和苍黄的历史，也恒久守护着一个民族的精神园地。

/
/
/

康巴马帮的自卫队，最擅长使用杈子枪。这种杈子枪是一种具有浓厚藏民族特色的重兵器，它和藏刀、藏矛被称为“藏兵三宝”。

最好的护身符是“拳头”

公元641年，文成公主受父皇之命，从长安西行，经甘肃，到青海，过日月山，经大河坝，到达黄河源头。为保障公主一路安全，唐太宗派出强悍护卫队，并命沿途官府修路架桥，造船制筏，建筑佛堂，开辟通道。松赞干布则亲自迎亲于柏海（即今扎陵湖和鄂陵湖）。这里也是三江源中的黄河源区。然后，松赞干布与文成公主结伴前往西藏完婚，开启

大的马帮都有武装自卫队（图　据西藏博物馆）

了汉藏民族文化交流的里程碑旅程。

作为娇贵的皇家公主，文成公主沿途受到的武装保护那是最高规格的。但一般的草根马帮，就没这么幸运了。

几千年来，在中国内地与青藏高原的群山之间，只有人类和他们的马匹循着这条古道穿梭于西南部的群山峻岭之间。顺着这条崎岖不平的道路，一些商品像茶叶、盐和糖流入到了西藏。与此同时，马、牛、皮毛、麝香等当地产品也走向了外面的世界。

于是，为保护自己的生命财产，马帮大多拥有自己的武装。

威懋驿道上的女锅头

“砍柴莫砍苦葛藤，嫁人莫嫁赶马人。初一晚上才结婚，初二早上就出门……”这首民国20年代的《赶马调》，曾经盛行于阿坝理县，它唱出了马帮的辛酸无奈，也暗示马帮是个非常危险的职业——风霜雨雪，大山大川，毒草毒水，野兽毒虫，瘟疫疾病，随时随地都能置赶马人于死地。

这还不是最可怕的，最可怕的是匪患。盗匪们看准了藏汉等多民族经营茶叶、皮毛、布匹带来的丰厚利润，他们就常常铤而走险，劫人钱财。

威懋驿道，是连接汶、理、懋功（小金）三地的一条骡马要道，路线是从懋功至芦杆桥（米亚罗境内）与威桑驿道相合后到威州，全长208公里。这条古道，是清乾隆四十一年（1776）征伐大小金川时的必经地，也是茶马古道史上令人谈虎色变的匪患猖獗地。

“每次爷爷他们走马回来，都喝高了。他们是在庆幸自己又捡回一条命。于是他们格外看重自己的劳动成果，过去村里有种说法，赶马人血汗钱赚得不容易，除了父母，别人是不应该享受的。”在理县甘堡藏寨，75岁的阿洛措婆婆说。

甘堡藏寨现在是茶马古道沿线的一个景区，“5·12地震”后全面整修。如今，阿洛措每天都坐在自家门前晒太阳，眯着眼睛看着来来往往的游人。“扎西德勒”这个藏区通用的口头语，惹得她一边回应我们的祝福，一边露出开心的微笑。老人的牙齿已完全掉光，脸上的皱纹被岁月挤到一起。那天，她身穿白色衬衫，外套一件齐膝开襟的天蓝色长衣，腰间束一条彩带，腰前围一面彩色花缎围腰，并佩戴银制或珊瑚等装饰，耳挂金耳环，颈戴宝石项珠，手腕戴银圈，整个人看上去利落、精神。

我是在一次徒步活动中来到这个藏寨，听她聊起马帮故事的。

阿洛措说，她爷爷那个年代，兵荒马乱，时局混乱，马帮走在路上，心是悬在空中的。过去在威懋驿道上，尽管马帮大多全副武装，但还是经常遭到土匪袭击，死人损货的事多有发生。民国初期，威州有好几家商户马队，就是遭遇匪盗打劫货失人亡，最后元气大伤走向衰落的。马帮觉得最残忍的是，眼看同伴被打死倒在自己面前无能为力。

我从1995年版的《理县志》看到资料介绍：民国七年（1918）春，有个叫福隆多的藏客带一支十余人的马队，披着雪花从小金返回理县，途经邛崃山南麓城堡关隘时，诡异的山匪突然从雪堆里钻出来，从树上跳下来，横堵在窄窄的山门处。福隆多他们之前遭遇过这种事，不慌不忙拿出家伙跟山匪干起来。由于害怕枪声震响引起雪崩，双方都默契地收起了带硝烟味的家伙，而使用传统的刀剑弓弩对拼。这类似于一场冷兵器时代的惨烈搏杀。对方占据的是一处关隘，墙体高大厚实，又处在居高临下的位置。砸石块、甩飞刀都占尽地利。搏斗中，福隆多他们渐渐落于下风，死的死伤的伤，全部骡马和十几担山货尽被抢走。

过了两个月，另一骡马队有个叫骆德良的汉族商人，也在古尔沟被山匪抢劫，他用刀戳穿了两个土匪的喉咙，在救同伴时，自己也被土匪砍倒在地，失血而死。古尔沟群山环抱，深谷幽壑，流水淙淙，大有登临仙境之感。但许多土匪喜欢利用这里的山势，搞些打砸抢之类的勾当，干完活跑进丛林里，很快消失。

干马帮太危险了，等于拎着脑袋找饭碗。走上马帮路，就等于立下军令状，是死是活，是找钱发财还是血本无归，全靠运气和能耐了。

民国初年，理县有个女马锅头（**马帮老大**）叫阿九姐，她组建了一支强悍马帮，秉持“无事不惹事，有事不怕事”的规矩，走南闯北，威风凛凛。她的马队，配有火绳枪、长刀、藏刀、弓弩等武器，还从山外买了几支马克沁自动步枪和一门“劈山大炮”，这在当时是非常拉风的。一般的土匪盗贼根本不敢跟他们玩命，敬而远之。

阿九姐祖籍威州，当年30来岁，眉宇霸气凌厉，颌间英气逼人，一头乌黑的头发盘结个螺丝髻儿。这女人平时喜欢骑马射箭，后来还练了一套好枪法，旁人丢个鸽子上天，她扬手就是一枪，砰砰音起，飞鸽落地。

阿九姐最初是在理县古尔沟开马店的，她人长得漂亮，干活麻利，南来北往的赶马人都爱在她家马店歇脚。她起早贪黑，为赶马人烧水、做饭、缝补、照料牲口，还耐心给受伤的骡马上药。后来，她自己干起了马帮，主要在威懋驿道跑点边茶营生。几年下来，成了富婆。

梁老九和威州马帮联盟

俗话说：有经验的渔民，总能对付风暴。民国年间威州马锅头梁老九，同样是个善对风暴的主儿。

［韩］尹荣洙《茶马古道》写道：梁老九的马帮像是一支训练有素、装备精良、组织严密的军队，线路主要是走黑水芦花，经米亚罗至懋功道，此道也是理县至黑水的商贸通道。每次骡马队上路，马锅头、赶马人和骡马们各司其职，按部就班，井然有序，该走就走，该停就停。

梁老九被人称为九爷，年轻时跟他爷爷学过武术。此人生得高大魁梧，肌腱结实，一双豹眼炯炯有神。他力气很大，可以徒手对付四五个男人。梁老九有一把祖传的藏族长矛，那长矛据说有两米多长，杆子上面有个小铁环儿，主要是方便挂放。矛头较薄，正反两面各有两道血槽，一共有四道血槽，放血能力很强。这种藏族长矛主要用于刺杀，只要被它刺中了，会造成大出血，伤口很难医治好。

有一次在黑水县瓦钵梁子附近一栈道处，九爷他们的骡马队遇到了20多个土匪，双方也不怎么搭话就直接干起来。此处栈道，依山势而变化，险峻异常，最险要的一段为“天柱式”结构，有300多米的悬崖因无法立柱或斜撑，仅在崖石中凿洞插入横梁，铺设木板而成，人行其上震颤不已。抬头则危崖碰额，俯首见滚滚河水奔腾于脚下。走出悬崖时，那群土匪仗着人多围攻上来。搏斗中，梁老九的肩头、大腿中了三四刀，左耳还被削去半块，鲜血染红大半个脑袋。他咆哮一声，扯掉上衣，光着膀子，像头暴怒的狮子瞪着发红的眼睛，挥舞藏族长矛冲杀过去，竟一个人干掉了对方五个人。长矛的血槽，也无情渴饮着对方的鲜血。群匪被这阵仗吓得迈不开腿，他们可能也是第一次遇到这么个不怕死的主儿，最后丢下七八具同伙的尸骸，撒腿跑得没影儿。九爷一战成名。后来，土匪只要看到来来往往的马队里有一把寒光闪闪的藏族长矛，看到旗子上绣着个大大的“梁”字，就知道好汉梁老九来了，如果没有十足的把握，根本不敢动他的马队。

西藏谚语道：“单村易被盗，孤羊易狼叼。”梁老九在跟土匪的长期较量中总结出一套经验：以往几十匹马的马帮，只有几个人和几杆枪。这样的阵势，遇上土匪抢劫，必败无疑。后来梁老九召集各个马帮开了个“武林大会”，将十七八家威州马帮联合在一起，组成规模更大的马帮集团，共同打出豹子头旗号，同进同出，生死与共。

抱团取暖的超大马帮，后来雇请了几个雅江来的嘉绒藏族汉子，自卫能力如虎添翼。这几个藏族汉子，身体魁梧，枪法很好，性子很野，他们斜背嘎乌（*护身盒*），腰悬有银质佩饰的藏刀、长矛、弓箭、护心镜、盔甲等，看上去很是威风。另外，超大马帮一出动就是几百匹马、几十个人和几十条枪集体行动。大家一起赶路，一起休息，路上还要故意放枪示警，制造“老子不怕你”的声势。

如此一来，许多土匪在梁老九的马队面前根本不敢轻举妄动，只好转移地盘，找其他软柿子捏着吃去了。

康巴马帮自卫队

“英勇的西藏人没有逃跑。他们十分愤怒。虽然匪徒人多，但他们据关固守，保护着骡马，以西藏射手的准确性回击。袭击者没有料到会遭遇这样的抵抗，惊慌失措，陷于混乱。大约一半人被打散后四处逃逸。西藏人并不满足于此，他们发起反攻，把土匪逐回山里，共击毙一人，伤俘四人。他们把俘虏押送进村，交给当地驻军长官……”

“距离村落不远，我们遇见四十来个西藏人，身材高大，裹着羊皮，穿着手工纺织的黄麻长上衣。他们赶着大约60头骡子，全都驮着很重的驮子，牲口疲惫不堪，身上沾着泥块。他们人人都带着武器，有的扛着老式的毛瑟枪，有的挎着长剑，插在加工粗糙、嵌有银丝装饰的剑鞘里。他们气概威武，肩膀宽阔，走起路来步子很大，表现出山里人从容不迫的气度。

康巴汉子用过的漆花马鞍（图　据西藏博物馆）

这是俄国人顾彼得《被遗忘的王国》书里描写的雅江西俄洛乡马帮的样子。顾彼得1939年受雇于国际援华组织“中国工业合作社”，他先后到中国的康定和昆明、腾冲等地工作。

顾彼得这本书里，把雅江的康巴汉子描写得既生动传神，也浓缩了康藏高原旧马帮的生存状态：他们恩怨分明，即使是亲如手足也不例外。他们每个人都有一把甚至几把珠宝配饰的宝刀，解决问题最惯用的方式是决斗，你弱没关系，我先让你一刀，这一刀我挨不了算我倒霉，挨下了就是好汉。刀光剑影之后，再大的仇怨便没有了，缠着头裹着手的两人仍一起喝酒做朋友，喝酒时论斤不论两。另外，康巴汉子不但横刀立马，英武不凡，还很会经商，他们组成的马队也格外抢眼，在茫茫雪域刮起一股强悍的旋风。

顾彼得的书中还提到，康巴马帮的自卫队，常年行走在异常艰难的横断山区——横断山区位于青藏高原东南部，通常指四川、云南两省西部和西藏东部的南北走向山脉的总称。康巴自卫队，最擅长使用杈子枪，这种杈子枪是一种具有浓厚藏民族特色的重兵器，它和藏刀、藏矛被称为“藏兵三宝”。杈子立于枪管上可用作刺刀，杈子立于地面，可成枪架。一般不成气候的土匪，总是对他们望而生畏。

康巴马帮跨过雪山、激流、险路的阻隔，战胜长路漫漫的劳累寂寞，打退沿途强盗兵匪，躲过战乱瘟疫。沿途，他们中也不断有减员牺牲，但活着的人不离不弃，始终坚强地用生命的代价，延续了古道的商贸形态。

历史上有些马帮还捍卫了自己的历史尊严。清光绪年间，康藏地区频发动乱，威胁藏茶在川藏线的运输和雅安茶号在甘孜各地设立的分号安全。雅安兴顺茶号老板李伯华向清朝廷呈书，愿自筹钱粮，自购武器，建立一支以康巴汉子为主的武装卫队押运茶包，抵御叛军。清朝批准李伯华自建武装，押运藏茶。由于李伯华的茶商武装作战勇敢，有力地配合清军平定了康区动乱，李伯华顿时成为朝廷功臣，被朝廷召至北京，大加赏赐，并不论其茶商身份，破格任命为河北顺德府（今河北省邢台市）知府（李朝贵、李耕冬《藏茶》，四川民族出版社，2007年）。

雅江县的西俄洛乡，位于今天国道318线旁，这个乡由于几十条彪形大汉而扬名四海，成为整个四川甘孜首屈一指的“康巴汉子村”。西俄洛曾经是茶马古道的大动脉，风景优美，民风彪悍，历史上正是由于蒙古部落与西俄洛当地人的斗争的融合，才铸造出这一部落的外形彪悍、野性十足的独特风格。

每年夏天，雅江都要举行隆重的赛马会，项目包括传统歌舞表演、马帮民谣、河曲马选美、2000米速度赛等活动。在雅江藏族的英雄崇拜信仰中，与茶马古道息息相关的力量、勇敢、智慧成为向往、崇拜的对象。赛马大会上，是康巴汉子个个身着节日盛装，将乌黑发亮的头发连同一束束红或黑色的丝线梳成长辫盘绕于头上，右耳戴着由金、银、玛瑙、绿松石等物品精制而成的耳环。他们胸挂嘎乌，腰佩长刀和各种饰物，原始粗犷般英俊潇洒，再骑上高大的骏马，或仰或俯，上下翻飞，好不威风。

/
/
/

成群结队的马帮身影不见了，清脆悠扬的驼铃声远去了，茶草香气消散了；然而，留在化林坪山野的先人足迹和马蹄烙印，却幻化成巴蜀儿女崇高的奋发开拓精神。

泸定桥和化林坪

过去，从川西通往康、藏的茶马古道主要有两条：一条从邛崃经名山、雅安、荥经、汉源、泸定、康定，然后出关经乾宁、道孚、炉霍、甘孜、德格，渡金沙江进入西藏的江达、昌都至拉萨。从邛崃至康定段俗称“大路”，由此道入康定的茶也被称为“大路茶”。明朝，黎（汉源）、雅（雅安）、碉门（天全）成为边茶的最大市场，“秦蜀之茶，自碉门、黎，抵朵甘、乌思藏，五千余里皆用之”。

明洪武年间，还因岩州设市，又开通了一条从天全翻越二郎山通往泸定岚安的茶道，该道俗称“小路”，沿此道运往打箭炉的茶被称为“小路茶”。

清康熙年间，泸定桥建成，川西通往康、藏的路线得到重大调整，变得更加便捷。

泸定，是大西南汉藏茶马贸易史上的一道门户，那里的泸定桥和化林坪古道，牵扯了我行走山水的深厚记忆。

打通大渡河“肠梗阻”

泸定县城大渡河上，悬挂着一条有300多年历史的铁索桥。那天，我站在南岸半山腰眺望，从横断山东北部高山深谷中汹涌奔来的大渡河，浪花翻滚，喷珠泄玉，往南一口气吞进磨河后直奔冷碛流去。江上铁索，在阳光的照射下呈现冷硬的青铜质地，在江风的疾吹和大江的咆哮中微微摇摆。走上桥看，铁索上至今保留着当年工匠镌刻的字痕，清晰而厚重，据说那是按监工要求刻下的“质量保证”，若施工出了岔儿那是要问责的。

背夫过泸定桥（孙明经摄于1939年）

泸定桥北端广场上，有一座康熙大帝的御碑，碑上文字介绍：清康熙时期，藏族和汉族的物资（包括茶叶）从四面八方汇集到泸定县大渡河边，堆积如山，全靠渡船或溜索转渡，杯水车薪。一遇酷暑，若不能及时渡河，那些鲜活的食品如野味、肉菜等就会因腐烂被丢弃入河，十分可惜。而军队辎重的频繁调动，在这里也遇到尴尬瓶颈。

于是，清康熙四十四年（1705），皇帝为了国家统一，解决通往藏区道路上的梗阻，下令修建大渡河上的第一座桥梁。经过一年多的施工，圆满建成。康熙欣喜之余，取“泸水”（大渡河旧称“沫水”，康熙错以为“泸水”）、“平定”（平定西藏准噶尔之乱）之意，御笔亲书“泸定桥”三字，立御碑于桥头。这就是今天的泸定桥。

铁链看上去硬朗冰冷，那是泸定桥的灵魂。每根铁链，约重2.5吨，由890个扁环左右扣联在一起，上铺木板形成桥面，桥之两侧各悬2根铁链作扶栏。桥之两端，各有一座20米高的桥台，内置若干铁桩，13根铁链铆定其上。桥台承受着铁索的巨大压力。桥之东西两端分别铸有铁牛、铁蜈蚣，表达了人们镇服水妖、铁桥永固的愿望。

1995年版《泸定县志》介绍：1942年美国实施了驼峰飞行计划。民国政府为尽快得到国际军需物资，便开辟了包括川康在内的国际通道，这条通道相当一部分在川藏茶马古道上。民国政府仅在泸定县调用的背夫就多至150人以上。无论家境多么贫穷，只要接到背运命令，无论老弱，都得遵命。当时泸定背夫的脚价十分低廉，短站长站都只有5毛钱，但大家任劳任怨，默默支持抗战。

百年泸定桥，也架设了一道雄壮的红色历史。1935年5月29日，中国工农红军长征途经这里，以22位勇士为先导的突击队，冒着敌人的枪林弹雨，匍匐前进于铁索桥上，一举消灭桥头守卫。毛泽东欣然题诗：“金沙水拍云崖暖，大渡桥横铁索寒。”

化林坪的“拐子窝”

在人行中摇摇摆摆的十几根铁索，经当年的康熙之手，划定了滔滔大渡河上、中游的分界线，也使古往今来颤颤巍巍来往于化林坪的背夫马帮，稍稍松了口气儿：有了这座泸定桥，咱今后就走得踏实了。之前，背夫和马帮们渡河，离不开最原始最危险的“空中飞人”方式——溜索。

化林坪，位于泸定县兴隆镇东南30多公里。这个隐藏在崇山峻岭中的偏僻村镇，百年前曾是川藏茶马古道上的繁华之地。当时从雅安到康定，必须经过化林坪关隘，因而此地被康熙皇帝视为川康重镇，曾派500重兵驻守。

随着人口增加，商贾云集，化林坪日益繁荣。清末民初，背夫们日夜兼程翻过大相岭和飞越岭两座大山，其间遇河搭桥，逢山修路，而崖壁上并非都是木板铺成的栈道，有的地方是从绝壁上凿开一条缺口，极是狭窄，仅容一人一马通过。驿道上的背夫马帮最大奢望是：每次“飞越”飞越岭，希望都捡条命回来。

我是两年前春天和驴友去化林坪徒步的。行走在崇山峻岭间，四周空旷寂寥，看不到人影。眼前的古道由不规则的石块铺面而成，因长期无人踏至，石缝之间已被草丛所覆盖，但石板路清晰可见。虽经风霜雨雪侵蚀，路面的花岗石被南来北往的行人、驮重的骡马踏走时磨得光亮如镜。

一路上，背夫手杖戳出的“拐子窝”随处可见，这些拐子窝小的似汤圆、大的如包子，有的深达十来厘米。每个拐子窝，都要经历水滴石穿般千万次拐头的杵戳才能形成，它贮满了驿道背夫的心酸远征史。

山坡间，早先的几家客栈已成残垣断壁。门前，过往行人的歇气台，也掩埋在杂草荆棘丛中。

想起来，当年的赶马人真是不容易，他们背着、驮着沉重的茶包，咬紧牙关翻山越岭，如履薄冰。那天在化林坪半山腰，一位姓李的大哥跟我们讲解背夫的基本工具：背夹子、丁丁拐、汗刮子、麻窝子、脚麻子、溜壳子等。

原来，这位大哥的祖上，几乎所有男人都当过背夫，知道每件工具都会起作用，犹如战士出征的装备。比如，背夹子是用木条做成的架子，下方有两点支撑，上面可放茶包等物件，用绳子收紧以后，东西不会轻易掉落。拐子，用硬朗的杂木做成，一般呈丁字形状，因装物资的背夹子穿戴不便，背夫们沿途不会轻易脱下，需要休息时，就用拐子顶住背夹子底部，承受所背物资的重量，双腿微叉呈三点站立。脚码子、铁打的防滑工具，一般绑在草鞋的底部，凸出的铁钉可在冰雪路面行走时防滑。除了这些工具，还有汗刮子、扇单、管签等。

古道终究成“古道”

这些年我经常行走跋涉，并不只是体验古时交通的不便；我关注的是，古往今来，藏汉等多民族在物资运送和贸易中进行的文化传递和浸染，也关注一些地方沉沦在历史烟云里的变化，比如化林坪。

化林坪，自古是“自磨西面渡沈村，逾飞越岭至黎州”的川藏茶马驿道重镇，地理位置非常显赫，一度惊动了中央政府的侧目——清初时设化林坪营和都司衙门等行政机关，营兵可携妻子，带家室，世袭相传，兼营农桑，亦事商贾，财用丰饶，此地城垣齐整，街巷纵横，人称“川边第一重镇”和“西陲首府”，当时化林坪驿站的地位，一度可以和康定、泸定媲美。

任乃强在《泸定导游》中记载：“化林城原建时，有六街大道及城垣，环城筑有营房，城内有商肆、都司署、关帝庙、城隍庙、安抚使署、千总署、土地祠、川主宫、金花庙、青山排闼坊、果亲王诗碑等建筑。”规模宏大，功能齐整，人员充裕，可见当时的盛景。

任乃强提到的这位果亲王，即康熙第十七子爱新觉罗·允礼（1697—1738），就是电视连续剧《甄嬛传》虚构的那位用情专一、长相帅气的皇家公子哥。真实的果亲王允礼却是“直朴谨慎，品行卓然”，聪明好学，勤于政务，也利用手中权力支持茶马互市，修缮开掘通商驿道。雍正十三年（1735），果亲王从泰宁返京时路过泸定化林坪，欣然题诗：“泰宁城到化林坪，峻岭临江鸟道行。天限华羌开此地，塞垣宜建最高坪。”

复制的化林坪果亲王题诗

可惜，果亲王题诗的石碑，在20世纪60年代被“破四旧”潮流冲毁，无声掩埋于草丛荆棘里。20世纪90年代末，化林村民根据当地文化学者董祖信提供的拓片，重新刻碑、竖起了果亲王诗文碑。该石碑与另一座刻于道光三年（1823）的石碑立于栅子门古道旁，供游人了解化林坪及茶马古道历史。

我听同行的驴友说，20世纪30年代初，刘文辉主政“西康省”时，修筑从荥经县经水子地、山王岗至化林坪这条新路，工程竣工时，他在“一路福星”字旁刻有“观山赏景在此”六个大字。后因无人问津，石头上的文字早被青苔荒草盖得严严实实，几近消失。

近现代以来，随着交通的改善和康定、泸定的兴起，化林坪的地位逐渐降低。清光绪年间，军营裁撤，都司废除，化林坪开始走下坡路。民国初年先设立化林县城，后将化林、泸定合并变为县佐（分县县府），再后降为冷碛区公所，直至今天的这个沉寂山村。

20世纪50年代中期，解放军十八军修通二郎山公路后，人背马驮运送货物的时代结束了。如今，泸定到化林近百公里的茶马古道，绝大多数路段都被公路覆盖，残存的古道路段早已荆棘丛生，野草堆积，难以辨识。化林坪渐渐被人遗忘。

今天的化林坪，是一个缺乏生命气息的荒芜之地。天空之下，没有了云岚的遮蔽，山体裸露出原始的粗犷，又因岩石成分各异而各呈其态，有的望上去黑压压一片片，像叠加在一起随时可以扑下来的雕鹰；有的鳞次栉比，像奔卧沙场的千年盔甲，有的曼妙无骨，像身姿峰峦迭起的睡美人；有的刀劈斧削，像引吭狂奔的巨兽……这种巨大的苍凉填充在我心间，让我有种喘不过气来的压抑。

如今，那成群结队的马帮身影不见了，清脆悠扬的驼铃声飘逝了，远古飘来的茶草香气也消散了。然而，留在化林坪的先人足迹和马蹄烙印以及对远古千丝万缕的记忆，却幻化成巴蜀儿女一种崇高的民族开拓精神。

“山丹丹花开红艳艳”，化林坪曾经是红军长征经过的地方。前面提到的中央红军飞夺泸定桥之后，曾经在化林坪与飞越岭与川军发生过整个大渡河之役中最为激烈的战斗，并由此北上夺取天全、芦山、宝兴，而后翻越夹金山与红四方面军会合。

/
/
/
爬山时的疲乏、身体发热陡然不见了，随之而来的是呼吸困难，身子从裸露的脸、手一直冷到心，语言不清、身体发抖……

走上高高的大相岭

从四川雅安出发，走天全、翻二郎山，经泸定、康定，再到西藏，蜀中茶叶被源源不断输送到雪域藏区。这条川藏线上的茶马古道，与从云南普洱出发通往西藏的滇藏茶马古道，并称为“世界上海拔最高的中国古文明传播之路”。

这是一条完全用人力、勇气、智慧走出来的传播之路，其间高山峻岭，大河交叉，林莽雪原，野花如歌，湖泊如梦。古往今来，一群群背夫和马帮用生命铺就了一条逶迤于世界屋脊的古道，他们过险山，涉湍江，将川、藏地区息息相关。

作为资深驴友，我这些年探访了不少四川境内的茶马古道。在极致体验中，品读到当年马帮背夫跋涉实地中的各种艰难。

飞仙关和飞越关

今天的雅康高速，途中要经过巍巍大山下的飞仙关隧道，在宽敞平坦的隧道中驾驶通过，不过七八分钟，现代交通工具带来了便捷，消除了自然险阻，也掠过了高岭大峡中昙花一现的历史画廊。

大相岭鸟瞰汉源（孙明经摄于 1939 年）

雅安飞仙关川康公路雨后（孙明经摄于 1939 年）

当年芦山县飞仙关，素有“川藏路上第一关”之称。

飞仙关，一个与神仙有关联的名字。很多年前，传说只有神仙才能过去，人们便冠以飞仙之名称呼它。它是成都平原从西南通向青藏高原的第一个峡谷关口。

飞仙关由宋代始建关城，名“神禹漏阁”，不过当地百姓仍沿用过去的称呼“飞仙关”。飞仙关分上关和下关，两关相距几里路。

史书记载，3000多年前，此地是古蜀国通往世界的咽喉要地。到汉代，司马相如受汉武帝之命沿此路出使西南夷，把这条民间小道开辟为官方商道。如今，飞仙关关口的城门已消失，只保留了长条石砌成的圆拱形门洞，上面爬满了藤蔓枝叶，外形斑驳。从关口望出去，有一长长的峡谷地段，当地百姓世代口里，这是大禹治水时干活的地方。

汉源县宜东镇到三交乡西行约30华里，又有一道巍巍雄关，名飞越岭。飞越岭海拔约3790米，是汉源境内茶马古道通往康藏的最后屏障。我和几个徒友去飞越岭的时候，正是4月暖春，山下梨花漫漫，山顶白雪皑皑。因为山势关系，两旁皆是高山峻岭，却又偶尔断壁，岩石如刀削般地立在山间。古道在草丛掩映的小径中穿梭，往往因为山势缘故，十分狭窄，仅可单人行进。许多地段，脚下是万丈悬崖。真不知道古时背夫们是怎样从这一段走过去的，除了脚力、体力、毅力，也离不开经验

荥经境内的大相岭（李贵平摄）

和运气。难怪人们常说“二十四盘不算难，飞越岭上蜀道难”，确实如此。山顶是泸定与汉源两县的交界之处，这里，足可以观赏两县风光，远处的泸定城，仍然点缀在一片重山荒岭之中。

从荥经县草鞋坪到清溪这段古道长约30公里，穿行在崇山峻岭之中，是茶马古道与南丝绸之路的重叠部分。茶马古道从清溪经宜东而至康定，南丝绸之路则经河南驿站通甘洛到西昌。

很多驴友都知道大相岭的草鞋坪，领教过草鞋坪的险峻。草鞋坪海拔3000多米，介于迎风坡和背风坡之间；一到秋冬，此处的风雪凶猛凛冽，让人难以正常呼吸。

走上高高的大相岭

2012年3月，我们十多个驴友相邀去大相岭徒步。路线是，先驾车到108国道的火草坪，再往东北方向的大相岭攀爬。

大相岭位于今雅安荥经、汉源两县边境，延伸至洪雅县境内。大相岭过去叫邛笮山，又叫泥巴山，《山海经》称崃山，《华阳国志》叫长岭。《一统志》记载：“大相公岭在雅州荥经县西一百里，相传诸葛公征西南夷经此。上有诸葛庙。”又据《诸葛亮集》引《太平寰宇记》记载：“相公山，汉相诸葛亮常驻兵于此。”

那天上午，我们从火草坪起步上山。这一带地势陡峭，穿越过程中基本上都在爬坡。此地植被丰茂，草树苍翠，成为良好的水源涵养地，一路上随处可见叠水和小溪，景观秀美。不一会儿，天空飘起了霏霏小雨，气候也越发寒冷。前面带路的小伙子，拿着砍刀在前面披荆斩棘，我们拄着登山杖紧紧尾随。道路跟文物不同，看不出泥石的古老。不过，在经过十米多高的悬崖时就是另一幅景象了。无以计数的脚步把岩石踩踏得极为光滑，像打了蜡一样，俯瞰悬崖下的小河时，立马感觉自己悬在空中了，陡然产生的惊恐把平日里的男人气概和定力一扫而光，心跳加速，双脚打闪。我在朋友的搀扶下，贴着岩石缓缓向前移动。来到安全处，还心有余悸。

走完沟内的路，又开始爬山。沿着山脊，盘旋而上，嘴里呼出的气儿融入空中，人的心也像是悬在空中。大相岭上古道艰险，但景色也鲜艳异常。枝繁叶茂的阔叶林混杂着笔直高大的针叶乔木，强烈的阳光被遮天蔽日的枝叶阻挡，照射到林间只剩下斑驳光影。树木支撑起的绿色天棚下，生命力顽强的灌木蒿草铺满地表，其间开满缤纷的山花。树干枝头，不时有觅食的松鼠蹿上蹿下，硕大的尾巴随着奔跑跳动。

"呱！"一只喊不出名字的大鸟从灌木丛里跃起，沿着古道一阵低飞，长长的尾羽扫过树梢，又笨拙地落到一棵珙桐树上。珙桐，远古冰川时期留下的幸存者，这个古老物种仅在我国尚有少量分布，为国家一级重点保护植物。在其他地区极其罕见的珍稀物种，在大相岭上却毫不稀奇。道路两旁，山脊溪边，随处可见笔直的鸽子树。向导说，他自幼在山上摸爬滚打，颇识"山性"。听他讲，以前还有村民把珙桐砍来当柴烧，后来他们知道这树是国家保护植物，便倍加珍惜。如今，珙桐已经遍布山坡峡谷。

雅安茶厂收茶场景（孙明经摄于1939年）

起起伏伏，走了半个小时，弄得晕头转向。向导说，这就叫二十四盘。沿山脊盘旋二十四次，终于上顶，来到山巅一个狭长倾斜地带，走过一百多米，就来到山顶，其实也不是山顶，只是山顶的一道垭口，是南北交界处。

这里应该是大相岭的陡峭主峰，流云缠绕，空气稀薄。还没走几步，刺骨的风、冰冷的雨、寒湿的雾、稀薄的冷空气忽然迎面袭来，空气对流相当快。爬山时的疲劳、身体发热陡然不见，随之而来的是呼吸困难，身子从裸露的脸、手一直冷到心，语言不清，身体发抖，犹如经历炼狱一般，硬着头皮又往东走了十多分钟，望望，山坡上到处是雪，路上结满了冰，天上下着冰凌，刺骨的北风猛烈地刮着，站立都很困难。这个季节已是阳春三月了呢。

雅安市交通局档案资料中，有一篇《三十年代西康导游》的文章，作者罗肃华，生动描述了1938年2月由雅安通往康定的情况，他在第4日经过大相岭时这样写道：

“早餐后方起身（因山上无饭馆），多着衣服以御山上冰雪，大相岭高度为海拔三千八百公尺，森林甚多，云雾茫茫，雪深数尺。多数地方必须下轿步行，免受意外危险，鞋上宜着一草履。是晚宿清溪（汉源）县，亦在大相岭之脚下，风力甚大。是日所经，全系山路，气候甚寒，实在冰天雪地中。”

当亿万年前中生代的造山运动兴起，大相岭就已赫然矗立。不知是鸟类的携带还是山风流水的传送，第一颗植物种子在这里生根发芽。经过漫长地质年代的孕育，整座大相岭山脉已成长为一个和谐的巨大生态系统，它让无数物种得以生息繁衍，也区分了雅安北部的湿润多雨和南部的晴朗干燥。

我想，在过去岁月中，不知有多少背夫、马帮和客商，经受不住大相岭草鞋坪的冰雪而倒下，不知有多少过往客商因路滑坡陡而葬身山崖。大山养育了无数生命，也吞噬了无数生命。

二郎山，受伤的树

“二呀么二郎山，高呀么高万丈……”20世纪50年代初，一首二郎山筑路歌谣唱红了大江南北，到1955年，解放军工程兵历经千辛万苦，付出数百人的生命代价，终于修通了从雅安通往拉萨的川藏公路。

此前，在茶马古道的漫漫征途中，二郎山却是一座让人心惊胆战的魔鬼名字：鬼招手、手把岩、望乡台，九道拐……沿途古道，斗折蛇行，骡马也无用武之地，只有人双脚并用，方能攀缘通过，每一步都走得胆战心惊，于是造就了茶马古道中的一道奇观。

二郎山东段的甘溪坡村口有一棵古柏树，干枯的骨架在风中发出噼噼啪啪的声音。古树历经千年生命，早年枝繁叶茂，参天蔽日。1995年版《泸定县志》载：民国三年（1914），一个年轻的妻子将她的丈夫送到这里，丈夫用刀在树身做记号，然后出发去背茶。一般从碉门（天全）到打箭炉（康定）往来要15到20天。男人久去未归，女人们常来此看望，若印记在意为丈夫未归，难言吉凶；记号若被刀削去，说明丈夫又去雅安或始阳取茶包了，不久便会归来。积年累月，做记号的人多了，树受的刀伤也多了。久而久之，那棵古柏树便在女人的期盼中、在背夫的刀刃下慢慢死去了。

过去康定以东的姑咱镇附近，有个道路异常险恶的大风湾。每到秋冬，疾风如兽，那些脚穿草鞋、衣衫褴褛的背茶人常常被大风吹下悬崖或陷进雪窟，活活在暴风雪里冻僵而死。久而久之，大风湾就形成一个著名的“白骨塔”，沿途死于非命者皆被拖进洞中，经年累月，洞内新骨覆旧骨，惨不忍睹。

而最狭窄的古道，竟是连马牛骡都过不去的地方，得用羊儿来顶替。1934年《康藏前锋》载：“西康交通极为困难，雅（安）、康（定）道路遥远，茶包运输尽系人力。由康以达各地，纯赖‘乌拉’。乌拉者运输之牛马也，日行不过四五十里，千里程途，有一月始达者，因牲畜无粮，纯赖途中水草生活，故不能计程而行；亦有用羊驮载者，因山路窄狭，牛马不便，故以羊运之。”

从明代开始，翻越二郎山的运茶路上就留下了背茶人的脚印。从雅安天全经岚安、马鞍山到大渡河和康定，背茶人称之为小路；大路则是从荥经翻大相岭经清溪、宜东（泥头）、化林坪、磨西、雅家埂抵达康定。

二郎山公路修建之后，汽车开进了偏僻的康藏高原，背茶这个特殊的行业也渐渐衰落下去。背茶人步履蹒跚的背影被定格在历史深处。

天全县红星村二组国道318线旁，有一条长2公里的驿道遗址，东面2000米是象鼻子山，西面500米是月亮桥，都是当年背茶工背负重去康定的必经地。古道沿线的农家住户，还保留着清末风格建筑，也保留着背夫用过的背夹子、拐子、油灯、草鞋耙等工具。

花开花落，沧海桑田。马帮的时代一去不复返，取而代之是四通八达的公路交通网和各式各样的汽车。往来的山路上再也看不到山间铃响马帮来的情景，只有当年赶马人的后人还零星讲述着马帮路上的故事。

/

/

/

那些曾经软化了跋涉强度的号子民谣，是千百年来一辈辈山民在漫漫旅途中披星戴月、生死相继感悟出来的，它承载过风雨兼程的荣光，也诉说着时过境迁的无奈。

号子民谣绕山梁

一如撑船有船工号子、抬石头有抬工号子、薅草有薅草号子，背茶工或背夫也有“背夫号子”。这些号子，犹如冬夜的篝火，照亮了旅人幽暗的心境，温暖了彼此冷寂的身体。

背夫号子是在路上唱的。那是跋涉者献给大地的诗行。一声声号子里，唱出了驿镇的繁华、道路的崎岖、生活的艰辛、情侣的俏皮……

“娃儿出来背盐巴”

荥经县严道古城一带的《十八娇》旧调儿，唱出了背茶工全家出动的艰辛无奈：“热天翻山浑身汗，冷天风雪迎面刮，男人看妻心不忍，爹妈望儿眼泪花，一声慢点心已碎，无力照管你和她。”“高山顶上摘丝瓜，丝瓜牵得满山爬，东一爬，西一爬，爬到娃儿出来背盐巴。”

一句“爬到娃儿出来背盐巴”，凸显一幅令人心酸的画面：曾几何时，迫于生计，严道古城的女人、娃娃也跟男人出来背茶背盐背布，有的女人把吃奶的婴儿挂在胸前，边走边喂奶。被称为“背童”的娃娃不过十来岁，也呼哧呼哧背着货包跟大人行走。

汉源县往昔的背茶工出门前，一般会先扯开嗓子唱几声，相当于暖场歌儿：“清溪城墙弯又弯，一出东门见庙坝，冬瓜石鱼塘两路口，抬头望见白鸡关。土门子上去枷担湾，一把伞下马刨泉。官坝大木半边街，溜溜马站出牌坊。汉源街出龙洞湾，甘溪唐家到小关。”走得差不多了，又来一段：“三溪口望见魁星楼，要背茶包子到泥头。上街豆腐下街酒，要想耍钱狮子口。”

背夫民谣里也唱到了这种“拐子窝”（李贵平摄）

这段号子唱出了清溪、宜东沿途古道的遥远和驿镇的喧嚣繁盛。过了“泥头”宜东，道路逐渐崎岖，背夫号子风格一转：“一出门来桅杆坝，老君关坡坡实难爬。爬上关顶歇一歇，上官沟再把拐子拉。马刨石有条大骡马，打拐你得看蹄花。头道桥才把筒筒打，二道桥就把跟头搭（搭：摔倒。方言）。”

因路不好走，刚刚装好的货物没走多远就被打翻了。捡起来，重新背好，又走。这仅仅是开始，背夫们边走边唱：“慢慢走下九道拐，箭杆路滑把跟斗搭，理好背子朝前行，累了就歇瓦窑坪。灵官塘下去校场坝，化林坪吃饭喝口茶，三天走了三个坪，九天时间到泸定。化林坪的伙号大，盐水溪坡坡路满沙。”

“好个凉风在高山，好个凉水落了湾，好个娇娇路又远，好比云南上四川。背子好背路难行，能变畜生不变人。二世做个官家女，太阳不晒雨不淋。”川藏茶马古道的背夫号子中，像这样吐槽跋涉艰辛、向往美好生活的民谣非常丰富，不同区域还流传着不同的版本，每个人唱出来的滋味也不一样。

四川省茶叶流通协会秘书长陈书谦，近年致力于《茶马古道口述史》整理。他说，有些背夫号子，是形容沿途衣食住行的，“一想穷人吃，苦荞馍馍洋芋加蕨苂。二想穷人穿，穿的破毡毡。三想穷人住，住的烂屋屋，天上落雨难生火，没有地方躲。前世怠慢亲爹娘，这世打到背背行，吃过多少凉茶饭，睡了多少硬板床。”

还有这样唱的：“晚上住店子，吃的火烧子，外加豆菜子，垫的烂席子，盖的草帘子，睡倒逮虱子。”古道沿线，有专供背夫歇脚的客店，被称“幺店子”，条件简陋。尽管如此，这已经是背夫们最舒心的地方，毕竟终于可以吃上一顿热饭、睡个囫囵觉了。歌谣里的“火烧子”，是烤在火盆内侧的玉米馍馍，“豆菜子”是四季豆等素菜。

一路风餐露宿的背夫们，偶尔也会任性一次，凑钱打个牙祭、吃上一锅豆花。如果品质高、分量足，背夫们就会认为这钱花得值，会在号子中点名褒奖，“龙巴堡把酱油打，木瓜沟去蘸豆花”；如果品质差、分量少，背夫们会认为这钱花得很冤，也会在号子中点名批评，“大湾头有个吕冬瓜，大湾头的豆花光渣渣”。这种唱词儿，在古道沿线形成了有点赞、有吐槽的店家口碑榜。

隔着溪涧来斗歌

今天的天全县甘溪坡茶马古道遗址，陈列着许多背运工具，也记录了大量号子民谣："背好茶包子，手上拄拐子。勒的汗衫子，包的青帕子。拴的半肚子，穿的偏耳子。还有汗刮子，别根烟杆子。爬坡上坎靠拐子，背起背子像驼子，打起拐子像汉子……""人人穿上脚码子，冰雪泥泞都不滑；一手提着丁字拐，杵路歇气全靠它；汗圈刮汗如雨洒，想要小解站稳哈。"

雅安茶包（图　据西藏博物馆）

装满货物的背夹子穿脱不便，沿途不会轻易脱下，背夫需要休息和小便时，就用拐子顶住背夹子的底部，双腿微叉，呈三点站立。不仅男性背夫如此，女性背夫亦是一样，都站立着小便。女背夫们通常会带一片笋壳儿，在小便时悄悄放到胯下作"引导"。

行走如何省力，是个技术活儿："掌楞大哥真不假，五十一步总不差，沿途拐窝酒杯大，杵在窝里才不滑，上七下八平十一，一步一步走稳啦。嗒嗒两声信号下，踢踢哒哒回应他。起身跟着脚印走，才不踩入石旮旮。”

歌谣中的“上七下八平十一”说的也是走路技巧：上坡走70步，下坡走80步，平路走110步，就要停下来打拐休息。当然，实际行走中也没那么精确，主要靠带队大哥视情况把握，并适时发出信号，指挥全队安全行动。

唱号子当然也有乐趣，就是斗歌儿。

“前头山歌多，当不得我一只牛耳朵。前头载了十八船，后头还有几箩筐。”背茶工以前走在磨西镇雅家埂，那里有一条三四里长的溪沟，邻村的两方人马在此狭路相逢，就喜欢逗对方唱几句。双方在路边坐下来，以沟为界，你一句我一句斗歌，权当歇气儿。就像电影《刘三姐》里的渔夫和财主，站在河湾的船头即兴创作，煞是热闹。对歌时，看谁的脑壳转得圆、谁的嘴皮儿翻得快、谁的言辞跑得欢。若听到妙处，即便是“骂”人的词儿，双方都高竖拇指，大声叫好，互相捧场，绝不怄气。

待日落西山、暮色四合，双方才心有不甘地休战作罢，相约下回碰到再来。当中很多人“不打不相识”，成了朋友。一些青年男女也在斗歌中互相来电，深情款款留下联系方式。接着，各自带头大哥开嗓吼一声，背夫继续赶路，悠悠铃声又在山谷响起来。最后一抹余晖，在他们身后留下悠长的光影，直到消失在群山之中。

撩妹不成找台阶

泸定县杵坭乡“民间山歌大王”吴全清老人整理的《背夫神歌子》中，有一首唱出了男女背夫在化林坪一带遭遇的艰险：

情郎翻过飞越岭，情郎来到化林坪。

化林坪呀化林坪，化林山高路不平，

一场大雨淋死人，又溜又滑站不稳。
情哥来到佛耳岩，吓得情妹心在甩。
下是大河上是崖，阎王招手拿命来。
一双脚儿打摆摆，吓出一身大汗来。
来到冷碛橙子坡，弯弯拐拐陡坡坡，
一步一步爬上顶，拐子杵在石窝窝。
伸伸腰来叉叉脚，天花地转浑脑壳，
挖角十里到大坝，皂角顶过去金钗花。
磨子沟有个曾幺大，顿顿都推绿豆花，
火烧馍馍汤巴巴，葱花蒜苗炒豆渣。
皇桥*链儿像麻花，情妹过河好害怕，
吓得大叫惊爪爪，摇摇摆摆泪花花。
抱着情郎不放他，坐在桥头哭妈妈。

茶马古道民谣中，有艰难的现实，也有美好的憧憬。比如，走货途中遇到漂亮妹儿的时候，背夫和马帮大多会笑嘻嘻吹起哨子，吸引对方的关注。他们甚至直接停下来，邀请女子对对歌儿：“你有山歌快快来，我有文章对秀才。白天才对南山阳，晚上又对祝英台。”

若对方女子矜持羞涩，不接招，他们就再喊几声：“不唱山歌冷飕飕，唱起山歌闹九州。好个山歌闹坏了，好个山歌起坏头。不唱山歌不宽怀，磨儿无水不转来，山歌无头唱不来。”

若女方还是“懂不起”，就再唱一两段，但这个时候唱的内容有些变动，是在打退堂鼓，给自己找台阶下：“叫声阿妹不要愁，阿哥已拢屋后头。三脚两步就拢屋，脚钱已在包包头。”意思是妹儿啊你不要那么傲娇，不要看不起人，莫以为我是个混混，我有老婆她还是个乖乖妹儿，

* 这里的“皇桥”指泸定桥，康熙亲题桥名。

她在家头盼着我呢，咱挣了这趟钱就回温柔乡去啦。

撩妹儿不成，顶多丢了点面子，若途中遇到土匪，那就麻烦了。“行路一定别走单，遇到棒老二吓破胆。白果湾土匪在抢人，叫声关窗一身颤。五文钱难保身，十文钱难保命。无钱又遭一顿打，全身脱得光叉叉，捆起绑在树杈杈。”这里的“关窗”是黑话，意思是赶紧闭眼，若闭眼慢了尤其是跟土匪对视了，可能后果严重，会招致灭口杀身之祸。

泸定文化学者董祖信老人曾收集整理一本《茶马古道背夫口溜子》，其中也提到背夫遭遇土匪后的尴尬：

一出泥头桅杆坝，老君关坡坡实难爬；
爬上官顶歇一下，上官沟再把拐子拉。
马刨石打拐看蹄印，大弯头有个吕冬瓜；
过了大弯不想走，高桥的店子数马家。
丁字坪、三交坪，含泥沟的豆花哄死人；
陡坎子坡坡不要紧，一步一步慢慢行。
头二三道桥路难走，白果湾土匪在抢人；
把人绑到树桩上，关好窗户闭上门。

1954年川藏公路通车前，除了“一二三，雪封山”几个月不适宜出门，背茶号子几乎天天回响在茶马古道的崇山峻岭，从雅安唱到康定，从天亮唱到天黑，从春天唱到秋天，从青年唱到老年。

如今，茫茫山岭，那些曾经软化了跋涉强度的号子民谣，从昔日的人人会唱，已退化成老人的一种情感记忆。这种记忆，是千百年来一辈辈山民在漫漫旅途中披星戴月、生死相继感悟出来的，它承载过风雨兼程的荣光，也诉说着时过境迁的无奈。

/
/
/

高山苍茫，层峦险峻。茶马古道沿途很多路段高山深谷，土匪肆虐，野兽横行，马帮一不留神就可能货失人亡。天长日久，练就了“昌义号”商队天不怕地不怕的胆略。

拉萨马帮护茶往事

对许多人来说，拉萨是神圣之城，那里接近太阳和月亮，因此是神居住的地方。大概由于这一原因，到了阿旺次仁这一代，他决定用祖传手艺打开生活的大门，选择拉萨这座伟大的圣城，作为自己生命的归宿地和新的家族的生长点。

阿旺次仁是我以前当记者时认识的朋友，他在拉萨八廓街经营一家川茶馆，平时也调配些新式酥油茶。每次进藏，我都要去他家住一两天。八廓街位于拉萨旧城区，一直是西藏的贸易中心，茶马古道历史上，从遥远的四川省和云南省运来的茶曾在此销售。如今，这里成了西藏的日用品和观光品市场。店里和露天摊上摆满了工艺品、古董和宗教用品，这些物品大部分都来自内地。

阿旺的家，是个200多平方米的藏式小院，外墙红色，藏饰颜色鲜艳丰富，但没因大红大绿显得俗气。屋内藏式床榻、墙壁唐卡、尼泊尔灯饰、藏式茶桌、烧牛粪的暖炉应有尽有。藏香氤氲，俘虏了人的嗅觉。

跟我平时在成都用茶泡着喝不同，阿旺的茶是煮着喝的。他煮茶时，

拉萨藏民打酥油茶

民国20年代的拉萨马帮（图　据西藏博物馆）

先将茶叶放入盛满水的锅中用猛火煮开，接着用文火慢熬。他说，游牧民族喜欢喝浓茶，他们总是在口袋里随身带点儿茶叶，在家时茶叶则保管在茶罐里。“我们煮茶时有一样东西是必不可少的，就是盐，用盐来调和茶的味道。拉萨人常爱说的一句话就是‘茶没盐不如水，人没钱不如鬼’，所以我们煮茶时一定会放盐。用这种方法煮成的茶叫‘清茶’，属于煮制方法最简单的一种茶。”阿旺说。

那两天，我俩蜷缩在沙发上一边喝茶，一边天南海北地闲聊。有时聊高兴了，他会拉上我去拉萨河畔上遛马，看着他快活驰骋的样子，我越发感到他内心的平静。这当中，阿旺依旧会摆起他曾祖父“昌义”号藏商的往事。他说，想为自己的老辈子写本书。

昌义号马帮峥嵘往事

西藏和藏族人心目中至高无上的圣城拉萨，自古也是著名的商贸之城。公元7世纪，也就是中原王朝的唐代及之后，随着高原上藏族的前身吐蕃和南诏大理国跟中原王朝的频繁接触，尤其是636年文成公主远嫁吐蕃国一代霸主松赞干布后，主要产于四川和云南的茶叶，便开始了向西藏源源不断地销售和传播。布达拉宫和大昭寺内，一直供奉着松赞干布和文成公主的塑像，在藏族人心目中，他俩尊崇如神。松赞干布在位时，曾指定专人专事与大唐进行茶叶贸易，由于西藏茶叶需求量大增，西藏每年都以大量优良马匹与内地互换茶叶。

阿旺的曾祖父是拉萨达孜镇人，清朝咸丰年间开创了“昌义”号藏商，也有了自己的马帮，运行路线是念青唐古拉山南麓的昌都、八宿、波密、工布江达、拉萨这条线路。

昌都，不仅是滇藏道和川藏道两条道路的必经之地，也是一个重要交会点。昌都以西的古驿道同样十分险阻，赶马人出门往往得选好季节。康藏地区谚语曰：“一二三，雪封山；四五六，雨淋头，七八九，正好走；十冬腊，学狗爬。”把一年12个月的气候特点概括得十分准确，也折射出拉萨马帮跋涉中的万般艰辛。

昌都到拉萨有1100多公里，大多路段要跨越横断山脉。横断山脉是青藏高原南麓唯一呈南北走向的险峻山系，马帮则需逆着山势向西而行，每隔一两天就要翻越一座高山大岭，当中要经过著名的夏贡拉雪山。夏贡拉即丹达山，也叫东雪山，最高海拔6300米。民谚“丹达山，六千三，人在云中行，双肩担青天”是它的真实写照。清乾隆年间驻藏大臣松筠所著《卫藏通志》中，称丹达山“峭壁摩空，凛冽冰城，少有微风，断不可过”。高山苍茫，层峦叠嶂，山顶白雪皑皑，直插蓝天，很多路段非常危险，一不留神就有可能坠入悬崖。天长日久，来来往往，练就了昌义号赶马人天不怕地不怕的胆略。

拉萨还不是茶叶交易的尽头，雪光映照着茫茫前方。

到了拉萨，昌义号将同其他藏商进行交易，后者又将携带这些茶叶继续往西往北走，他们将在海拔4000米以上的羌塘盐湖采集食盐，而后到达喜马拉雅山脚下的集市，与尼泊尔商人交换各种农产品，此后尼泊尔人将带着换来的茶和盐，翻越喜马拉雅山脉至印度加尔各答。

阿旺听他父辈说，当年赫赫有名的曾祖父，看上去还不是那种高大威猛的汉子，反倒稍微矮瘦，蓄着长胡须，经常穿一件紫红色短袖束腰上衣，用一根彩带系在腰间，夏天喜欢穿件黄色丝绸衫。他平时很少说话，眼光犀利，不怒自威，处理棘手事儿十分果断。

阿旺告诉我，不只是自己的曾祖父，当年在拉萨的赶马人都是个顶个的牛人，什么都不怕，什么都经历过。他们组织之严密，帮规之严整，自卫力量之强悍，远近有名。而曾祖父的昌义号更是如日中天，他们主要经营川滇两地的茶叶，有着明显的前藏马帮标志：头马戴着面罩，上面用绿宝石、珊瑚、紫水晶石和小镜子作装饰，耳边有红色丝带，头马货架上挂一面三角黄色旗，绿色锯齿状镶边，在风中猎猎飘动。后面的骡马也个个膘肥体壮，走得嘚嘚作响，似乎打个喷嚏儿都要在河谷回荡半天。

昌义商队一上路，就是浩浩荡荡六七十匹骡马，货物齐全，物料充足，阵仗拉风。他们拥有全藏最好的自卫装备：人人带着武器，有的扛着毛瑟枪，有的挎着长剑，剑鞘嵌有华丽的银丝装饰，个个强壮剽悍，一路威风抖擞，土匪看到他们大多会远远躲开。黄昏时，他们来到工布江达县的尼洋河畔，在杨树林立的滩涂上搭起帐篷，支起铜锅，熬茶做饭，竖起的风马旗更是成了河畔的风景。风马旗上刻印着一匹矫健的宝马，马背驮着燃着火焰的佛法僧三宝，旗子四角环刻着金翅鸟、龙、老虎、狮子四尊保护神。袅袅炊烟下，脚夫们有喂牲口的，有去河边取水的，有边放哨边擦枪拭刀的，夕照把他们的影子投射在河涛里，在微风的吹拂下闪烁而梦幻……

昌义马帮在行走中练就了不少特殊技能，能用口哨、吆喝向骡马发布命令，行话称“马语”。如口哨就有解闷、喂水、吃草、压惊这四种，如同吹奏无字乐曲，既协调了人畜间的合作，又让骡马得以轻松跟人亲近。吆喝也有腔有词，极富音乐感，如“咦——”示停，“驾——”示走，“嘘呼——”示饮水，这是他们的专用语。昌义马帮每到一地儿，都有自己熟悉的店家，谓之“客主家”，意思是到家了，在那里，可以将货物与马交给主人家，自己踏踏实实睡个好觉。

路上遇到别的马队有骡马病了，昌义马帮会慷慨相助。碰到路断或大雪天，就合力铲雪开路。谁家缺了粮草药物什么的，也会及时出手接济，他们一诺千金、重情重义的秉性为同行称道。

他们不卑不亢地依赖着自然、对抗着自然，在寒风中诵经高歌，余音绕着风马旗直上雪山之巅。

英国人觊觎西藏茶市

成语说“人满为患”，但这句话用在拉萨和拉萨的老城区并不那么合适。我发现，在人满的地方，比如寺院、菜市场、老城区的餐馆甚或藏医院等，满满的人却有秩序，内敛而安静地生活着。我想，这应归功于藏族人的一种文化核心价值观：利他。任何事情至少要以不妨碍他人为底线，大家都有自己的路走。这就是拉萨，拉萨的善与静之所然。

我第三次去拉萨是在2016年仲夏。一天中午，在阿旺次仁家用餐后，我拉他去罗布林卡附近的西藏博物馆逛逛。很巧，这里正在举办《茶马古道——八省区文物联展》，其中有许多川藏古道的图文视频。这次展览非常珍贵，它昭示出令人感慨的恢宏主题：茶马古道，不仅是连接汉藏等多民族经济文化的纽带，也成了人类为生存所激发的非凡勇气和所做出的超常努力的象征。

令阿旺惊喜的是，他在展览里看到了自己先辈“抵制印茶”的往事。这是他万万没有想到的。不知不觉，这个高大汉子的眼眶里噙着泪水。

这是怎么回事呢?

从展览中我们看到资料介绍：英国从哈丁斯时代开始，就有打开中国西藏的阴谋。从1788年起，受英国唆使的尼泊尔两次派他们的廓尔喀人入侵西藏。1792年，受乾隆40天内必须入藏的指令，大清名将福康安率领200兵士从青海入藏，沿途高山深谷，冰天雪地，塌方雪崩令人防不胜防。许多地方更雪深过膝，走一步都得喘好几口气儿。高原反应加上瘴气和寒冷，让许多兵士头晕目眩、肌肤浮肿，还得了夜盲症。清军硬着头皮踏雪前行，终于在1793年正月初二抵达西藏境内的达多伦巴图尔，正月二十到达拉萨，全程走完4000余里，费时50天，冻死冻伤20余人，战马死亡13匹。

福康安率清军翻越白雪皑皑的喜马拉雅山，是大清历史上绝无仅有的一次壮举。在中尼边境，他们抖落雪花，打起精神，在完全没有后援的情况下咬牙出击，背水一战，很快击退了廓尔喀人，一度打到距尼泊尔首都加德满都不到百里的地方。尼泊尔政府见势不妙，很快求和。

尼泊尔一役，震慑了英国人，从此对大清帝国有所忌惮，中国的西南大门相安无事。直到1876年《中英烟台条约》签订，清政府才允许英国人以旅行方式从川、甘、青或印度进入西藏。

英国人对"进军"西藏茶叶市场，虎视眈眈。之前英国东印度公司就在印度种植和发展茶叶，并多次派考察组来中国内地学习种茶和制茶技术。印度茶叶的丰收，无疑让时机成熟起来。自西藏亚东开关以来，印度和西藏的贸易大大增加：1893—1894年，孟加拉国对西藏的进出口总额仅为69万卢比，到1898—1899年增加了214万卢比（任乃强《康藏史地大纲》，健康日报社，1942年）。

1873年，清朝廷任命张荫棠为驻藏查办大臣。张荫棠态度鲜明，积极采取措施，力图抵制印茶入藏。他主张从外交上周旋，使印茶入藏无法取得合法手续，并试图以重税印茶来保障川茶之利权。他提倡在藏区试种茶树，就地发展茶叶生产并主张减少川茶课税，改善运输条件和经营管理，以降低川茶成本，提高川茶的竞争能力。张荫棠还拟设"官运茶局"署理川茶在藏区的运销业务。

1903年12月，英国为了扩大西藏贸易，发动了第二次侵藏战争。1904年（光绪三十年）3月，英军在西藏曲米森谷发动袭击，包围了1000多名藏军。藏军在赖丁代本的指挥下，面对架起机枪大炮的英军，拒绝缴械投降，英勇战斗，弹尽粮绝。英军对藏军官兵进行了一次极其野蛮和血腥的屠杀。

同年7月15日，震惊中外的江孜保卫战打响。获胜的英军，踏着西藏军民的尸体和鲜血，越过拉萨屏障江孜堡垒一路东进。9月8日，英军进入拉萨，用大炮包围了布达拉宫，逼迫西藏僧俗官员签订《拉萨条约》，其中有一条规定是，英印茶商可以在西藏自由销售印茶。

英国人用野蛮武力打开了西藏的大门，英国东印度公司紧随其后，利用军事优势，在商业上取得一个又一个特权。但由于印茶原料产自热带，饮用后容易上火，口感不如藏茶，又因机器生产的茶叶有机油味，难以被藏区人民接受，虽然价低却无人问津。

为了抵制英国人的企图，1908年秋，十三世达赖喇嘛吁请清廷出面，制止印茶销藏。四川总督赵尔丰在雅安、理塘、巴塘、昌都设立边茶公司，减少中间环节，迅速将川茶运往西藏，支持藏族聚居区抵制印茶倾销。滇茶也及时开辟了新的输送路线，暂不再经横断山脉北线进藏，改为西走缅甸转入印度，一样从亚东进关入藏。后来，川藏茶马古道一度受阻，许多四川茶商也选择这条迂回线路进藏。关山险阻长路漫漫，白雪皑皑，运茶大军的足迹在雪地上歪歪斜斜地向前延伸……

护茶之战和商贸繁荣

2016年西藏博物馆的展览中反映，在那场阻击印茶的商贸大战中，拉萨的昌义号和其他知名藏商如“帮达昌”“多昌”“日升昌”等，也毅然加入抵制英国人主导的印茶入藏的抗争中。昌义号还分出人马坐镇拉萨城，开店建仓，只收入藏的滇茶和川茶。一时，茫茫雪域旌旗猎猎，马蹄嘚嘚，铃声叮当，拉开了维护权益的峥嵘战幕……

西藏人常会引用《格萨尔》里的一句话来表白：“汉地的货物运到藏区，是我们这里不产这些东西吗？不是的，不过是要把藏汉两地人民的心连在一起罢了。”当年十三世达赖喇嘛号召藏民抵制印度茶，也出自这样的情操。正是因为茶作纽带，汉藏人民有了一致的认同感。

不过，我朋友阿旺次仁认为，客观上，百年前那场英勇抵制印茶的商战，也从另一角度刺激了西藏自身的商贸繁荣，一定程度上打开了藏商的眼界。这也算是历史开的一个小小玩笑。我后来读俄国人顾彼得写于20世纪40年代初的《被遗忘的王国》，书中有些观点与阿旺的看法不谋而合。顾彼得这样描述印茶入藏30多年后他看到的情景：

“藏族商人和其他小商贩组成的大军，从冰天雪地的西藏高原下来，进入加尔各答闷热的商场和旅店。订契约、立合同，能用牦牛和骡子运走的东西立即购买。缝纫机、棉布、高级香烟，不管是美国造的还是英国造的，威士忌和名牌杜松子酒，染料、化工品、罐装煤油、梳妆用品和罐头，以及成千上万各种小商品开始汇成一条源源不断的河流，用火车和汽车运到卡里姆邦，迅速包装分发，用马帮运到拉萨……”（《被遗忘的王国》，云南人民出版社，2017年）

文脉未断，温暖如初。

那天下午，在西藏博物馆的展厅中，我还看到许多昔日拉萨地区骡马驮茶叶、盐巴行走的旧照片以及实物资料，受益匪浅，让我对这条伟大的远征古道有了新的认识。

展区负责人巴桑罗布介绍说，历史上，西藏充分利用茶马古道带来的方便，展示了汉藏文化的多方面交融，比如四川的黑茶到西藏后，西藏人民加入盐巴和酥油，就成了现在的特色酥油茶；拉萨甜茶，也同样是经过高原饮茶习俗的地域特色加工而成的。这也从文史考古角度，说明了汉藏人民以茶为媒进行的民俗文化交流。

巴桑罗布还提到，抗日战争期间，由于日军大面积高强度的封锁，滇藏茶马古道成为唯一的国际援华通道，许多国外援华物资，以及内地运往滇西前线的抗战物资，都要通过这条古道由马帮和人力运送。滇藏茶马古道地处三江并流地区，全是崇山峻岭，道路崎岖，有的地区甚至连骡马都不能通行，完全依靠人力挑运，其艰难程度可想而知。抗日战争后期，茶马古道上的支前马帮成千上万，为最终战胜日本侵略者出了大力。人们说：“滇西的抗战胜利，是马帮用马驮出来的。”这是对滇西马帮最高也是最恰当的评价。

走出博物馆，已是黄昏。拉萨街头华灯初上，与天上渐渐褪去的夕照相映成趣。大昭寺诵经堂里的灯火，成了灰蓝色天空下最醒目的亮点。浑厚绵长的梵音从诵经堂悠扬飘出，不但未破坏四周的宁静，反倒把静谧又抬高了一个层级。这种静谧，当然是我眼中看不到的物象，而在我脑海里，却一直浮现着当年拉萨的赶马人踩着积雪疾行在高山密林的情景。我觉得，那条摩肩接踵的马帮之路，已超越漫漫时空，依然带着青稞酒和糌粑的气息，向历史的深处延伸……

/
/
/

离开马帮后，仨兄弟卸下了重担也卸下了生活的责任，变得丢了魂儿似的无所适从……马帮不再出征就像猎人不再打猎、渔人不再出海，他们悲伤地感到了一种自然生活方式的终止。

意志的死亡

郭宏农老人去世后，他的遗体被村寨的人用白色氆氇裹上，用土坯做垫，放在灵堂的一角。几个喇嘛从早到晚念经，超度死者的灵魂。让人奇怪的是，曾与郭宏农生死与共的两位马帮兄弟次仁桑吉、朵基尔甲好像很平静，他们默默带来一壶酒、一条哈达、一盆酥油和一把炷香，坐在灵堂前，半天不说一句话。

郭宏农是汉族人，他死后没有按藏俗搞天葬或水葬，也没有土葬（在藏地，土葬被认为是不大名誉的一种葬法），而采用了火葬，家人将他的骨灰抛撒在山顶，伴着天上的彩云随风飘去。

那天上午出殡后，望着老朋友的骨灰飘逝在空中，次仁桑吉、朵基尔甲呆坐在荆棘丛生的山岗，突然抱在一起老泪纵横，哭得像个孩子，好像这哭泣是他们早已约好了似的。秋风摇曳着山岗的风马旗和经幡，发出簌簌的声音，像是在鼓动他们心中的悲凉。

这幽幽哭声，倾诉了三位马帮兄弟几十年来所有的情谊。

更奇的是，两年后一个月落西山、秋风萧瑟的夜晚，次仁桑吉离开了人世，再两年后朵基尔甲也走了。荒草枯树和皑皑白雪伴着长眠地下的三人，他们应该是相约去另一个世界继续做好兄弟了。三个人的寿命都不长，其中次仁桑吉只活了58岁。

这是1975年前后的事儿了。离今天已很久远，久远得犹如鹧鸪山上空那片游走难寻的彩云。

当时村里人认为，三个马帮兄弟与其说是身体的死亡，不如说是意志先于身体而死亡。

2010年夏秋，我和几个摄影朋友自驾从汶川、理县，翻鹧鸪山来到马尔康，次日又去了这个叫朵博村的美丽藏寨。我们想在那里拍些不同味道的片子。

朵博村，位于马尔康北部70多里处的山峦间。汽车绕山行驶，弯弯曲曲，越是接近山顶，经幡越多越密，绚烂招摇，触目可及。进村看，汉式、藏式民居栉比鳞次，墙柱混合承重，石砌为墙，家家户户窗台上，都开着娇艳的格桑花、蝴蝶花、菊花、喇叭花、海棠、玫瑰、夜来香等。村东头有条小河，河水清澈透亮，映着蓝天白云，水上浮游着十多只鸭子。四五个孩子光着身子在河里嬉戏玩乐，不时有蜻蜓在他们头上飞来飞去。人称“高原桃花源”的朵博村，名不虚传。

马尔康藏式民居（李贵平摄）

我们下榻的农家乐，就是郭宏农的儿子郭守春开的。

郭家屋后，是一片蓬蓬勃勃的庄稼地，种满苞谷、辣椒、南瓜、冬瓜和西红柿。苞谷长势喜人的时候有两米多高，玉米棒举起了饱满的拳头。夏日的傍晚，庄稼丛里的蟋蟀、蝉虫开始唧唧唧唧闹个不停，似乎很不安逸这里的过于宁静。

在59岁的郭守春的记忆里，父亲郭宏农在世的最后几年，经常惶惶不安，总像有什么重要东西丢失了想找回来。他有时还莫名其妙对家里人乱发脾气。蹊跷的是，次仁桑吉、朵基尔甲两位大叔也是这样，又跟早已约好了似的。村子人看了既难过又疑惑。在他们看来，仨老人怎么年纪越大越没活明白，这是在跟谁较劲呢！当然，他们还是一直尊重几个老辈子。

郭守春说，父亲生前常和次仁桑吉、朵基尔甲背着手在村里转来转去，有时坐在树下、河边聊天，一聊就是大半天。夏天，有月亮的晚上，蟋蟀在树丛里叫得欢，他们邀约出门闲逛，随便找个院子坐下来，借着月光帮主人家边掰苞谷边摆龙门阵，话题，也大多跟赶马人和茶马古道有关。

按说，这样的生活是很惬意的，但老人们一点不快乐；不快乐的原因，竟然是“闲”出来的。很多人却没想到。

郭宏农、次仁桑吉、朵基尔甲年轻时都是当地有名的赶马人，年纪差不多，都出生于1918年前后。兵荒马乱年代，郭宏农从灌县（今都江堰）跟父亲逃难来到马尔康。1942年前后，身体健壮、练过几手拳脚的郭宏农搞了个小马帮，有七八个人，主要运输西路边茶和一些农家用具。小他两三岁的次仁桑吉、朵基尔甲是他的搭档。

马尔康，藏语意为“火苗旺盛的地方”，是川藏茶马古道川、甘、青三省藏、回、羌、汉商进行各类贸易的交汇地。朵博村有一条古盐道连接马尔康，故而沾了不少民间商气。

清乾隆年间，由于朝廷主导，官方茶马交易渐渐落幕，但顺着千年茶马古道的巨大气脉和历史惯性，后来几十年直到20世纪50年代中期，康藏地区民间的茶、马、羊毛、药材、矿产、布匹、锦缎、皮革、毡毯等商贸交易，依然红红火火进行。事实上，凡是没通公路的地方，都依然有马帮的影子。

当年，郭宏农带着次仁桑吉、朵基尔甲，行走在马尔康到灌县的骡马道，路线大致是：从卓克基往南进入纳足沟，翻越梦笔山，经小金县（懋功）再翻越红桥山，经汶川到灌县，往返需五六十天。

他们分工合作，运作默契，商队有十二三匹上佳骡马，也有小型自卫队。郭宏农是马锅头，朵基尔甲负责照管驮畜并保管物料，次仁桑吉懂些兽医常识，力保骡马少生病。有时，来往的两队马帮，在冰雪湿滑的狭窄驿道相遇，走在前面、挂着驳壳枪的郭宏农就发出信号，指挥人畜安全通过。如遇山洪暴发，河水澎湃，所有人齐心协力，将货物卸下后安排在皮筏子渡过去，牲口则在浅水处蹚水过河。

三人亲如兄弟，日夜相伴，互相照顾，20多年来漂泊在驿道上，候

三兄弟当年用过的工具（李贵平摄）

鸟般飞来飞去，早已习惯了这种生活。走货途中，危险无处不在，用次仁桑吉的话说，他们是把脑袋挂在腰带上的，一脚生门，一脚死门，行时搭帮结伴，住时把杯问盏，谁也离不开谁，有过命的交情。

1951年5月，国家开始修建连接马尔康并西去炉霍、甘孜、德格、江达、昌都的317国道（俗称川藏公路北线），到20世纪50年代中后期，马尔康周边的公路越修越多，汽车也越来越多，跑骡马的人渐渐少了。三个老哥们只好找些暂不通公路的偏僻乡村，运送些茶叶和其他货品。十多年后，村寨机耕道也越来越多，车子突突突跑得欢，运输的量也大得多。仨兄弟一声叹息，怅惘茫然，很是不舍地结束了马帮生涯。当时是20世纪60年代初期，他们都才四十六七岁，在马帮行业还算年富力强。

闲下来后，精壮的肱二头肌少了鼓荡的机会，渐渐松弛下来，他们有些无所事事了，经常背着手在村里瞎逛。蓝天高远，山水迢遥，外面的世界一天天变化，但他们的心头一天天发霉。

他们运茶当然赚了些钱财，子孙也算是“富二代”，在村里盖了几层楼的瓦房，添置了最好的家电。次仁桑吉的儿子还是周边最早买小车的小老板。郭守春在20世纪90年代，开了个农家乐。老人们衣食无忧，但依然乐不起来，除了互相之间聊聊天，对其他事儿都提不起兴趣。对他们来说，如今的一切跟他们往昔跑马的日子，完全是两码子事。

那两天在朵博村，我跟郭守春摆谈几次后，对这个问题也产生了兴趣。我终于明白，老人们生前如此眷恋马帮生活是有缘由的，也算是一种职业惯性：他们经年累月，穿越在崇山峻岭，行走在丛林激流，牵引的不只是一匹匹骡马货物，更牵引着对家人、家族的责任。当然，很大程度，也缘于他们共有的“老顽童”心态。

工钱拿得多或活路干得顺的时候，三兄弟会放松心情，放慢脚步，欣赏一下自然景致。他们在轰鸣的水声中穿过云杉、桦木、竹林，绕过瀑布跨过乱石，与猴子、黄羊、野猪、松鼠、雪豹和小熊猫打个照面，目送它们钻进质地密实的红豆杉林里。头顶，那些看不到影子但歌喉动听的鸟儿，叽叽喳喳叫个不停，像是因为跟他们重逢而格外欢快。

事实上，任何人都忽略不了这样的景象：山川大地，壮美雄奇，晴空万里，人在几千米的高峰行进，蓝天仿佛触手可及，云雾在身旁环绕，犹如来到仙境。夕阳照耀下的雪山冰峰，金光灿烂，如燃烧的彩霞。葱郁茂密的原始森林，湍急奔腾的江河，清澈迷人的高原湖泊，都是一幅幅精美绝伦的图画。春夏野花烂漫，五彩缤纷；秋冬层林尽染，白雪映衬。马队随着山峦蜿蜒起伏，马蹄声、马铃声和赶马人的吆喝声混在一起，高亢的《赶马调》在高山峡谷久久回荡……辽阔天地，人间苍茫，让他们恋恋不舍。

这个道理我越想越明白，是的，大自然的美好馈赠，都不是士大夫的耳目感官专利，也不是常年闲居乡下，只和熟悉的人事打交道的人可以感受得到的。人的伟力，常常是附着在壮阔山水之间滋生的。

俗话说“人闲百病生”。三个老人退休后，变得无所适从。这在郭宏农身上表现得特别明显。短短十一二年，原本体格强健的郭宏农变得越发衰老：头发谢顶，听力下降，神态憔悴，眼光呆滞，手握力变小，连走路都趔趄了，也不大想跟其他人多说话，最后因心脏衰竭，患病去世。

好端端的一个马锅头，就这样悄无声息地离开了他渴望的热闹世界。

马帮不再出征就像猎人不再打猎、渔人不再出海，他们悲伤地感到了一种自然生活方式的终止。

那天下午，我们离开朵博村去马尔康的时候，公路两旁草色很浓，星星点点的小花点缀其中。云缝中投下的阳光，不断地移动变幻于大面积的色块组合之间，亮丽炫目，在草原上描绘出一幅斑斓画卷。

但此时，我的心情却有些沉重，我忽然想起一个寓言：挪威人喜食新鲜沙丁鱼，然而渔民们每次捕鱼归来时，鱼在途中就死了，只有个别船能带着活鱼儿返港。这原来有个奥妙：聪明的船主为了使鱼能活着抵港卖个好价钱，在鱼舱里放了几条鲶鱼，鲶鱼入舱后因环境陌生而惊恐乱窜，挑起摩擦和碰撞，而大量沙丁鱼发现这些个头大的“异己分子”后就会紧张起来，加速游动，从而保证了一条条沙丁鱼活蹦乱跳抵达港口。人们称这种现象为“鲶鱼效应”。

夏秋之季的马尔康清爽绚烂。远方，巍峨雪山以蓝若水晶的天空作背景，默然屹立，庄严沉默，画儿一般的彩林又抖动起一个季节的华美，树叶在轮回的岁月中挥洒阳光与月色。古老的梭磨河唱着不老的歌谣，生生不息温润着美丽的川西北高原。

“远去的马帮留在了岁月的年轮，尘封的记忆是一首沧桑的歌，古道的驿站回首的路，铺满的希望究竟是什么？”一首《茶马古道》让我遐想无尽。那条千年古道，真是扑朔迷离，犹如一张巨网，有踪迹而不定形，全凭世世代代的茶商和赶马人的苦行来传承。这张巨网，也让马尔康马帮三兄弟的故事，在时光的发酵中变得说不出的令人纠结。

第三辑

人物踪迹

/
/
/

1990年夏，六个年轻人从昆明出发，踏上中国人首次考察茶马古道的艰险征途，步行2000多公里，翻越几十座4800米以上雪山，九死一生。他们后来被称为“茶马古道六君子”……

茶马古道“六君子”

陈保亚站在甲居藏寨的楼顶，头上是瓦蓝的天空，风过处，似乎伸手就能抓下一把流云。星罗棋布的嘉绒藏族民居，静静地被群山拥抱在无尽的翠微里。远处，浑黄的大渡河泛起朵朵浪花，咆哮的激流好似不歇气地倾诉大自然给当地人的馈赠，一如通天彻地的阳光将丹巴人的脸庞照晒得格外黝黑。

这是前不久陈保亚一行参加藏羌茶马古道考察时，伫立在丹巴县甲居藏寨看到的情景。

故地重游的陈保亚心情复杂，顺着脚下这条滔滔大渡河，他的思绪仿佛回到29年前首次跋涉、探寻古道的日子。他对一旁同为北京大学中文系教授的孔江平说：“江平，还记得我们去茶马古道艰难考察的日子吗？”

峥嵘往事，犹如跑马山上溜溜的云，映入陈保亚的脑海中。他想，当年，正是因为那时年轻气盛、义无反顾，才和木霁弘等六个人，干了件算是惊天动地的事情。

香格里拉深藏古道

1990年6月底，云南大学中文系青年教师木霁弘，在结束了对中甸县志汇编的调查工作后，风尘仆仆赶回昆明，马上约同是云大中文系教师的陈保亚等人喝酒，说有要事商量。

见面后，木霁弘说，前段时间，他和大学同学徐涌涛一道去香格里拉金沙江流域考察方言，在和当地人的聊天中，听其中一汉子说，他曾赶马从塔城的古道西渡怒江去过印度。木、徐二人大惊，连忙来到塔城。在那里，他们果然看到一条石缝里长满野草的小道，向深山延伸。这条小道仅一尺多宽，人迹罕至。当地人说，顺着这条古路可以从维西往北去德钦，再从德钦进入西藏，最后到达印度。他俩越发兴奋，又来到一个叫塔村的地方，同样在山野里找到这样的古道遗迹。这个塔村很有历史，唐朝时，吐蕃和南诏的军队在此多次发生战争。战争结束后，南诏和唐朝军队把铁桥熔化了，铸成一座4米多高的铁柱，以表奇功。

更多的疑团，野草般疯长在他们的脑子里：那场历史上著名的战争必然会耗费大量兵力，那么，参战士兵、器械和辎重又是怎样运去的呢？莫非，真的有条神秘古道幽灵般存在？

木霁弘这一说，大家都有些兴奋。六个人彻夜长谈，星空点亮他们的探究欲望。以后几天，他们阅读了大量关于马帮和茶马互市的文献，越来越觉得有意思。一天晚上，陈保亚忽然将桌子啪地一拍："要不，咱哥几个去考察一下呢？"大伙儿一听，触电似的怔住了，马上也拍着桌子说好。

很快，一条形态模糊的"天路"，在这几个青年教师的脑子里嗖嗖勾画，类似如今一些愣头青看了鸡汤大咖的鼓动冒出说走就走的穷游念头，这在20世纪90年代初算是一种潮流，人人都有为了人生理想可上九天揽月的豪气。

他们开始锻炼身体，阅读了很多关于马帮和茶马互市的文献，制定了详细的考察计划。

出发前一个下午，他们六个人在云南大学一间单身宿舍合影留念。

那是一张不太清晰的彩色照片。照片上，散发着那个年头莘莘学子胸怀天下的青春气息：六人几乎都一脸稚气，有的好像还留着“山顶洞人”长发。左二穿枣红色藏服、紧抿嘴唇的瘦小青年，就是陈保亚。那一年，陈保亚33岁。

说走就走。

他们幽黑坚硬的目光，当然看不透山重水复间随时可能泛起的滔滔恶浪；他们稚嫩的肩膀，当然扛不起高山深谷随时可能倾塌的岩崩、泥石流……

跋涉中的生死经历

火辣的阳光，打在陈保亚、木霁弘、徐涌涛、李旭、王晓松、李林六张胸怀天下的脸上，催生了他们体内荷尔蒙的滔滔膨胀。1990年7月底，六个人迈出了一生中最不知天高地厚的一步，他们拿着从中甸县志办申请到的6000元经费，找到马帮师傅笃羁做向导，每人赶着一匹马，驮着行李干粮帐篷，扛起两支步枪，牵上80斤重的德国黑背狼犬嘎丢，并携带指南针、药品、墨镜、防晒霜、帐篷等用具，怀揣朦胧的希望出发了。

计划线路是：从云南中甸（今香格里拉）往西北出发，翻越横断山到昌都，再向东翻越横断山到康定，再转西南下稻城回到中甸。他们想通过考察，印证那条密如蜘蛛的古道是否真的存在，如果存在跟历史上的茶马交易又有什么关系。

这是一次惊骇之旅，遭遇各种生死考验，貌似成了后来好莱坞大片中的男主角。出门几天，才到滇北，他们就在荒山洞穴里，看到一堆白骨和骷髅，也不知是谁留在那里的。洞口，几只秃鹰扑闪着黑色的翅膀在空中盘旋，发出咝咝的尖叫，似乎在提醒他们此行不那么好玩儿。

的确，好戏在后头。

这年8月末，他们来到澜沧江畔一个叫竹卡的藏寨，刚才还阳光灿烂，转眼就电闪雷鸣。此时正是雨季，轰隆隆的雷电如一道火蛇咬破天幕，随即，滂沱大雨在疾风的怂恿下噼噼啪啪砸下来。大雨后，又是鸡蛋大小的冰雹猛砸下来。这时，前面有辆货车喘着粗气在湿滑的山路上疾驶，只听嘎吱一声，货车左边的车轮爆裂了，发出浓烈的焦臭味儿，车身醉酒似的摇晃着往前扑，幸好被路边一坨巨石摁挡住，才没坠下50多米高的河谷。这时，寨子里跑出个老人，捂着脑袋嘶叫："要塌方啦，快跑。"

果然，一团巨石在前方隐隐响动，声音越来越大，山谷轰鸣，人的耳朵都被震得发麻。跟着，一股洪水也凑热闹似的倾注下来，迅速收拢几条支流，汇成一大股泥石流，将道路堵得死死的。这一切，就发生在六人的眼皮底下，距离不过七八米。他们拍马就跑，幸好，若再晚点，不是被活埋就会被冲下山谷。

这时太阳又从云层里钻出来了。很快，他们瞅到30米开外的半山腰草丛里，有七八头野狼趴在草丛里密谋，看来想要打他们的主意。狼群发现自己暴露了，公然站起来摆开阵势，吐着舌头，摇着尾巴，四处逡巡，竖起的耳朵被阳光勾勒出毛茸茸的光晕，绿幽幽的眼睛闪着凌厉的冷光。六人收拢距离，翻身下马，亮出手中的猎枪、匕首、木棒和野狼对视，故意蹲在地上，鼓起眼睛，做出一副以毒攻毒凶巴巴的样子。身边的德国狼犬嘎丢，也咆哮着甩动发毛要猛扑上去。这样对峙好一阵，狼群面面相觑，觉得这一票不一定玩得过。很快，头狼昂头嚎叫一声，带众狼撒腿儿跑了。

六个人也吓得不轻，心脏咚咚响，还彼此打气鼓劲儿：莫怕，山野里乱跑不得。嘴里说不怕，心头是悬的。

9月中旬，过了昌都，东去康定的时候，需要翻爬德格县境内雀儿山四五座5000米以上的雪峰，更苦不堪言。5000米以上的风雪是致命的，暴风雪越来越猛，天气越来越冷，山上寸草不生，如果随身没有带够烧柴，根本没法儿取暖煮食。那天一早，天边现出鱼肚白，他们从帐篷里爬起来，塞了点干粮就出发。前方的路，是一条穿越岩石的上坡路，上坡路之后又是下坡山石路，因积雪变得特别溜滑。大风呜呜猛刮，冷雪扑面，他们拉着马匹一步步挪移，谁也不敢张口说话，一张嘴就会被沙子雪花灌得满满的。积雪最深处，几乎没及腰间。千沟万壑，白茫茫一片，很难分清哪是路哪是峭壁。更险的是，那些看似结实其实只是悬在半空的岩石，人和马若是踩进去，必定会掉进万丈深渊。如果没有找到适当的露营地，因暴风雪耽搁了行程，天一黑就会束手无策地被困在田野茫茫、荒无人烟的路上……

若干年后，他们一想到在雀儿山遭遇的困境，就不寒而栗。

冒险之旅，一次次差点要了六个人的性命。但他们咬牙牵马挺进，事实上也没有退路。总算老天有眼，没把他们逼上最后的绝路。

“六君子”发现了什么？

当然，这一趟没有白走。宽厚的横断山脉，安放了他们不安的青春。

在经过横断山脉高山峡谷时，他们发现，那里还保留着大量时代久远的古道遗迹，如众多的摩崖石刻、玛尼石堆，甚至石头上都有很深的马蹄印和“拐子窝”。

在左贡县东坝乡怒江之畔，藏民马夫飞渡溜索的情景让他们大开眼界。打着漩涡的急流上空横悬着一条绳索，绳索挂在两个山头之间，正好构成一个下坡。几名马夫系好安全带后，将被称为“瓦塔”的溜板挂在绳索上，瓦塔是一种用包着牛皮的带槽木环制成的溜板。把溜板挂到绳子上，就可以顺势渡河了——马帮是利用两个山头的高度差，靠溜板渡河的。这种横跨河面的绳索被称为“溜索”。过去，人们使用的是藤制绳索，民国初年后开始使用铁制溜索。马匹怎么渡河呢？马帮们有的是办法，他们将整匹马儿挂在溜索上，用绳索绑住马鞍的四角使马保持平衡，再将绑住马鞍的绳索挂到溜板上，马就嗖嗖嗖顺着溜索渡过去了。从远处看，耷拉着四肢吓破了胆子的马匹渡河的景象，就像飞行在空中一样。还没等马完全抵达对岸，溜索就会因马的体重而下垂，挂在溜索上的马开始摇摆不定。这时先过河的马夫就会在溜索上拴条小绳儿，将小绳往后拉并保持平衡。这样，溜索就能重新绷直，马也能安全渡河了。

他们发现，在横断山深处比如德钦县以西的偏僻山村和草原，老百姓对内地知之甚少，但许多人居然能讲娴熟的西南官话，这俨然是当地的“流行语”。他们分析，这可能是因为古道上来来往往的马帮足够多了，才使语言和文化得以浸染影响，比如一句“你喝茶没有”，可以从云南、四川一直问到西藏，甚至尼泊尔等地的人也听得懂。这是从语言角度，见证了当年茶马古道的繁荣。西南官话，是从明代开始，因移民西南逐渐形成的官话方言，主要分布在四川、重庆、贵州、云南、湖北等地。

他们还目睹了前往拉萨朝圣者的藏民：“在崎岖蜿蜒的山道上踽踽而行，有的将全身投伏在地，磕着等身长头前往心目中具有极神圣意义的拉萨，他们磕得四肢溃烂，面额鲜血淋漓，但眼睛的虹彩中却充溢着宁和而确凿的信仰之光。”六人中的李旭，在2004年出版的《九行茶马古道》书中，这样深情写道。

他们看到，古道沿途的驿镇中，多个民族经过长期密切交往，渐渐融合在一起，成为你中有我、我中有你、血浓于水的民族大家庭。这是高蹈在历史天空的一片动人光焰。

“茶马古道”由此命名

“3个月后，我们狼狈不堪地牵马回到昆明，但心头还是蛮高兴，路上有些趾高气扬。记得那天下午，街上有人挤在一起看电视剧《射雕英雄传》，瞅见我们几个脏兮兮的样子，眼睛都瞪圆了，以为是洪七公派来开丐帮大会的：个个衣衫褴褛，干瘦得像被人丢到洗衣机里甩过似的，头发蓬乱得像鸡窝，6匹和我们朝夕相处的马儿也差不多成了木乃伊。有个小男孩瞪大眼躲在妈妈怀里哇哇直哭：这几个叫花子，整哪样？

陈保亚笑着朝小家伙扮了个鬼脸儿。

这是一组用亿万个脑细胞和肾上腺素鼓捣出的数字：上百天时间，六个年轻人步行2000多公里，翻越几十座4800米以上的雪山，跨越金沙江、怒江、澜沧江等50多条激流险滩，收集记录滇藏川大三角地带语言文化、地理风俗等近百万字资料，拍下3000多张纪实照片，录存上百盘民间故事和方言的磁带，采集上千个实物标本……

六个人于1992年发表了关于茶马古道考察和研究的第一篇论文《论茶马古道的历史地位》和第一本专著《滇藏川大三角探秘——茶马古道研究》。“茶马古道”这一特殊的名称，开始在文献中迅速传播。他们没有料到，茶马古道竟有如此重大的文明传播史意义和商业价值；更没有料到，茶马古道竟会成为非凡的旅游热线。

由于这是国内外首次使用茶马古道这一概念，六个人，也很快被学界称为“茶马古道六君子”，引起关注。

无名小辈一下火了，成了名人，当然，也成了那个年代有理想、有抱负的好青年。

光阴荏苒，物是人非。荣誉晃眼而过，生活回归寻常。

十多年后，“六君子”中的王晓松因病去世，木霁弘在云南大学中文系，李旭在云南社科院，徐涌涛在玉龙雪山管委会，李林在云南迪庆州发改委，陈保亚在北京大学中文系。

“真的想念他们，想念那个年代。我觉得，那个时候，青春就是一壶烧酒，直愣愣仰头就喝，让人热血贲张。”那天下午，在一同乘车去泸定继续考察的路上，陈保亚对我说。他的眼里闪着泪光。

2010年7月初，为纪念中国茶马古道命名20周年，陈保亚又参加了一次滇藏川大环绕地理考察。

这次考察，是北大茶马古道语言文化研究课题组和云南大学茶马古道文化研究所联合组织的活动，路线是在1990年考察的基础上扩展了活动半径：从昆明出发，经过大理、昌都、拉萨、格尔木、西宁、兰州、临夏、若尔盖、松潘、都江堰、西昌、渡口、大姚，最后回到昆明。考察队员除了陈保亚，还有北大中文系孔江平教授等5人。孔江平近年来主要研究藏羌地区声调的起源和演化等课题。

“20年后的这次大环绕考察，囊括了茶马古道网络的主干区域。大凡世界屋脊带上跟茶马古道有关的重大事件，都发生在这个主干区域。”陈保亚用四川话告诉我。他的祖籍在德阳市。

“六君子”竖立的里程碑

其实，“六君子”不一定是最早发现中国茶马古道的探险者。

前几年，云南有研究者从德钦县图书馆里，发现了一张百多年前通往“香格里拉”腹地的茶马古道路线图。该地图印制于1875年法国巴黎出版的《地理社会》公报。当年，一位名叫弗朗索瓦·巴达让的探险家，从印度进入中国滇西北高原，他沿着崎岖险峻的茶马古道，先后踏访了巴东、白地、叶枝、茨菇、德钦、维西、中甸、贡山等地，记载了详尽的古道考察回忆录并绘制出地图。

但无论如何，“六君子”对中国人自己发现茶马古道并提上研究高度，还是具有里程碑意义的。

1999年，中国第五代著名导演田壮壮和“六君子”中的木霁弘相识了，此后他们与作家阿城一道前往滇藏茶马古道考察。2004年，田壮壮导演的中国首部高清纪录片《茶马古道系列之德拉姆》，在全球公映，引发震惊。

那以后，国内外专家、学者、游客，纷纷沿着他们具有里程碑作用的足迹，踏上万水千山，寻找那条神秘古道。

茶马古道，到底是一条什么样的“天路”？

作为国内著名的语言学家和田野考察者，陈保亚教授说，狭义的茶马古道，是指由昆仑山、祁连山连线以南，活动在青藏高原及其周边大山系的远征古道；广义的茶马古道，应该包括唐宋以后南北丝绸之路在内的整个世界屋脊带的远征古道。

简单说，茶马古道起源于唐宋以来“茶马互市”的习惯。从狭义来说，它专指古代（主要是明、清两代）以骡马运输茶叶的古道。

生活在川藏地区的人们，饮食中有大量的肉类和奶制品，需要饮茶来帮助消化，缓解身体不适。而中原地区由于战争、征发劳役等原因，对边疆地区良马的需求量也很大。两者互补，“茶马互市”应运而生。常年往来的贸易通道，便成了后来的茶马古道。

四川的茶马互市，应该是全国最早启运的。雅安市交通资料记载，公元前316年秦并巴蜀置蜀郡后，雅安始开青衣道干道。由于古代军事驻军和驿道管理的需要，为来往的军政人员和邮传士卒提供食宿方便，设置了塘汛、驿站（铺司）等。隋大业时（605—618），雅安天全县的碉门已形成一个很大的茶马交易市场，“以汉人之茶，易吐蕃之马”。《宋会要职官》也称：“蕃戎嗜名山茶，日不可缺……一百斤名茶，可换四尺四寸大马一匹。”（1995年版《芦山县志》）

木霁弘教授认为，茶马古道不仅是一条交通要道，更是历史文化的载体，伴随茶马古道而生的马帮文化、藏茶文化、商贸文化等，皆因茶马古道得以相互交融；茶马古道的艰险超乎寻常，然而沿途壮丽的自然景观可以激发人潜在的勇气、力量和忍耐，使人的灵魂得到升华，从而衬托出人生的真义和伟大。

/
/
/

明朝混沌年代，三兄弟颠沛流离来到川西坝子，其中老二改名隐居邛崃平乐，迁居花楸山，百年后传至李氏九世祖李洪楷的手里，他务农经商，成为一方富豪。

李家大院与花楸贡茶

国内叫“李家大院”的比比皆是，有别于山西运城万荣县的李家大院、湖南祁阳的李家大院，四川邛崃的李家大院有着十分传奇的经历，它是清代名商李洪楷所建，始建于咸丰年间，历经56年竣工。它是迄今成都周边保存最完好的一座清代民居，至今居住着李氏族人26户。值得一提的是，当年李家大院参与种植的花楸茶，曾经是作为“贡茶”而名扬四海外。

避世民居别有洞天

李家大院位于邛崃花楸山，是成都周边保存最完好、建筑面积最大的清代民居，具有典型的川西民居风格。在如今越来越多的老房子被拆迁翻新的今天，李家大院能够“苟活”下来实属不易，这跟它地处幽僻、独守宁静，尤其是李宅主张的“别处有洞天”避世气息，有很大关系。

去花楸山李家大院采访颇费周折。自驾出成都沿成温邛高速行驶60多公里至平乐镇，从平乐镇出发，进入山区经过小巧俊美的下坝场，再沿村道依山而行，经过一片种植黄金梨的山地进入竹海。竹海莽莽苍苍，深不可测。路旁有小溪，水清澈见底。车行竹林间，处处可感觉到空气中飘着的茶香味儿。在竹海中行车约半小时，即遇一处约40度的狭窄陡坡，车行至此需万分小心，挂手动挡慢慢上行。再过一道木桥，在六七株伞状百年楠木的映衬下，一座古城堡状的深宅大院便巍然矗立在眼前。

李家大院坐西向东，依山向谷，单檐悬山式木结构建筑。走进这座大院看到，青苔湿气很重，屋檐下，一对中年夫妇正在杀鸡，一只白色小猫儿躺在地上眯眼看热闹。瞅见我们这些不速之客后顿时竖起了耳朵。

这里的住户都是李氏嫡系的后人，共有26户85口人。和平年代，李氏祖训言犹在耳，架不住外面世界的精彩，从20世纪80年代末开始，李家青壮年大多出去做了工，有的在邛崃，有的在成都，有的出了省，平时少有回来。听说鲜有大富大贵的。

四合院天井很空旷，屋檐下，七八位从成都赶来游玩的男女躺在竹椅上聊天打牌。他们说从驴友的图片文字中了解到这个僻壤之地。他们想在这山色空蒙的地方洗浴自己的身心。

皇帝赐匾（李贵平摄）

进去看，四合院主室，供奉着李家先祖也就是九世祖李洪楷的神龛，香火不断。神龛上方，是李家大院的镇院之宝——光绪帝御赐的“皇恩宠赐”金字牌匾。牌匾上雕有二龙抢宝及金凤朝会图案，寓意此地龙凤呈祥。牌坊的柱础下是雌雄二狮，寓意吉祥太平。当年，李家以制茶和造纸为业，鼎盛一时。

院子四面由瓦房围合而成，红砂石板铺地，整个院落古朴大方，与花楸山的气质十分吻合。李家大院的建筑面积超过4000平方米，院落占地超过13000平方米，共有房屋149间，地方志说这里是川西地区保存下来的最大清代古民居。几株银杏和石榴树长得生机勃勃，成为院子里最好的装饰。

其他房子的花木雕刻也丰富多彩：松竹寓意挺拔、健壮、有骨气的儿郎；葡萄是蔓长多子；芙蓉、桂花、万年青凑一起，就是“万年富贵”。

相比山西的乔家大院、云南的承恩堂甚至四川上里古镇的韩家大院，李家大院实在是过于素朴了——没有砖雕，也难寻石雕，那些积年不扫、残破不堪的门窗雕花线条流畅、造型优美，隐约透出昔日大户人家的影子。世间任何繁华喧嚣的东西，都架不住岁月流年的无声磨蚀。

“我们祖上挺不容易的，经历了那么多的生死坎坷，也风光过好一阵子。”那位正在和老公杀鸡的李姓女房主，指着光绪“皇恩宠赐”“克绍箕裘”的匾额对我说。她还热心地告诉我，大院旮旯儿摆放着许多现在不易见到的农具、造纸、制茶和婚嫁用具，很有参观价值。

她说，现在的李家大院，表面看有点像一盘散沙，许多人常年见不到人影，也少有信息。但逢年过节或家族有重大事件时，李家大院就变了个样儿，比赶场还热闹，院子的房廊两侧站着族中长者，天井中密密麻麻站立着李氏后裔，锣鼓齐鸣，香火缭绕，白发长者大声诵读家谱家训。一年一度的李家祭祖活动，在川西坝子显现出一个古老家族的仪式感。

李氏落难千里逃川

主人家出示的《李氏宗谱》记载道：邛崃李家祖上原是浙江武陵人氏。始祖李朝佐，明朝万历年间进士，曾官任山东单县知县，为官一向以勤政爱民著称。李朝佐长子李延邦武举出身，任贵州守备之职。后来，李延邦无意中卷入官场政争，遭兵部尚书奏“通匪”，万历帝下旨满门抄斩。李延邦得到友人密告，遂令三子各带银四百两，乘夜潜逃入川。千里川黔道，望断不归路。绝壁万丈，层峦叠嶂，瘴气、酷阳、冻馁、野兽、泥石流蝗虫般袭来，沿途或为官兵敲诈，或遭匪患拦截，或受虎豹袭击，留下无尽辛酸……三兄弟颠沛流离来到川西坝子，其中老二改名后隐居临邛平落（邛崃古称临邛，平乐古称平落），后迁居花楸山，如鸟儿放飞消隐在葱茏山岭。百年后李氏一脉传至九世祖李洪楷，更是低调行事，小心翼翼经商待人。

蜀地四围皆山，距中原又远，土地膏腴，物产丰饶，自古就是远权势、避祸乱的上选之地。位于川西深山之中的邛崃，更是隐居的好场所。被后世文人传为千古佳话的西汉“文君夜亡奔相如”故事就发生在平乐附近。《史记·司马相如列传》写道：“相如与俱之临邛，尽卖其车骑，买一酒舍酤酒，而令文君当垆。相如身自着犊鼻裈，与保庸杂作，涤器于市中。”安居闲适的氛围在大山里无声漫漶。

千里逃难侥幸不死，族人惊魂未定，如履薄冰。李氏家族对政治的恐怖可想而知。为了务农经商，李氏后人从地势相对平整的李家河向茶竹资源富足的花楸山迁移，决定活出个人样。动乱年代，时局无常，难以把握，子孙后代若卷入是非，丢了身家性命尤为不值，故李家立下诸多家训，告诫后人。这一点，在李洪楷身上体现得十分明显。

李洪楷的家训是：做人处事，修身齐家，守成祖业。

1839年版李氏后人使用的《传家宝》书中，据说是首次出现了“洪楷献”三字，那是按旧时习俗烧袱纸所用的袱头纸。李洪楷在长辈面前自称“洪楷”，当属谦恭之意；而在此对后代儿孙的家训中也自称“洪楷”，一副慈祥宽厚、平易近人、谦谦君子的风范跃然纸上，也说明他颇为钟爱父辈给自己起的这个名字。李洪楷定下的家规，据说有洋洋洒洒五六十条，涉及道统、宗族、祭祀、修身、自律、邻里等方方面面，在家族内具有强制规范、约束性。

李家大院的后人说，先祖李洪楷是个熟读儒家诗书的读书人，头脑中装满了传统伦理，他会写诗文，善于交际，同时，他还是一位颇有成就的大商人。

种茶造纸一方富豪

李氏后人说，当年，身为一族之长的李洪楷日夜勤勉，修建了当地最大的纸厂。花楸山的慈竹是远近闻名的造纸原料，小工砍下来，放进清溪里沤个几日，待去壳后捞起，再入甑子蒸烂，挫碎成丝，拌上石灰封存月余，再蒸、浸、冲、晒、淋、蒸、漂……如是反复数次，最后上帘床揭张、火焙熏干，方始成纸。清末有“成都草纸半平乐”的说法，殊不知李洪楷所产之纸甚至经云南出境，一路卖到东南亚。他很快成了邛崃最有名的富豪。

李洪楷更大的生意还是经营茶叶。他远离政治，寡于社交，埋头在花楸山大面积种植黑茶，参与民间贸易。这种茶，主要是作为“南路边茶”经荥经翻大相岭，过宜东、化林坪，走泸定到打箭炉（康定），易名藏茶另行包装又运往拉萨。李洪楷还和临邛的茶商合作，发明了一种便于携带的“火蕃饼”，这种茶饼，每饼重40两（古制重量单位，16两相当于今500克），经过采、蒸、捣、拍、焙、穿、封等工艺制造，水分少体积小，不怕雨浸潮湿，方便长途运输。

由于藏地对茶叶的依赖，过去的茶叶生产经营，利润极大，不到七八年，银两就源源不断落入李家的府库。李洪楷做大后扩大贸易，支持慈善，还出资维修了火井到夹关之间的十多里驿道，开设数家马店，为民间贸易大做善事。这也算是他深感时局动荡、家族多舛、生存艰难，而“兼济天下”、回报川西乡亲的一份薄礼。

凭世世代代的造纸和种茶，李洪楷积累了大量财富。到清仁宗嘉庆九年（1804）前后，功成名就的李洪楷决定修建一座大型宅院。他带着当地最好的工匠翻山越岭，四处选址，最终看中了这处幽静的深丘之麓。此地青山环抱，宅基坐西朝东，每天清晨总能沐浴到第一缕阳光，意为“紫气东来”。规划中，该宅院后靠崖，前临坎，避寒风，纳朝阳，即山取水，顺坡排污。到咸丰十年（1860）左右竣工，前后经历56年，最终成就川西坝子清代民居的恢宏建筑。

之后一百余年，李氏后人和其他家族一样，经历了中国最动荡不安的年代。宣统死了，溥仪下台了，军阀混战，内战结束了，日本鬼子又来了……外面的世界纷纷扰扰，但什么样的腥风血雨，也架不住族人安安静静坐在深山宅院里，借着皎洁的月光掰苞米。

李氏主人还告诉我，前些年房地产红火，李家大院古色古香的风貌，引起一些商人的注意。四川有几家实力雄厚的民营企业打算斥巨资收购李家大院，在原址打造一个老院子“世外桃源”。这一建议遭到李氏后人的反对。他们表示要恪遵祖上“苟全性命，不求闻达”的训诫，再穷也不能变卖祖产。在他们看来，如今的许多古镇早已成为喧嚣景区，传统民风浸染上拜金的味道，人情越来越淡薄，但地处深丘之麓的李家大院始终独守宁静，保留着原生态的原始建筑样貌，更维系着李家人脉的百年情怀。这是无价的。他们谢绝出售。

告别李氏后人，走出院门，沿着原路自驾返回山脚，竹林清新，溪水淙淙，雀鸟欢唱。回头一望，夕照下的李家大院被裹上一层金色的光波，转过弯弯山道，竹影摇曳，雀鸟声歇，李家大院再度“隐逸”不见，如风吹云散，不见踪影。

我后来从邛崃地方志了解到，李家大院所在的花楸山，产茶历史非常古老，可追溯至秦汉时期。花楸茶还曾是西汉辞赋大家司马相如作赋的常见题材。花楸茶作为皇家贡茶，在宋代就已见诸记载，如《元丰九域志》云："邛州有火井茶场（今邛崃花楸山地区），邛州（火井）贡茶，造茶为饼二两，印龙凤形于上，饰及金箔，每八饼为一斤，入贡。"清康熙年间，邛州知府刘建国携花楸茶叶入朝进贡，康熙在品评各地进贡茶叶后，御封花楸茶为"天下第一圃"，更加肯定了花楸茶在中国贡茶史上的地位。

/
/
/
历史上，邛崃山南麓和云南的部分茶马古道，由于仍沿用原来的南丝之路驿道，故成为南丝之路的一段重合延续。西南边地出产的骡马、毛皮、药材和茶叶、布匹等，在横断山区川流不息。

司马相如与西南夷古道

公元前122年（汉武帝元狩元年），张骞出使西域回来，向汉武帝汇报说，他在大夏国看到了两件东西，都是四川的：一是邛竹杖，一是蜀布。张骞说他问当地人，你们咋得到这玩意儿的？大夏国人称，是他们的商人从印度买回来的。

司马迁《史记·大宛列传》也记载了这事儿："臣在大夏时，见邛竹杖、蜀布。问曰：'安得此？'大夏国人曰：'吾贾人往市之身毒。'"

大夏国，在今阿富汗北部。身毒，古印度的别译。

这说明，早在两千多年前，中国四川造的商品就已通过奇险古道，跋涉千山万水，开启了出口贸易。

一根邛崃拐杖引发的战争

当时，汉武帝听张骞这样一说，有些吃惊。他想不到，彼时丝绸之路已沟通了西汉王朝与西域诸国，但他这个皇帝竟然不知道，有一条不为人知的“秘道”，可以从西南蜀地出发经身毒（今印度）到达大夏（今阿富汗）。

这条秘道，被称为“蜀身毒道”，也就是现在说的南方丝绸之路。著名历史地理学家任乃强先生称之为“蜀布之路”。

沈福伟《中西文化交流史》（上海人民出版社，1985年）介绍，张骞跟汉武帝汇报了他在大夏看到的东西后，又大谈大夏国一直希望与中国通商做生意。张骞提出，若能开通蜀地的道路，离身毒国的路就更便捷，对汉朝可是有利无害的好事啊。

汉武帝觉得有理，他令张骞任中郎将，带300余人第二次出使西域。不久又命王然于、柏始昌、吕越人等去西南夷（西南少数民族地区）修路开道，顺便寻寻那个叫身毒的地方。

没想到，引发了一场战争。

这仗可不好打。当时，西南夷各部落势力并不买汉武帝的账，他们怕汉朝介入后会损害各自对贸易的垄断。于是跟汉朝虚与委蛇，修路也出工不出力。最初几年，大汉帝国根本没打通经西南夷前往身毒乃至大夏的商路。

汉武帝恼了，他决定动武。他想不来点硬的你几爷子就不听我这皇帝爷爷的话了，那还了得！

仗还没开打，南越就举起旗子兴兵造反。西南夷各势力也身不由己被拖入战争。最终，拳头大的是哥哥，汉朝大获全胜，西南夷各势力从此跪拜在汉武帝的脚下。

看来，一根小小邛崃竹杖，竟是汉朝打通（平定）西南夷的导火索，司马迁在《史记·西南夷列传》里感慨道：“然南夷之端，见枸酱番禺，大夏杖邛竹。”

南丝路上，商贾用邛竹杖助行

张骞在阿富汗看到的邛竹杖，其实就是竹子手杖的通称，相当于我

邛崃茶马古道（牦牛道）

邛崃骑龙山，凝固在岁月里的灵关古道

们今天在峨眉山、青城山看到的藤杖、棕竹杖、灵寿杖之类的东西，也相当于咱驴友使用的登山杖。

在中国古代，商旅运输货物主要依靠人力、驮畜。蜀身毒道，处在山川险阻的横断山脉地区，遥远险阻，坎坷逶迤，时有高山峡谷，悬崖绝壁，激流深涧，又常有野兽出没，商人往来其间，行走艰难，就需要借助邛竹杖来扶持，来助威。

这，就是邛竹杖最初的实用价值，也是它能够销往印度并转至阿富汗贸易的原因。

虽说只是一根普通竹子拐杖儿，但在古代文人眼里，那是个可以抒情的好东西呀。

南北朝庾信、唐代杜甫、北宋苏东坡、南宋陆游，都在诗文里赞颂过这种四川的竹杖。文人的想象力总是丰富异常，他们将邛竹杖赋予了人的品行和操守，或作为表达思念之情的载体。北宋黄庭坚的《邛竹杖赞》写道："厉廉隅而不刿，故窃比于彭耽之寿。屈曲而有直体，能独立于雪霜之后……"

1995年版《邛崃县志》载：邛竹杖，是利用罗汉竹制作而成的手杖。邛竹又名石竹、罗汉竹，原产于四川邛崃。邛竹杖由邛竹加工而成。《雅州府志》卷五之物产篇记载，严道县盛产邛竹，当地人制作邛竹杖的基本工艺是：用微火将采来的成年邛竹烤出水分时，用手工方法将之弯成钩状，再用水冷却以定型，遂成邛竹杖。

严道，地处今荥经县西南，是秦汉时西南丝绸之路牦牛道的起点。严道，作为古西南丝绸之路上的桥梁，南进之路是出城向西，翻越邛崃山（在今理县和金川之间）沿牦牛道入滇，再由滇（今云南腾冲一带）转至身毒国。

小小竹杖，撑起了南丝之路和茶马古道（灵关道）的伟大征程。

凉爽“蜀布”，在印度大受欢迎

除了邛竹杖，张骞跟汉武帝还提到了“蜀布”，说这种四川产的布料在印度边贸很盛行。

任乃强《中西陆上古商道·蜀布之路》一文认为：蜀布，其实就是苎麻，西人把苎麻叫作中国草（Chinagrass），原只我国才有，它适应于高温湿润的气候，对北方盐碱土和南方回归线下的强酸性土皆不能生长，只有长江以南的低山浅谷地带是它的原生地。四川盆地是否是原生产地还无科学证验。但它被人类取来织成布则是从四川盆地西南开始的：由蜀推行到巴，由巴推行到湘、赣、皖、浙，到东汉初江浙的苎麻布才开始行销到中原，称为“越布”。

邛崃本地，就盛产苎麻、亚麻、黄麻、剑麻、蕉麻等布料。这种麻布制成的产品，透气清爽，柔软舒适，印度挨近赤道，气候暴热，那里的人应该很喜欢穿这种布料。

任乃强也认为，蜀布，这种古代四川特产的苎麻布，是热带人民度夏的佳衣，非常凉爽透气，而这条商道的开通也主要是为了这种商品。所以一般人认为的南方丝绸之路，在他看来可称之为“蜀布之路”。

前不久，我在邛崃市固驿镇采访时了解到，这个镇在历史上是川西坝子盛产苎麻、棉纺织品的地方。清朝末年和民国时期，固驿地区还几乎家家户户有纺车。白天，人们忙完地头的活路，或者农闲时间就纺纱挣一点钱。纺纱车儿不大，制作成本也低，劳动强度也不高，一到天黑，月光之下，固驿每家每户在院子里一边聊天，一边吱吱呀呀地纺线织布，孩子们啃着煮熟的玉米棒儿跑来跑去，嬉戏玩乐，煞是热闹。

《华阳国志》卷四《南中志》认为，张骞所称蜀布，最初还不是指产于四川的布，而是西南夷哀牢国的工艺特产。

哀牢国，是澜沧江、怒江中上游地区的傣族部落小国。《后汉书》

载，哀牢国“宜五谷蚕桑”，称当地最有名的工艺特产是桐华布和兰干细布。这两种布原产于哀牢，经四川商人转手贩运，被张骞误称为“蜀布”。这种蜀布早在秦汉之际就已远销南亚和中东，人称“东方一绝”。

司马相如开凿西南夷古道

由于张骞那番话儿的鼓动，汉武帝的“南扩”雄心神秘的再次被激发。

于是，汉武帝令司马相如经略西南，开凿牦牛道，也想找到那个身毒国。《汉书·司马相如传》道：“相如使略定西南夷，邛、莋、冉、骁、斯榆之君皆请为臣妾，除边关，边关益斥，西至沫、若水，南至牂牁为徼，通灵山道，桥孙水，以通邛、莋。”

这里需要解释一下灵关道和牦牛道。

雅安荥经，是秦时所置的严道县，在严道以南的广大地域中，包括了牦牛及越嶲郡（汉代置）在内的地区。而在南到金沙江边的攀枝花，古代又居住着以牦牛羌系为主的众多民族。因此从汉代起，就把严道县经越郡（今属西昌）至现在攀枝花之间的一段，称为牦牛道。又因汉代曾在小相岭以北设“灵关”，史学界又将荥经到大理一段称为灵关道。

盐源附近的灵关道遗址

别以为四川才子司马相如只会写点词赋或撩个妹儿（卓

文君），就受到汉武大帝的欣赏，他的手段远远不止这点。

之前，汉武帝曾派一个叫唐蒙的大将军，去夜郎扩宽秦修的五尺道（夜郎国的核心在今黔西南一带），由于征发过度，又在黔南发生山体塌方，造成工匠伤亡，险些引发叛乱，汉武帝召回唐蒙臭骂一顿，复派司马相如前去安抚。

司马相如赴任后，急国家之难，尽人臣之道，及时缓和了这一矛盾，并和唐蒙将五尺道开通到夜郎，并招降了夜郎、僰等部落。接着，司马相如一鼓作气，又奉旨招抚了邛、莋、冉、駹、斯榆等部落，设置十余个县，边卡障碍得以拆除，道路得以打通。

这一套组合拳，玩儿得漂亮。

汉武帝想不到，一个耍笔杆子的人还能干出这等爽快事儿，他很高兴，“上以为然，乃拜相如为中郎将，建节往使”（《汉书·司马相如传》）。中郎将这个职务，相当于皇帝钦差，也就是两条道路建设的工程总指挥。

四川大才子再次显示了他的勃勃雄心，很快为朝廷开拓西南夷肃清障碍。至武帝元封三年（前110），西汉已在西南夷地区设置牂柯、益州等七个“初郡”，实行任用原少数民族首领“以其故俗，毋赋税”（《资治通鉴·汉纪》）的开放政策，并维护和修筑道路，移民屯垦，对当地经济开发与民族关系的发展，产生了深远影响。

有趣的是，当年司马相如所选择的道路走向，基本与今日的贵昆、内昆、成昆铁路走向大致巧合。

历史上，邛崃山南麓和云南的部分茶马古道，由于仍沿用原来的南丝之路古道，故成为南方丝绸之路的一段重合延续。这样，西南边地出产的骡马、毛皮、药材等和川滇及内地出产的茶叶、布匹、盐巴和日用器皿等，在茫茫横断山区的高山深谷间南来北往，川流不息，踩踏出一条商贸之道、文化之道。

/

/

/

任乃强身上只有一只粗测高度的气压表和一枚指南针。后来，测高压表坏了，他便用步度测示。这样测绘出的地图，其精确程度，竟与其后陆地测量局实测的地图可以堪合。

任乃强来到了康藏高原

在康藏文化尤其是茶马古道研究方面，著名历史地理学家、民族学家、近现代藏学研究先驱者任乃强先生，是一座“风光无限”的学术高峰。

受张澜资助考入北平农专

长期以来，任乃强在历史地理的研究中，形成他自己的特点。用他的公子、同样是藏学研究专家的任新建先生的话说：“他引入了人类学的田野调查，用实地考察与文献研究相结合来进行研究；他还特别注重地理环境对民族、历史的作用，采用史、地参证的跨学科综合研究。故任先生之作，往往左图右史，鞭辟入里，形成一种独特的学术风格。”

任乃强1894年出生在四川南充县双桂乡一破落世家。他父亲早年是个武举人，因牵扯到袍哥、义和团被抓进监狱。原本家里还有些薄产，但是为了要营救父亲，家里人就变卖家产，打点狱卒。最终，把人救出来了，家道也慢慢败落了。

任乃强在南充中学毕业后，受其校长张澜资助，考入北平高等农校，毕业后在《北京晨报》工作，后随张澜返乡，参与地方自治，任南充县实业局局长兼县立中学教务主任。1926年任乃强出于对历史地理的兴趣，在县中试开“乡土建设”课，后将教案整理成《四川史地》课本出版，被当时的乡村建设学院选作教材。

任乃强后来能取得巨大的学术成就，跟张澜的知遇之恩有很大关系。“我父亲能继续上学，要感谢的人，一个是张澜，另一个是他的大哥。当时张澜是川北道道尹，在县城办了所新式小学。他觉得我父亲不读书可惜，就给他免学费、食宿，让他去读。当然还是会产生些费用，父亲排行老幺，他大哥在家种田，听老师这么说，觉得家里可能会出个读书人，就竭力支持我父亲读书。他跟我父亲说，你不读书可惜，我就是累死也要供你读书。”任新建在接受媒体采访时说。

15年间四次去康藏考察

西康建省，是20世纪上半叶中国南方的重大历史事件。

在此过程中，除政治家外，还有大量学者热情参与，任乃强就是这些学者中的一员。

任新建《川大史学·任乃强卷》说，从1929年至1943年这15年间，任乃强四次来康，历尽艰辛，足迹几乎遍及今甘孜州全境。其中第一、二、四次均以康定为中转地，只作短暂停留，而第三次来康的近6年中，他和家人绝大部分时间居住在康定。

任乃强第一次来康定，是1929年春至1930年夏。当时西康建省，任乃强被刘文辉委任为川康边区视察员，负责西康建省的地理调研。这也是他首次进入康藏地区考察，考察路线与川藏茶马古道和今天的318国道多有交集。

第一次进康藏，任乃强带了两名年轻的助手，“登山必登其巅，遇水必溯其源”，历时一年多，任乃强以边务视察员的身份共考察了今甘孜州的泸定、康定、丹巴、道孚、炉霍、甘孜、新龙、雅江、理塘、巴塘等11县，为当时已入主康区的刘文辉撰写了《西康十一县考察报告》，同时开始了他的藏学研究生涯，完成并出版了《西康札记》和《西康诡异录》两部著作。

当时，任乃强每到一县，都写出完备的考察报告并附地图，也坚持每天写日记。他儿子任新建曾讲了个细节：当时测绘地图，还没有今天这样先进、科学的测量器具，任乃强身上只有一只粗测高度的气压表和一枚指南针。后来，测高压表坏了，他便用步度测示。这样测绘的地图，其精确程度竟与后来陆地测量局实测的地图可以堪合，足见任乃强功底之深、考察之实。

任乃强一辈子穿长袍，跋涉中，他穿着长袍围着黑绒线围巾，带着测绘工具行走在高原山川，非常不容易。

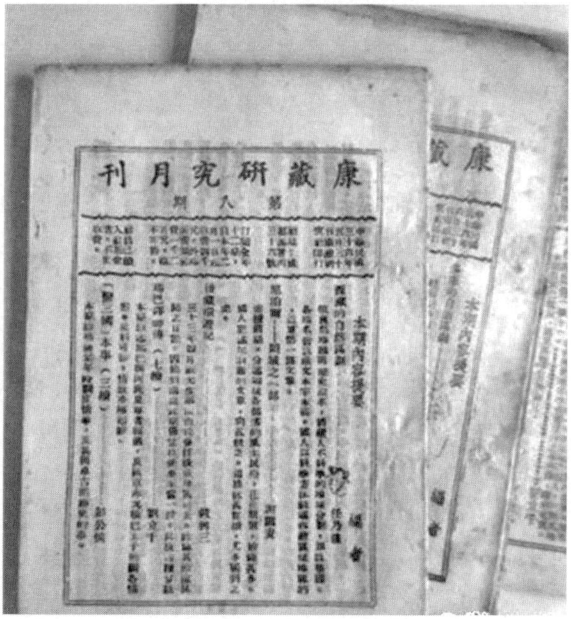
康藏研究月刊
第八期

任乃强20世纪40年代主编的《康藏研究月刊》

最终，任乃强用他的脚步和巨笔，为西康建省提供了重要历史地理依据，也为世人了解康藏开启了一扇鲜活的窗口。

回成都后，他将自己撰写、绘制的大量宝贵图文资料，交给了刘文辉。刘文辉惊喜不已，越来越器重任乃强，推举他为西康省建省筹委会委员。接下来，任乃强将他收集的数十万字资料，分类成300条，在1930年5月的《四川日报》副刊连载。

1931年春，应二十四军屯垦司令青如飞的邀请，任乃强第二次来康定，历时20余天，是他四次来康时间中最短的一次，主要工作是勘察二郎山公路的路线，顺便考察了大渡河沿线（泸定至汉源段）的七个场镇，被称为“河道七场”。任乃强还特地到康定，考察了榆林宫的长海子和干海子，然后翻雅加埂到磨西。他很快发表了《川康交通考》和绘制了二万分之一的《河道图说》等。

1936年9月，西康建省委员会迁入康定，作为建省委员的任乃强与当时任秘书长的杨叔明一道，携其家小来到康定。

任乃强后来在回忆笔记中说，1936年与他一道来康的家人，有妻子罗哲情措以及两个孩子，此外还有外甥张慕良、侄孙婿韩子锐，当时就居住在康定北门外的杨吉泰锅庄。

这次来康居住时间长达近6年，直到1941年主持西康省通志馆工作，才离开康定。

1944年，在华西大学（今四川大学）社会学系任教授，兼任华西边疆研究所研究员的任乃强，辛勤工作，使华西边研所完成了由本土学者取代外国学者的主导地位，还培养了一大批后学者，为国际学术界所推崇。

后来，任乃强与边研所当家人、著名学者李安宅教授一道，作为边疆考察团的先遣团队第四次入康，考察重点是康北的德格、甘孜、白玉、邓科（已拆县）4县。

考察完成后，任乃强在康定又待了一段时间，于1945年返回成都。

此次他们一行来康的主要研究成果，是出版了《德格土司世谱》及《藏三国初步介绍》《关于藏三国》等史地图书。

任乃强对康定可以说是了如指掌，对康区亦感怀甚深。在他的等身论著中，康区研究方面就达四五百万言。他是近现代以来外地来康学者中在康经历最长、贡献最大的学者，同时也是与康区和康巴人民感情最深的学者。

任乃强在《西康诡异录》中，对20世纪初内地商人在西康社会的活动，有着诸多生动而有趣的描摹。在他看来：西康尊重商人，也敬汉人，故亦敬汉商。对于汉商之所以在西康受到欢迎乃至受人敬重的原因，除了历史与政治的缘由之外，汉藏贸易为汉藏人民带来了实实在在的好处，汉藏贸易加强了民族融合与团结。

康地汉商的作用，早已超越单纯的经济贸易层面，而全面深入到汉藏两地社会、政治、文化、民族、历史等各个领域，其核心人物“汉商”，焉能不受重视？

在任乃强的记叙中，“西康汉善，陕人多于川人数倍，资本之雄厚，规模之阔大，态度之佳良，目光之锐敏，在康地商人中，皆为首屈。”用今天的话讲，双方商人在西康经济活动中，均诚信守约，加上汉商态度佳良，又颇有实力，又思想前卫、目光敏锐，这样的商人，何时何地，都是会让人肃然起敬的。

任乃强很感谢刘文辉对他的欣赏和重视，但他本人对刘的评价并不高。“我父亲觉得刘文辉就是个军阀政客，虽然他对自己很赏识，但还是不愿与他深交。”任新建说。

和罗哲情措的传奇爱情

任乃强先生的婚姻，充满传奇色彩。

2010年秋我第一次去康定炉城镇采访时，无意中提到任乃强先生，当时炉城的几位民俗文化学者，颇为兴奋地说："哎呀，任先生的夫人罗哲情措还是我们甘孜的呢！他们一家人当年就住在北门的彭家锅庄。他儿子任新建先生就是1939年出生在康定的。"

当年，在康定期间，任乃强一边从事西康建省筹备工作，一边积极从事康藏研究，他先后在《康导月刊》《新亚细亚月刊》《西南边疆》等杂志上发表了大量藏学研究文章。他深谙康区社会，还身体力形开发康区和解除藏族民众疾苦。

除撰写《西康蕴藏的富力与建设的途径》《办理牧站联营废除乌拉意见》《建议设立公运局办理牧站联营期能永废除乌拉以纾民困而利交通案》《发起西康垦牧公司宣言》《川边垦牧公司经营事业计划》等文外，他还投身于"牧站联营"和"川边垦牧"的实践。

任乃强还与著名学者刘立千共同完成了《西藏政教史鉴》的翻译和校注，完成了《芃野尘梦校注》《泸定导游》《康藏史地大纲》等著作。

闲暇之余，任乃强喜爱戏剧。兰文品在《汉族戏曲在康区的发展》中写道："任乃强先生鉴于康定群众文化生活贫乏，鸦片、赌博泛滥，失学无业青年甚多，即在泰晋会馆（今泸定县文化馆）成立'游艺宣传队'，任唐云为队长，招收城乡藏、汉、回族失学无业男女青年三十余人，由罗华斋带

任乃强晚年手稿

头，聘伯雍教乐器，雷春洪教练功和唱，聘票友晏相臣、杨德明等为教习。并会同其他票友，教会一场即演一场……”据说，任乃强还亲自编过戏。

杨鸿儒刊发在《西藏研究》杂志1991年第一期的文章《辛勤耕耘一生的任乃强》，写到了任乃强和他夫人罗哲情措相识的故事。

任乃强先生第一次去康藏高原考察时，还不识藏文，不懂藏语。那次考察中，他深感雇用通司（翻译）转译之积弊和不通藏文而去研究藏族文化的困难。

为了日后工作方便，当任乃强行至瞻化县（今甘孜新龙县）时，闻知上瞻总保（头人）多吉郎加的外甥女罗哲情措长于藏文，待字闺中，而且她长得很漂亮，身材窈窕，一双大眼炯炯有神，为人落落大方。任乃强遂托人前往商娶。罗哲情措见到任乃强后，很快被这个敬业、聪颖的年轻学者吸引了，也愿意跟他多在一起。

罗哲情措生于昌台牧场，出嫁时，她完全不懂汉语汉俗，夫妇对话也需翻译。但罗哲情措极聪慧，学什么都来得快，她婚后随任乃强西行并管理家务，应对宾客。婚后，任乃强始知通藏文者实乃其祖，因罗哲情措仍能帮助他学习藏语，亦携与同行。及至1935年，任乃强作西康建省委员时，罗哲已能用汉语写短文了。

四川学者岱峻《弦诵复骊歌——教会大学学人往事》书中也介绍道：罗哲情措随任乃强来成都后，从事藏汉文化之沟通工作，她历任西康省政府宣化员、西康妇女会常务干事、西康白玉县国大代表、国民政府宪政督导员等职。但她最尽心的还是做丈夫的学术秘书。她先后辅助先生完成了《西康图经》等著述，也动笔写下《我在国民大会的提案》《我的家乡》等文，对藏民日常生活、性格特征等都有极为生动真切的描绘，对近代史上的“甘孜事变”也提供了珍贵的第一手资料。

王开队《任乃强的西南历史地理研究》也写道：当年罗哲情措是任乃强康藏研究社的“管家”，诸如募集基金、印刷发行组约稿件等杂务，件件都落在她肩上。她管理账目，有条不紊，俨然成为任乃强工作、生活中不可缺少之有力助手。

罗哲情措还以宣化员之名为刘文辉招抚了几家土司。1948年又经刘文辉提名被选为国大代表。

可惜，罗哲从小身体不大好，后又患有钩绦虫寄生虫病，多方治疗无效。1949年7月，她与世长辞。罗哲的早逝使任乃强极度悲痛，他关闭了位于成都藩署街36号以自己私宅作办公场地的“康藏研究社”，以寄哀思。之前，其学术性刊物《康藏研究月刊》也因各种原因停办了。

关闭康藏研究社让人唏嘘，康藏研究社成立于1946年，任乃强当时的这一举措在国内外都引起了广泛赞誉。这也是他对当时注重实地调查风气的积极响应。他后来对泸定地区的考察涉及该区的边界、名胜古迹、人物、风俗观念、交通状况、政区演变、经济发展变迁、民间传说、文化民族分布、宗教信仰、物产、自然气候、金石碑刻、乡土志书等，可谓这一地区的百科全书。1950年春，他向贺龙提供了详细的用于和平解放西藏的西藏地图，这也是他多年来史地综合研究的伟大成果之一。

不负父母厚望，任乃强先生的儿子任新建，后来也成了在全国藏学界都很有影响的藏学家，担任四川省社会科学院康藏研究中心研究员、四川藏学会副秘书长、四川省学术技术带头人等。

/
/
/

“跑马溜溜的山上，有座溜溜的城。多情的藏客，爱着家中贤妻，思念远方卓玛。贤妻却不恨卓玛，同桌共饮酥油茶……”

溜溜调传人毛云刚

《康定情歌》，是高蹈于世界音乐苍穹的一道炫目绝响。但很多人不知道，这首著名情歌，竟是由甘孜州古老的“溜溜调”演变而成的。目前在整个甘孜州，能唱这种最纯正溜溜调的只有一人，他就是毛云刚老人。

2016年夏，我来到康定市炉城镇采风，在当地朋友的引导下，去南芜村三组找到了这位在康定家喻户晓的农民歌手。

李家大姐张家大哥有原型

毛云刚是土生土长的康定农民，生于1949年。他的先祖当过赶马人，主要运输从康定经雅江、理塘，到芒康、昌都的藏茶。父亲也做过马帮，唱得一口好民谣。毛云刚从小随父学艺，14岁独立表演，是目前省级非物质文化遗产“康定溜溜调”的传承人。他记忆力超强，能唱千余首康定民歌，演唱时可见物唱物、见人唱人、见景唱景，随口飙出几句都生动有趣，被邻里乡亲尊称为“情歌汉子”。

毛云刚居住的南芜村三组，就在炉城镇附近的半山腰。看到我们从外地来看他，特别开心。进屋后，他先让家人端来热腾腾的酥油茶请我们喝，笑着说："想听康定情歌和溜溜调吧！让我先讲一讲酥油茶中的爱情故事如何？"

毛云刚说，康藏高原的酥油茶里，凝聚着一段罗密欧和朱丽叶式的浪漫爱情。很早以前，两个部落土司的子女文顿巴和美梅措深深相爱，但他们的家族互为仇敌，美梅措的父亲派人杀害了文顿巴。在为文顿巴举行火葬仪式时，美梅措突然跳进火海，以身殉情。两人死后，美梅措的灵魂飞到内地变成茶树上的茶叶，文顿巴的灵魂飞到羌塘变成盐湖里的盐。每当藏族人打酥油茶，茶和盐再次相遇，融为一体，不离不弃。

接下来，毛云刚书归正传。

按毛云刚的说法，溜溜调产生于清乾隆年间，当时，炉城镇有远近有名的八大寨子。那时，大伙儿无论是赶马运货、修建驿道，还是下田干活、婚嫁丧葬，都喜欢唱这调调儿。

溜溜调有长调短调之分，长调悠扬动人，短调朗朗上口，其歌词、韵律与后来的《康定情歌》差不多，但在一些装饰音、尾音和节奏、轻重上更显悠扬婉转，更有川西草原的"土味"。

毛云刚说，溜溜调与《康定情歌》结缘有个真实故事：清朝末年，四川荥经县有个叫张自才的男子，随他当马县帮的阿爸来到康定做生意，一天他认识了18岁的漂亮女孩李桂英，李是北川人，很小也随阿爸来康定卖凉粉。

滚滚折多河，携带着高天的空旷和山野的气息穿城而过。河畔，俊朗壮实的张家大哥和美丽温柔的李家大姐经常唱着溜溜调约会。金风送爽的黄昏，两人拉着手儿爬上跑马山。秋夜，山风吹拂着他们青春勃发的身体，弯弯的月亮勾起爱的欲望，白桦林里，两人越走越近，相拥入怀，喜鹊儿叽叽喳喳从他俩身边羞涩地飞走了……今天的跑马山有个"情人池"，据说就是纪念他俩而修建的。

那以后，带着康藏高原粗犷气息的溜溜调，掺和了四川汉族民歌婉转韵律的“康定情歌”，开始回响在川西北高原，响彻在华夏大地。

“教”谭维维等明星唱《情歌》

毛云刚告诉我们，要说唱溜溜调，他的先祖是过去康定八大寨子中唱得最棒的人。溜溜调里，有很多是赶马人在驿道运茶时即景生情创作出的，大伙儿觉得好听，就你唱我唱地传了下来，唱到毛云刚这一辈已是第六代了。

20世纪60年代初，毛云刚本来在炉城镇有个正式工作，因他过于入迷唱歌，加上那些年溜溜调被视为靡靡之音，他丢掉了铁饭碗。但他并不后悔，回农村后仍边劳动边唱民歌。

20世纪80年代中期，毛云刚在康定的一次歌咏大奖赛中，被请去演唱《十二杯酒》与“溜溜调”。虽是仗着酒兴唱了两首，可他一鸣惊人，惊艳四座，大伙儿听傻眼了，很快家喻户晓。以后，村子里遇到红白喜事，都要请毛云刚出山，唱几曲溜溜调助兴。

毛云刚没把溜溜调的舞台局限在康定家乡这个旮旯儿。这些年，只要有机会，他就走出去，在更大的场合一展歌喉，有几次他还来成都吟唱过。

1988年夏，毛云刚和著名藏族歌手亚东一道，在跑马山上引吭高歌。亚东被誉为“高原歌王”，声音嘹亮高亢，浑厚清晰，之前他就很喜欢唱藏族情歌《十二杯酒》，但在长调上有些拿不准。毛云刚很喜欢这个性情直爽的小伙子，耗了几个晚上耐心教他。“亚东后来的成名曲儿《康巴汉子》《卓玛》，都有咱溜溜调的味道呢——他很快火了，有那么多漂亮妹儿围着转，不像我糟老头儿一个，唱歌时姑娘都闭着眼听。”毛云刚风趣地说。

20世纪90年代末的一天，成都女歌手谭维维专程从成都来康定，找毛云刚请教《康定情歌》的原生态味道。那时谭维维还不怎么出名，她请朋友开了十多个小时车来到康定，提着礼物，满头大汗爬坡上坎，在南芜村找到了毛云刚。

毛云刚见这女娃子人实诚、机灵，对演唱又很用功，乐了，他先是让她唱了几句四川民歌，觉得她基础还扎实，就教了她七八首溜溜调，尤其在长调的轻重缓急上，他把老底子都抖光了。

2015年初，毛云刚听谭维维在“我是歌手”第三季里唱《康定情歌》，乐得跳起来，大声叫好。但他闭眼听了几句，发现谭维维在唱到“李家溜溜的大姐”一句时，没把弯儿转好。“转陡了点，那要不得。我当时急得跳起来，在电视机前使劲跟谭维维摆手，可惜她看不到呀。”毛云刚越说越兴奋。

2015年12月25日晚，“康定溜溜调”非遗项目走进北京卫视大型文化传承节目《传承者》。节目中，毛云刚代表四川康定溜溜调唯一的传承者，携手女歌手龚琳娜登台演绎了原汁原味的《康定情歌》。两人将康定溜溜调与黔东南民歌结合起来，一个粗犷，一个华丽，一个阳刚，一个阴柔，珠联璧合演绎出别样风味，观众听得连连喝彩，掌声不息。节目最后，毛云刚站在舞台上，面对黑压压的观众有些不知所措，他噙着泪水说：“谢谢大家喜欢溜溜调。我希望这古老的山歌会传承下去，传遍全国乃至世界各地！”

“溜溜调不能丢失在我手头”

要将溜溜调传承下去，当然得有合适的接班人。

很早以前，毛云刚就成了康定城的名人，为了传承下去，他最早是把溜溜调传给了他的小女儿毛发雨（音）。

毛发雨是个漂亮的“80后”妹儿，个子窈窕，容貌俏丽，她的声音清亮干净，如山泉叮咚。女儿性格开朗，曾多次凭溜溜调参加甘孜州山歌赛并拿过大奖。当年她在康定某宾馆，还经常应邀给贵宾唱溜溜调，名气也越来越大。

毛云刚是个细心的父亲，他怕女儿唱溜溜调唱不出最好的味道，就经常跑到那家宾馆帮她把脉指导，比如当女儿唱到“李家溜溜的大姐”时，他会指出她哪里该把声音拖长放低，哪里该转个弯儿。他还经常忍不住“越俎代庖”直接开唱。每次老人家一来，那家宾馆的老板就笑嘻嘻地像待明星似的看座、敬茶。老爷子唱的时候，气场极好，服务员绝对不能出声儿，即便轻轻咳嗽一下，也要遭老板扣罚奖金。

除了女儿，毛云刚还将溜溜调教会他的幺兄弟毛云清唱。毛云清小他七八岁，嗓子很好，以前也唱过民歌。毛云刚自己，还不定期地在南芜村小学开办培训班，教孩子们唱溜溜调。“我不希望老祖宗流传下来的东西，丢失在我手头呀。”他说。

每每家里来了客人，毛云刚都要抱出一本发黄的手抄歌本给大家看。这是他耗时三年多整理的1300多首康定民歌。“我只有初小文化，搞不懂创作。但我记性还算好，这些溜溜调是我一边唱一边凭脑壳‘抠’出来的。”毛云刚说，“幸好，有个湖北小伙子还帮我誊写了不少。”

原来，2012年夏，一名来康定旅游的湖北小伙子提着两瓶酒慕名找到毛云刚，请他唱溜溜调。小伙子说他失恋了，漂亮女友跟一个建筑老板好了，他想从毛伯伯这儿听到原汁原味的《康定情歌》，不然他活不下去。毛云刚苦笑着给小伙子做思想工作。那天他一高兴，喝了四五杯青稞酒，一口气唱了十来首溜溜调。哪知湖北小伙子“得陇望蜀”，又跪求毛云刚教会自己唱，还主动提出帮他抄写歌谱。好家伙，每天早上9点，小伙子跟上班似的准时从客栈来到毛家，帮他誊写，这一誊就是半个月，前后抄了900多首。小伙子离开的时候，毛云刚过意不去，硬是塞给他1000元作酬谢，还送给他几盘溜溜调VCD碟子。另外有些曲子，是毛云刚在炉城镇东一个西一个请字儿写得好的朋友，帮忙抄写的。

当然，毛云刚溜溜调里的“康定情歌”，跟我们现在听到的《康定情歌》还是不太一样。他说，《康定情歌》原名叫《康定巷情歌》，歌词是这样的：

“跑马山上青松林，这方有我心上人。天上又下罩子雨，这个姻缘天铸成。跑马山上一朵云，端端照在康定城。李家大姐一枝花，张家大哥看上她。一来看她人才好，二来看她会当家。郎才女貌都双全，跑马情歌代代传……”

那天在毛云刚家，这“老顽童”乐呵呵给我们露了好几手。他清了清喉咙，喝了口普洱茶，略一凝神，随口唱了八首康定民谣。唱歌时他多用溜溜调儿作衬词，其中《跑马歌谣》《对岸之歌》《十把扇子》都与《康定情歌》风格十分相近。

比如，有一首《跑马歌谣》就很有意思：

“跑马溜溜的山上，有座溜溜的城。多情的藏客，爱着家中贤妻，思念远方卓玛。贤妻却不恨卓玛，同桌共饮酥油茶……”听得我们一愣一愣的：这藏族“贤妻”也太有包容之心了吧？

毛云刚笑着解释，当年茶马古道上的背夫辛劳跋涉，走南闯北，眼界和视野都变得很宽广，加之沿途山川深谷，激流密林，野兽出没，人随时有生命危险，男男女女其实都想得开，相处好了，经常待一块儿喝茶吃饭，也不排斥同床共眠。“下苦力的人，没有城里人那么小肚鸡肠，更没有电视剧那些婆婆妈妈的纠葛。爱就爱，恨就恨，干脆得很。”他说。

毛云刚还说：“康定过去是茶马古道的重要驿镇，四面八方来的人多，方言也多。其实康藏地区的方言大致相同，都有端端、人才好、会当家、月儿弯弯这些复缀词儿，听起来很有味道……”

对“跑调”的《情歌》不以为然

“好好一首民歌被改得不伦不类，可惜。”说到经典的《康定情歌》这些年出现了繁杂的演唱版本，毛云刚颇不以为然。

的确，《康定情歌》今非昔比，出于时尚流行所需，它已被大大小小的音乐人改编成很多种版本：摇滚的、说唱的、美声的、通俗的、民族的、古典的、五音的、七音的……在毛云刚看来，这些，没几个是保留了原味的《康定情歌》，听起来怪怪的，他认为传唱不下去。

毛云刚说："我对现在年轻娃娃唱的流行歌不大懂，更谈不上喜欢，我还是喜欢咱家乡的溜溜调。记得小时候听父亲或乡亲们对歌，虽然有些词儿听起来不是太雅，可每一首都是对生活、对大自然最真实的反映，人们见山唱山、见水唱水，路上遇到个喜欢的姑娘也要唱歌。那才是生活，真正的生活。那种随时能听到歌声的日子，过起来才有味道呢。"

"跑马溜溜的山上，一朵溜溜的云啊……"优美浪漫的《康定情歌》，总是给人无限遐想。

《康定情歌》是一首有故事的名歌：1941年，日军发动太平洋战争后，音乐教员吴文季入川后，来到战略物资中转站康定，准备参加去缅甸作战的中国远征军。吴文季当时是个文化音乐教员。1945年春，他在炉城镇折多河畔散步时，无意中听到一个马夫在哼唱一种调儿，悠扬沧桑的旋律，既好听又装着故事，这很快引起吴文季的注意。吴上去叫住那人，才知道他哼唱的是溜溜调民歌，便请他编唱几句，又整理加工，最终有了《康定情歌》的雏形。

吴文季最初是把这首歌定名为《跑马溜溜的山上》，为了更鲜明地表现康巴人的婚恋高度自由，他还添上"世间溜溜的女子任你溜溜的爱哟，世间溜溜的男子任你溜溜的求哟……"的词儿。当然，还有个说法，吴文季借用了著名川籍诗人吴芳吉《婉容词》里"世间的女子任我爱，世间的男子任你求"的句子，更显深情执拗。

这首定名《康定情歌》的四川民歌，回响在川西北高原，温暖了一代代青年男女，催生了一个又一个爱情故事，最终被推上中国和世界的音乐舞台。20世纪70年代，《康定情歌》随美国"旅行者二号"太空船升空播放。20世纪90年代，又被联合国教科文组织列为"全球最具影响力"十首民歌之一。

/
/
/

他希望以自家老院子作为一个微薄平台，向世人展示纳西古建筑和茶马古道文化最后的一点余脉。

“茶马王”传人的守护

一个个充满神秘色彩的驿镇，像珠子般被茶马古道串联起来，它们沧桑的外表中，写满了令几代人叨念不停的往事：青石板上深深的马蹄印，踩踏出来的不只是一条驿道，而是一条贯古通今的商贸文化脉络。

束河镇，就是这条商贸文化脉络中被高天阳光聚焦的驿镇。

作为著名的旅游古镇，丽江束河镇可以说寸土寸金，一铺难求。然而，有一户纳西族人家，固执地守护着自家那座有280年历史的老院子——这也是丽江保存最好、面积最大、最有故事的古建筑，搞了个公益性质的“茶马王故居纪念馆”。主人家想通过老祖宗留下的这份家产，延续纳西族古建筑最后的文化根脉。

有好事者曾替这家人算过一笔账：按束河的租赁行情，10来年至少“亏”了三四百万元。在许多人趋之若鹜弄潮市场激流的当下，像这样的人一定是脑壳进水了，才这么“傻”。

这处民居的当家人，就是滇藏“茶马王”第五代传人、44岁的王仕堂。

丽江“茶马王”生死传奇

如今的束河古镇，被新老建筑蚕蛹结茧般一圈圈包围起来，重重叠叠的铺面客栈中，透出一股清新之气的王家院子，就坐落在“包围圈”外侧的仁里村，离有名的三眼井仅10米远。王家四世同堂，住着老小七八个人，门口赫然挂着“茶马王故居纪念馆”牌子。

这座四合院有两层木楼，总面积约620平方米。正厅石墙门，是典型的纳西传统六合门。院子里斗拱重叠，照壁飞檐出角，外廊宽敞明亮，天井花坛栽种着梅花、桂花、菊花、兰花、芍药、海棠等。房内家具黑沉沉的，都有上百年历史。镇“院”之宝，是一套明朝的卷书椅和一台清朝的石碾子。

王家“死守”祖业，是因为敬畏他们的祖先“茶马王”。用王仕堂自己的话说，他们恪守祖训，再穷也不租不卖祖业，绝不干数典忘祖的亏心事儿。他们希望通过这座建筑实物，展现茶马古道这条伴随着无数人前赴后继艰险跋涉的伟大历史，守护丽江纳西族古建筑最后的文化根脉。

束河，自古以来就是滇藏茶马古道的驿站。放在今天，许多生意做得嗨的大户，都是滇藏茶马古道马帮一脉相承的后裔，他们延续了先祖的勇力、坚韧、智慧和人脉关系，在这里生生不息地贸易往来，有不少人还做大做强，成了殷实之家。某种意义讲，茶马古道就是丽江的文化名片。

王家自然也沾了茶马古道的“地气”，而且更根正苗红。清雍正末年，王仕堂的一位先祖（人称王老大）成了丽江最早的马帮之一，往返于丽江北去拉萨的滇藏茶马古道上。那时王老大才十六七岁，担任最辛苦的马脚子，每天起早贪黑地照看20多匹骡马，负责牲畜的草料，还要帮着扎营做饭、放马探路等，这磨炼出他勇毅坚强的性格。

茶马古道是一条超越人类极限的生命之道，途中需要经历数不胜数的冒险，其中，常年白雪皑皑的横断山脉更是崎岖难行。有一年秋天，王老大领着一支十多人的马帮，翻越险滩林立的虎跳峡，走在悬崖边的羊肠小道上，脚下是滚滚金沙江，头上是奇险嶙峋的摩天云崖。忽然天上炸开一道响雷，乌云翻滚，接着噼噼啪啪的冰雹砸落下来。惊恐中，骡马队里的一人一骡失足坠入江里，来不及惨叫就被激浪淹没了。

祸不单行，他们刚翻越海拔4200米的哈巴雪山，走在一片山峦上，又遭到20多名土匪的伏击。双方话不投机，一阵枪战。王老大他们死伤过半，骡马上的铜器、皮革、白糖、毡毯和茶包全被抢走。王老大掏枪打死四五名土匪，自己也左肩中弹，一头栽进浊浪滚滚的金沙江，激流中幸好抓住一根葛藤儿才哆嗦着爬上岸。没走几步，他又在落满积雪的山弯处遇到一条瘦骨嶙峋的野狼，那条狼应该是饿极了，它抖落身上的白雪，瞪着绿幽幽的眼睛嚎叫着扑上来，恨不能一口生吞了他。一番你死我活的缠斗，遍体鳞伤的王老大耗尽最后一丝气力，抓起身边一块石头砸破了狼的脑袋……这时，幸好有3名走散的马帮兄弟邂逅。九死一生的王老大一战成名，在丽江地区成了天不怕地不怕的男人。

再后来，王仕堂的高祖父王鉴继承祖业，组建了丽江一带规模最大、自卫装备最好的马帮。王鉴因为在商业和为人上的成功，被聘为“丽江驻拉萨商会会长”，在行业大发异彩。他无数次带领精武干练的马帮队伍来往于印度、尼泊尔等国，凭借勇敢和聪慧，开创了一条茶叶贩运及销售的通道，从此便有了“茶马王”的名头。

王鉴长久居住在束河古镇，以书信往来的方式操控拉萨商业事宜，将搜集到的藏药药方和药材救济村人，获乡里亲友赠匾“仁术济人”，振兴王氏一族。

乾隆二十四年（1759）前后，王鉴筹资在束河开始修建这座620平方米的四合院，工程历时近6年，名动一时。

20世纪40年代初抗战爆发后，王仕堂的祖父还组织村民自带干粮工具，修建滇缅公路，赢得当地人的赞誉。尤其是1942年前后，当缅甸陷入日本侵略军，中国当时唯一的国际交通道路滇缅公路被日军截断，所有物资从丽江经奔子栏到西藏昌都，再转道至印度的古道，成为抗日战争中后期大西南主要的国际商业通道，一时间沿途商号林立，马帮云集，滇藏运输线上，每年马帮达一万多匹，双程运量。王氏马帮，也是这支国际运输通道里最活跃的骡马队之一。

顶住诱惑，坚守祖宗建筑

为了记录王氏家族的荣耀，也为了让更多的人了解滇藏茶马古道的传奇历史，也给孩子们搭建一个良好的受教育的平台，王家从2001年夏开始筹建“茶马王故居纪念馆”。

那段时间，作为家里的顶梁柱，王仕堂每天顶着烈日，骑着摩托车来回折腾。他跑遍了云南地区所有的王氏族人，搜集从先祖王老大、第一代茶马王王鉴，到父辈等家族行走古道时留下的遗物：马镫、马鞍、皮箱、衣物、粮袋、帐篷、枪械……

难得的是，王仕堂父亲还从老箱里找到20多封旧书信。那些书信，是200多年来一代代先祖披星戴月、风餐露宿，行走在高山河谷时匆匆写成的，潦潦草草的字里行间，铭刻着对家人的思念和对故土的眷念，也记述了他们走马途中遇到的所见所闻。

2005年夏，这座带有浓厚家族色彩的纪念馆，免费开门迎客。当时，这种集古建筑“活化石”和现代民居风格于一体的纪念馆，在国内都十分罕见，吸引了不少人参观。

有天下午，一位叫三浦绛明的日本游客慕名而来。交谈中，王仕堂发现这位老外对中国纳西文化很有研究，他还去过自己先祖经常往返的道孚、炉霍、浪多、柯洛洞等地考察。王仕堂对他有了好感，热情地请他进屋，拿出上佳普洱茶招待，还抱出老辈子的书信给他看。

要守护好这份活化石可不是容易事，除了热情也需要“冷漠”。

之前，2003年秋，一位漂亮的浙江姑娘来到王仕堂家，她提出租用王家院子开旅游客栈。王家谢绝了。一个月后，姑娘笑吟吟地提着一袋东西来到王家，打开看，里面竟是十多捆人民币，足有五六十万元。姑娘笑着说，这是她预定的两年租期保证金。她承诺，除了每年为王家老院子交付25万元租金，还在镇东头另买一栋150平方米的院子让王家免费租住5年。

王家人看傻了眼，从没见过这么多的钞票。那会儿，束河的旅游才火起来。未及父亲开口，王仕堂笑着说："对不起妹妹，说破天我们也不会出租这院子的。"姑娘一脸笑靥，眨眨眼，又承诺请他们全家免费去澳洲旅游，王家人还是谢绝了。

2010年初，束河为了接待更多的游客开始全面扩建。各地投资客也慕名蜂拥而来。2011年2月底，两位中年男子来到王家，说想租用他们的老院子做玉器生意。被谢绝后，他们又隔三岔五跑来求情，最后提出只租底楼的三四间房子，但还是不行。

其实，王家并不是什么有钱人，他们在云南临沧有一些茶园。王仕堂读小学的女儿王妍对绘画有较高天赋，王仕堂夫妻常琢磨今后把女儿送去欧洲学习，那当然得花不少钱。看看周围，越来越多的居民都把祖业房产租给了外地人，口岸好的还因开通了生财渠道，将小日子过得有滋有味。

王家的举动引起镇上人讥笑："傻啊，守着这么好个金罐子睡大觉，整哪样？现在还有这么不懂筋的人吗？"

王仕堂听到这些，淡淡一笑，望着天上的流云。

将不文明游客"扫地出门"

王家这座大院子，用丽江茶马古道博物馆馆长白志远的话说，是整个丽江地区最有价值的历史建筑之一，有点养在深闺人未识的味道。

如何真正保护好这座老宅，确实是一件让人费力的事情。

束河这地方，天气特别干燥，日照时间约占全年白昼的五分之三。这又是一座全木质结构的两层楼，一不小心就会闹出火灾。王仕堂对丽江历史上发生的几次火灾心有余悸，生怕哪天烧到自家头上来了。为此他在门口写了几个大字："免费参观，禁止吸烟。"他怕游客看不到，还用红笔在"吸烟"下画了个大大的框儿。

虽然如此，还是有个别死不要脸的游客，让他哭笑不得。

有一次，4名外地男子嘴叼香烟漫不经心走进来，其中一个在进门时还给另一人点燃了烟。

一般情况下，王仕堂对游人都会热情招呼，有时还自当导游，耐心讲解。但他见了这几个吞云吐雾的家伙，很不高兴，生怕搞出些幺蛾子。他脸一拉长："请把烟灭了。"对方像没听见，又抽。王仕堂又说了句，其中一高个子瞅瞅他，很不情愿地捻灭烟头。

才过四五分钟，高个子又摸出烟点燃，王仕堂大怒："我再说一遍，请不要在院子里抽烟。"那男子转身望着他，目光不屑："啥意思？你啥意思？几间破房子有啥了不起的。"似乎是有意要跟王仕堂过不去，他又要摸烟。王仕堂终于忍不住了，朝他吼道："出去，老子不欢迎你几爷子。"看着王黑着脸青筋暴涨的样子，几个人面面相觑，有些怕了，悻悻而去。王仕堂望着他们的背影对家里人说："没素质的家伙，欠骂！"

几年前，一个外省的电视剧剧组来到王家，说需要借用几个镜头。老王犹豫着同意了，但他拿出纸笔约法三章，最重要的一条是：任何人、任何时候不得在院子里抽烟，否则王家立马终止租用。

没想到，拍摄到第三天黄昏，两个搞剧务的小伙子坐在院内的石碾边抽烟了，地上已有几个烟头。这一幕，被王仕堂的女儿王妍发现了。小女孩红着脸跟大人吵起来，警告他们不要抽烟。王仕堂刚刚回家，他问明情况，大声呵斥剧组负责人："请你们今天之内就离开，莫讲条件。"任凭对方再三道歉也不为所动，硬着脸请他们去收拾东西。

每年春夏，王仕堂会耗费两万多元，找来丽江地区最好的漆匠，为整座楼房刷上生漆，以便持久保存这座束河古镇最古老的建筑。

王仕堂说："我当然也想做个有钱人，自己也郁闷。但这个世界上总有些东西是金钱买不来的。就说咱这院子吧，如果卖掉了它，我想祖先人都会在九泉之下骂我的。我不能干缺德事。"他把自己的想法也告诉给了读初中的女儿，希望她今后照样如此敬守祖业。

王仕堂一直觉得，现在的束河，旅游虽然搞上去了，"身价"也一步步抬高了，但热热闹闹的灯红酒绿中，原汁原味的建筑文化正在消失，暂没消失的也被租客折腾得不像样子，而曾经伴随一代代纳西人和生老病死的"东巴经典"，也面临失传的困境。

作为滇藏"茶马王"的后代，王仕堂希望和自己的家人尽些微薄之力改变这种状况，更希望以自家老院子作为一个平台，向世人展示纳西古建筑和茶马古道文化余脉。

如今云南的茶马古道，已基本为现代交通取代，唯有丙中洛通往藏东南地区的马帮队仍在古道上穿行。这条活着的茶马古道，始于贡山独龙族怒族自治县北部的丙中洛镇，沿峡谷溯怒江北上，通往西藏林芝地区察隅县察瓦龙沟乡政府所在地扎那，全长70余公里。这条路，既是滇藏古驿道，也是今天察瓦龙沟通往外界唯一常年行走的道路。途经石门关、那恰洛峡谷等地，蹄印斑驳，马蹄声声，空谷传响。

第四辑

茶香余味

/
/
/

循着茶马古道的历史惯性，也随着茶马古道文化的进一步挖掘，西藏各地的旅游业也带着时光的暗香蓬勃开发，让这一地区的人们快速与时代接轨。

嗜茶行为与“国家战略”

中国古代，被公认为嗜茶如命的文人不少，最典型的是宋代大诗人杨万里。

杨万里写过一首《武陵春》词，他在前面小序说：“旧赐龙团新作祟，频啜得中寒。瘦骨如柴痛又酸，儿信问平安。”因“频啜”而“中寒”还弄得骨瘦如柴，他仍不愿与茶一刀两断。杨万里夜里也好饮茶，常常失眠，但他不责怪饮茶，在《不睡》诗里说：“夜永无眠非为茶，无风灯影自横斜。”

不过杨万里的嗜茶，说到底还是个人喜好太过上瘾。相比之下，西藏和西北少数民族的居民，却是从地理、气候、生理和饮食习惯等深层次方面，实实在在离不开茶了。这就是“嗜茶行为”。

在林芝桑朵家饮茶

2014年秋，我独自去雅鲁藏布大峡谷徒步采风，头天晚上住在林芝派镇索结村藏民桑朵家里。他家地处峡谷荒野，但把自己的屋子拾掇得挺漂亮：房前屋后遍种格桑花，房子外观由石块垒成，里面的地板、楼梯、扶手、整板墙都是木结构。

那天，我站在桑朵家二楼的阳台眺望，远方，被《国家地理杂志》誉为“中国最美山峰”的南迦巴瓦峰，躲在云层里久久不露面，脚下的雅鲁藏布江，携带一股从雪峰吹来的疾风肆意横行，令人寒意阵阵。再远处，我看到一些藏民，在崎岖蜿蜒的山道上踽踽而行，他们有的将全

桑朵在自家院子前（李贵平摄）

身匍匐在地，磕着等身长头，前往心目中具有神圣意义的拉萨城。由于路途太过遥远，不少地段不是山谷就是溪流，他们磕得四肢溃烂，面额鲜血淋漓，但眼神里充溢着宁静而坚定的信仰之光……

桑朵早年毕业于西南民族大学，对成都比较熟悉，喜欢摇滚音乐和旅游，算是大峡谷人家的时尚一族。他毕业后回到派镇干了几年畜牧培训，后来辞职自己当农家乐的老板。

桑朵说，这里是海拔3000多米的高原，烧开水的沸点很低，茶叶只能熬煮不宜浸泡。

桑朵的曾祖，在林芝地区做过背夫，当年他们用牛、骡、马、驴等驮畜往拉萨运茶。当时背运的雅安边茶，是按竹篾长条计算的，每条16到18斤不等。因藏茶贮存越久价值越高，他们在运输商队茶叶的同时，也自己囤积一些，在物质匮乏年代还可以将它拿出来当货币使用。“从祖上几代人算起，我们家老老少少都喜欢喝茶，没有一天离得开。我小时候家里很穷，记得老辈子每次喝茶后，茶渣儿都舍不得倒，连枝带叶给骡马吃掉。”桑朵说。

桑朵家的三楼阁楼是个小库房，堆放着几条四川雅安产的茶包，这是他找雅安朋友买的内部茶，价格便宜，质量也好。我问他是不是要好几年才能吃完。他说吃不了那么久，要送亲戚朋友，还要进贡给寺庙，耗得很快。

桑朵的茶壶像个小型博物馆，有大小十多个茶壶。铜制的、陶制的、木制的、玻璃的，应有尽有。敞口、细颈、圆腹、容量大，热量不易散失。

窗口边，他的漂亮妻子纳玛在一旁打酥油茶。半人高的酥油桶是一个木制圆柱体，里面有个箍了金属圈的木质搅拌棒儿。酥油茶，是将酥油、茶汤和盐在木桶中经过搅拌后制作出来的饮料。

纳玛说，在藏区，普通和日常的酥油茶比较简单，做法是先将砖茶用水熬制成茶汁，再在茶汁里加入酥油和食盐，倒进竹制或木制的茶桶里，然后用顶端装着圆形木柄的木棍儿，长时间地上下抽拉、再抽拉，目的是让茶、油和食盐达到水乳交融，合二为一，最后全部倒进锅里加热。高级点的酥油茶，里面会加入各人喜欢的东西，比如核桃仁、葡萄干、蜂蜜，鸡蛋、牛奶等。酥油含有很高的热量，茶里含有咖啡因及多种维生素，这样做出来的酥油茶同时具有提神、醒脑、御寒和帮助消化的作用。

一句话，藏族人喝茶明显和内地人不同。

纳玛眨着大眼睛说，她一直想换个电搅拌机来制作酥油茶，但爷爷不同意。爷爷固执地喜欢用老式酥油桶打制的酥油茶的味道。

桑朵年纪轻轻，但对吃茶颇有心得。他说，在西藏林芝一带，藏民喝的茶叶有口感茶和体感茶之分，很多茶是口感茶，注重品尝时的香与味；体感茶不一样，是让人的“整个身体”都在吃茶，用的是全株茶，茶叶、茶花、茶果、茶梗、红苔全部参与发酵。他也知道，内地人可没有这种吃茶法。

藏地嗜茶故事

从遥远的远古时代起，藏族人的祖先就开始定居于“地球屋脊”青藏高原。对过去的藏族人来说，他们缺乏的远比拥有的多，他们拥有的只有远方的雪山、高原的狂风、在短暂夏季发芽的草原和草原上的牦牛群。除此之外，他们几乎一无所有。历史上，藏族一直被视为游牧民族，居无定所。

这些年我经常去藏地采风，注意到藏民对喝茶有着特别的仪式感。我不知道这是不是因为“嗜茶”留下的习俗文化。

2016年夏，在青海省曲马莱县一家藏式农家乐，主人听说我们是从全国十多个城市来采访三江源国家公园的媒体人，格外客气，他们微笑着端上几壶热气腾腾的酥油茶，整整齐齐摆放在桌子上。然后是逐一敬茶，敬茶时讲究主客有序、尊卑有序、长幼有序。他们让客人用精美的瓷碗，自己用木碗。饮后很快续上，除非客人以手盖碗表示不能再饮。我注意到，主人斟茶时并不将茶碗倒满，而是待客人喝过一口后才斟满，这表示东家大方、不吝啬的意思。青海的朋友笑着告诉我，茶碗里的茶可不能咕咚咕咚全喝完了，要剩一点，这是对主人家表示尊敬，也祝愿他们财富充足、源源不绝、年年有余。

西藏地区和西北少数民族对茶的喜好和依赖，是内地人无法想象的。

按“茶马古道六君子”之一、云南大学文学院教授木霁弘的说法，少数民族以游牧为生，逐水草而居，大多居住在高寒地区，处处离不开茶——招待客人，首先端出来的就是茶；外出旅行，必带的也是茶；累了，饮几口热茶能立即消除疲劳；病了，饮一口浓茶就能解毒去病；用煮过的茶叶喂牲畜，马吃了长膘快，牛吃了增加奶量。尤其是藏族平时食用肉、乳较多，喝茶可以解油腻、助消化。这使得饮茶成为边疆少数民族最基本的生存需要，形成了“嗜茶”的生活习性，甚至达到“不得茶，则困以病”的程度。明代《滴露漫录》曰“以其腥肉之食，非茶不消，青稞之热，非茶不解”，说的也是这个意思。

任乃强在《康藏史地大纲》里也曾细数西蕃人的嗜茶行为：“蕃人嗜茶如命，一日无茶，社会为之不安。往时以马易之，清代不复市马，而蕃地贫瘠，缺乏商品，乃不得不转运印度、伊朗等处奇珍之物及汉商说嗜者，发之炉城，以兑茶叶。故打箭炉虽山陬小市，而山海各货咸集，交易之盛，冠于西陲。”文中的打箭炉即康定。

藏族居民嗜茶的习俗，应该是始于1300多年前唐代文成公主进藏之后。当时，文成公主不仅从长安带去了饮茶的习惯，还带去了茶叶。

于是，我有茶，你有马；我需要马，你需要茶。在相互需要的促使下，唐宋时期，著名的“茶马互市”便形成了。那时起，内地的茶也与西藏越打越火热。藏人更是对茶叶欲罢不能，绝不可一日无茶。尔后，藏人甚至可以称得上是世界上最爱喝茶的民族。为什么会这样？一定还有更关键的原因。按北京大学陈保亚教授的说法，很可能存在一种“择食生存”原则，即有饮茶习俗的藏族更容易在高原生存。

总之，西藏人的社会生活就是“泡”在茶里的。

在这片海拔超过4000米的寒冷高原上，每天，女人们精心烹煮着酥油茶，准备迎接黎明的到来。当下至幼儿上至老人的一家人喝完酥油茶后，他们的一天就算正式拉开了帷幕。

茶叶，也在每一天进入西藏民众的方方面面：作为“贡品”奉给大喇嘛或寺院；成为婚庆赠送的礼品和竞技比赛的奖品使用；宗教法事活动中，茶汤加工的酥油茶或清茶，作为供品供奉在护法神殿；敬神煨桑举行农事活动时，茶也成了必不可少的辅助品等，这使得茶在藏族人生活中身价百倍（木霁弘《茶马古道上的民族文化》，云南民族出版社，2004年）。

唐人李肇所著《唐国史补》里有一段吐蕃人饮茶的记载：常鲁公使西蕃，烹茶帐中。赞普问曰："此为何物？"鲁公曰："涤烦疗渴，所谓茶也。"赞普曰："我此亦有。"遂命出之，以指曰："此寿州者，此舒州者，此顾渚者，此蕲门者，此昌明者，此㴩湖者。"

这是说，唐德宗建中二年，常鲁公奉使入吐蕃议事，一天他在客栈烹茶，烹茶时加入姜、盐和各种辛香之物以调味。吐蕃赞普十分奇怪，问他煮的是什么茶。赞普自己拿出的茶也尽是当时天下的名茶：寿州、舒州者，指安徽的小围、六安茶；顾渚者，指浙江的紫笋茶；蕲门者，指湖北的黄芽茶；昌明者，指蜀中的绿昌明茶；㴩湖者，指湖南的银毫茶。吐蕃王宫中收藏了这么多大唐的名茶，却不晓得唐之烹茶方法，正好印证了藏文史料中的记载，说明当时茶还是被当作珍贵的保健药被王室收藏，并未成为广大藏族人民生活中的饮料。

李焘《续资治通鉴长编》一三八卷，也记录了西蕃人的嗜茶行为："元昊为西蕃所败，叶勒族叛，黄鼠食稼。天旱，互市久不通，饮无茶，衣帛贵。"说西夏统帅李元昊他们跟汉人的茶马商贸交易，由于天旱一度中断，他们很不适应，不但没有茶喝，连身上穿的衣物都物以稀为贵。

1206年，蒙古大汗成吉思汗率骑兵直指阿里，西藏归降。成吉思汗去世后，其第三子窝阔台继位。窝阔台将甘肃、青海及原西夏属区封给他的二儿子阔端，阔端大量将藏茶引入蒙军的营帐，也将藏茶带到中亚、西亚乃至欧洲。直到今天，从中国内地运去的砖茶，仍然是中西亚最为认同的正品茶。

明代"产茶之地，江南最多，皆无榷法，独于陕，禁法甚严，盖为市马故也"（《明史》）。明代在西北部所设茶马互市之市场，主要集中于

进藏马帮运茶待发（孙明经摄于1939年）

铜水瓢和茶勺（图　据西藏博物馆）

甘、青、川地区。对于西域诸国，一方面同其保持联系，另一方面对彼此间贸易的物品种类严加限制，比如对茶，就严禁私市出境，违令者斩。

清雍正二年（1724），清廷决定，内地每年赏赐给达赖喇嘛茶叶5000斤，班禅2500斤，由打箭炉拨运，并给运费银200两，称为“赏赐茶”。每年由边茶商人采办，实际为15000斤和5000斤。清《雅安县志·盐茶》中说：“赏需茶单年三百包，双年二百包，由道署领价，赏给达赖喇嘛茶七十五包，包重五十斤，除折扣核减，实领银三百四十五两，另由地丁坐支。”这说明供给西藏的茶叶数量一直很大。

从博弈到互惠

由于茶叶成了藏族同胞的生活必需品，于是，历代中央政府都以它作为控制西藏的“利刃”。这种区域封锁和交易专断性，使得茶马互市形成一种长期博弈的局面。

茶马互市，是古代中原王朝利用茶叶和西北民族地区，特别是藏族地区交换马匹的一种特殊贸易形式，唐朝兴起，宋朝发展，元朝减弱，明朝再度兴旺，到清朝乾隆年间终止，历时一千余年，对于西部民族地区的社会经济的发展和汉族与西部民族的友好关系的推动，做出了重要贡献。

但茶马交易的价格是不一样的。明朝政府和西藏开通茶马交易之初，西藏的马要价极高，比如，明朝政府购买一匹中等马，需要支付1800斤茶；若按明代100斤为现代60公斤（明代1斤约596.82克）的标准计算，1800斤茶的重量要高达1吨。和一匹马的重量比起来，茶要重多了（[韩]尹荣洙《茶马古道》，中央广播电视大学出版社，2015年）。

但到了明朝后期，两者的价格出现了极大逆转，上等马和中等马能换取的茶叶分别降到了120斤和70斤。越往后，马的价格就越低——上等马和中等马能换取的茶叶分别跌到80斤和60斤。

在这种情况下，西藏人没有采取任何措施，他们实在是无能为力，毕竟藏地不产这个东西。对他们来说，茶已经成了不管付出任何代价都必须购买的生活必需品。

明初，明朝政府故意抬高马价的做法，玩的是“吃小亏占大便宜”的套路，可以说是当时的国家战略，目的是让“嗜茶”的西藏人无法终止茶马贸易。但客观上，茶马古道的商贸活动，对稳定西藏确实起到过积极作用。由于对茶的依赖，藏地同胞对内地的货物运输者都还比较友好。

茶马贸易，本来是一种经济行为，生生被抹上偏颇的政治色彩：明朝晚期，朝廷把茶马贸易政策从商业贸易变成了朝贡贸易。举例说，西藏的僧侣和官吏需要定期向明朝政府贡献马匹，才可获得明朝政府赐下的茶叶，西藏马已经从贸易品变成了贡品——你不“贡”我马，我就不卖茶，看谁扛得住?

这是大一统封建王朝的“霸道”之处。

西藏人当然知道这样太被动了，他们试图改变这种状况，更希望自力更生生产自己的茶叶。到十三世达赖喇嘛时期，也就是1923年前后，藏族人开始在察隅、米林、洛隆等海拔1200到2000米的地方种植茶树。洛隆地区因良好的气候，不但茶的产量较高，质量也很好。不过，由于藏族人对茶的需求量太大，所产之茶杯水车薪，不够用。进藏茶叶，还是走回靠人力牲畜长途跋涉的老路。

越到后来，茶叶作为贸易纽带，越来越形成强大的经济链条。

赵尔巽《清史稿》卷124《食货志五茶法》介绍：清朝中后期，内地茶叶向藏地大量销售的同时，也带来其他商品数量的增加，主要是汉区大量的生活用品进入了藏区，并形成各自的名牌，比如成都皇城坝的丝绸、南充的哈达、遂宁的泽布（也称小布）、内江的糖、金堂的烟、汉源的米、夹江的纸。同时还有青海的盐、甘肃的铜器乃至于广州的百货等。藏族要形成购买力，就必须要开发本身的土特产，要有现金收入，于是导致了藏区的畜产品、毛皮、药材、山货、沙丁，变成了有交换价值的商品，并向汉族地区预售，这样，就导致了藏族地区和汉族地区的大量物品，根据市场需求形成持续性的需求和交换。

从博弈到互惠，同样是一种“国家战略”。

风雨变迁，笼罩着强烈政治色彩的古代边茶贸易，不知经过几番轮回，沉淀在岁月的河床里。如今，茶马互市早已消失在历史的天空，现代生活方式也彩霞满天般渗透到广大藏区。循着茶马古道的历史惯性，也随着茶马古道文化的进一步挖掘，西藏各地的旅游业也带着时光的暗香被蓬勃开发，让这一地区的人们快速与时代接轨。

/
/
/

“过了九龙安家店，白果麻柳几大湾，走拢铜槽吃早饭，穿心店在岩边边。烧茶坪出无头案，走上照壁把气叹，要喝凉水前不远，小黄桶在路边安。上了牛头放眼看，皮条花红卧龙关。”

——汶川客店民谣

好马店有个好幺师

如果说，络绎不绝的商队马帮是一条闪动的项链，散落在茶马古道上的客栈马店，就是串起这项链上的珠子。按四川民俗学家刘孝昌的话说，客栈和马店堪称一汪泉眼，翻动着商贸古道的活水。

关于古道客栈，四川已故作家艾芜《南行记·洋官与鸡》里有精彩描述：“地方虽小，却因处在滇、缅通商的要道上，每天总有一二百匹驮洋货的马，从缅甸北部的商埠八莫走来过夜，这里的人家便专靠开设马店来过活。”

艾芜虽然写的是南丝之路（蜀身毒道）支线，但也形象概括了川藏茶马古道的住店特征。在当时中国社会经济条件下，这种情况应该是普遍“约定俗成”的。

野营露宿是常事

过去的马帮一旦离家启程，就难免经常野营露宿。1995年版《荥经县志》介绍：民国四年（1915），当地马帮一天的劳作流程是这样的：天麻麻亮就爬起来，从山上找回骡马给它们喂料，然后赶驮子上路。中午开一次“梢”，“开梢”就是吃午饭的意思，无非是打个酥油茶、揉点糌粑吃。当天色昏暗，马帮要尽力赶到他们必须到达的“窝子”（客栈，也称幺店子），在那里“开亮”，开亮就是露营。

茫茫大山，实在赶不到幺店子，也必须在天黑前埋好锣锅烧好饭，卸完驮子，搭好帐篷。然后大家分工合作，找柴的找柴，做饭的做饭，搭帐篷的搭帐篷，洗碗的洗碗。露营时要生一团彻夜不熄的篝火，以防备野兽袭击。

途中幺店子提供的功能十分简陋：背夫们到晚上住下后，躺在满是臭虫跳蚤的草垫上，检查彼此的伤痕，谁的肩背红肿了，就烧烫拐子的金属杵尖压在红肿处，肩背磨烂的，敷上盐巴以痛疗痛。这样的幺店子每晚收两角钱的店钱，当晚若吃一碗豆腐另加5分。次日清晨，吃一碗豆花又是5分。店家也可以免费提供柴火，背夫们在头天晚上蒸好玉米粑、红薯、土豆什么的，供第二天路上吃。

《汶川县文史资料选辑》（内刊）介绍：民国时期，岷江上游的佛堂坝有一家歇客店，店内用岩柴捆就的长床上，一字儿睡着疲乏不堪的商贩旅客。有的鼾声大作，有的却辗转难眠，没事干就挑灯捉臭虫、虱子、跳蚤，说那些嗡嗡的害人虫“多得像千千元帅，万万兵马，九里山十面埋伏，大军浩浩荡荡地从壁间、草里源源不断而来”，弄得不少旅客睡到饭桌上去。那时，灌县至汶川歇客店的床铺大都有虱子、跳蚤和臭虫，客人无奈，也只好见惯不惊。

有时候，赶马人和背二哥也寄宿在当地的百姓家中，条件好的时候可以投宿在水草丰美的“栈口”。

我曾在汉源县清溪镇看到几处幺店子遗迹：用黄泥巴垒起约两米高做墙，中间立上一根木头柱子，就地取材砍树木搭成屋顶，盖上茅草。土墙上留个斗大的小窗，屋前开一扇竹板门。里面有三四个石凳子（也称哨凳）供人坐歇。这当然是简陋歇客店的情况，很多时候，那些有点实力的马帮，还是住宿在正规的客栈或马店里。

大客商住好客栈

无论客栈是什么样式，有一样不会变，大门口都要高挂一串灯笼，意为此处可住宿。有些则挂一面小酒旗，意为此处可吃饭喝酒。这些灯笼，多采用方形木头架，结实耐用，用白油纸糊上，上书店名。远远看去很是醒目。

在都江堰西街与南街交界的地方，有一家回族商人开设的近200年的老店——大兴客栈。遗憾的是，前年我去探访时，刚刚被拆除了。

这些拆掉的房子就是以前的客房，隔壁那边是骡马房、马槽，主人家将原址改建成一家以茶马古道为主题的旅舍。大兴客栈老板告诉我，民国初期到20世纪五六十年代，大兴客栈每天都有藏羌回汉各民族的马帮客商进进出出，平常有几十个客人，高峰时有上百人、两百多匹骡马

小金县玛嘉沟客栈遗址

扎堆歇店。传说这个马店的信誉很高，对熟客允许赊账。大兴老店每天的铺盖被单都洗得干干净净，夜里有人专门看守骡马和客人货物。这老板脑壳好使，精于算数，一双手左右开弓在算盘上拨弄得噼噼啪啪，分毫不差。上百年来，几代主人家硬是将马店拾掇得远近有名，生意兴隆。

从汶川出发的威桑驿道，自古就是热闹之地。公元30年前后，东汉光武帝始开威州至马塘之土路。252年蜀汉后主令姜维出征伐魏，溯沱水（杂谷脑河）而上修桥扩路直至马塘，商旅军官来来往往，都要经过威桑驿道。1995年版《汶川县志》载，民国时期在威州（汶川）、茂县、松潘一带，凡正规点的客栈叫“驿站”，主要接待官家和军爷。大点的驿站可以容纳数百人，功能齐全。小的则叫茶马店，或叫幺店子，家徒四壁，能遮风避雨就不错了，是留给穷人用的。

茂县叠溪镇的背夫后人高桂荣说，当年他父亲背茶走货时，住店要困难得多，一般早上天不亮就起来，自己弄点早饭吃，中午吃苞谷馍馍，晚上歇店子。店子大的能住七八十人，要一吊二铜圆，一吊钱是5个铜圆，总共是7个铜圆。人多的时候店子住不下，铺盖发完了就只得自己想法。有天晚上，他们31个背夫踏着月色走到松潘附近，看到一家小店，满以为可以踏踏实实睡一觉，但没房间了，老板可怜他们，就在马厩后面架了个临时通铺，安排他们挤在一起，半夜下起雪来，许多人冷醒了，直打哆嗦，再没合眼。

清咸丰年间，威州有一家周姓客栈，拥有三厅五间铺面，客栈里大多住的是乘轿而来的达官贵人，轿子平放很占空间，每当有贵客进门，店小二便将轿子用滑轮升到木架上悬空挂起。周家还有专为客商代为养马的大马圈，提供相对舒适的下榻条件，配套的马圈、马料、水草都很齐备。

茂县地跨岷江、涪江上游高山河谷地带，四周与北川、安县、绵竹、什邡、彭州、汶川、理县、松潘8县相邻，南来北往，商贸繁盛，开客店的人很多。《松茂古道九环线的文化长廊》（内刊）载：仅民国三年（1914），茂县县城开了45家客栈，春夏季生意最好时人满为患。最有名的是城北张洪歇马店。店主是个中年女人，人称张幺婶。幺婶长相清秀，身条儿高挑，对人和蔼，头脑活络，很有点阿庆嫂那般机敏圆通。来张洪歇马店食宿的，多是有点实力的大商队。为了免除山匪的滋扰，张幺婶隔三岔五要拿出银钱前去打点，逢年过节更要犒赏对方，好酒好肉吃得山匪们直打饱嗝儿。张幺婶店里，有几十床被面儿都是清一色人字呢的被盖，舒适干净，房间随时备有洗澡热水。夏天换上清爽的竹席。饮食也丰盛，天天都有足子（背夫）运送新鲜蔬菜和肉食到店里。

好幺师是棵摇钱树

以前的马队客栈，大多要安排一个脑子灵活、动作麻利、言语乖巧的伙计站在门口。这种伙计，就是专门的幺师（专门吆喝、招徕客人的雇员）。20世纪六七十年代，灌县、郫县一带的集镇都还有这样的幺师。

幺师这口饭不是人人吃得了的，他们要会随口编段子，临时创作出一种既得体又有趣的顺口溜，“楼上的客，楼下的客，听我幺师办交涉：要屙屎，有草纸，不要撕我篾席子；要屙尿，有夜壶，不要在床上画地图。”来客心领神会，点头表示理解。幺师还要根据客人的分量安排房间和伙食。如果遇到扯皮事，也要三下五除二摆平。

条件好点的客栈，毕竟只有客商云集的大驿镇才有。茶马古道沿途的荒山野岭，更多是鸡毛小店，也就是马帮口中的“幺店子”。每到暮色降临，幺师便站在门口大声吆喝，凭他三寸不烂之舌招揽生意。身上银两带得多的人，眼光也格外镇定，机灵的幺师瞅到这样的客商就格外殷勤，服务也更周到。

当幺师的人还得腿脚勤快，待客人进门，就殷勤地接过包袱，连登记都免了，转身打来一盆热水，递上雪白的帕子。那些脑壳特别好用的幺师，每月从老板那里领到的赏钱，是普通店员的三四倍。

等到次日清晨，鸡叫三遍，幺师就早早起床，把手裹在袖筒里，站在门口吼店，此时吼店的唱词也应景变化，“东方亮，江水潮，笼内金鸡把翅摇。楼上的客，楼下的客，听我幺师办交涉，打对的，同房的，个人东西要收拾，慢张罗，失掉财物都不管。有事的早起，无事的休息。”随后，他安排给每间客房端茶送水，名义上是送茶水，其实是借机查看各间客房有没有异常。

任何一家客栈马店的幺师，都是客栈的摇钱树。吆喝是个技术活儿，嘴皮子一动，言子儿滔滔不绝，内容多是夸奖自家店条件如何如何好，像铺盖齐整整，窗子亮闪闪，但等你住进去了，就发现不一定都是照他说的，有忽悠的成分。但一般苦笑一下，不会计较。

“有沽酒处便为家，菱芡四时足。明日又乘风去，任江南江北”（陆游《好事近》）。像这样热闹的水码头客栈，在川南、川西比比皆是。

我曾随眉山文化学者邵永义先生走访青神县汉阳镇。据了解，水路码头的客栈是另一番热闹。

汉阳镇依托岷江水运，西汉时就是商业重镇，它是蜀中经由水路通往乐山、重庆及江南地区的舟船停泊口岸。汉阳贸易繁盛，客栈云集，故自古有“穷青神，富汉阳”之说。

邵永义说，汉阳虽地处茶马古道支线，但自古以来，当地上好茶叶都要西行经夹江、洪雅运到雅安荥经，再转道大相岭、宜东西去康定。每天，从码头到岸上人头攒动的商号，大包小袋茶叶扛进扛出，成箱成捆的银币流进流出，越是大的客栈往往生意越好。

汉阳的幺师也很有名堂，人人会唱一口船工谣，头脑灵光，记性极好，比如客人进店后，哪个吃面时多要点胡椒葱花，哪个少要点芹菜大蒜，哪个四两韭菜水饺改成半斤胡萝卜抄手，哪个先结了账哪个吃了再埋单，他听一声瞅一眼就烂熟于心，绝不张冠李戴。一到晚上，灯火通明，汉阳镇酒馆林立，附近乡场的庙会竞相登场，出现“日有千人拱手，夜有万盏明灯”的繁景。这种时节，镇上所有客栈都需提前预订，最忙时，连平羌小三峡的木船都租了出去，上面睡满客人。

钉马掌：店家基本功

处在318国道线上的雅安天全县，是当年西路边茶的重要供给地。经此的古道线路大致是：由碉门（今天全）西行，经沙坪、象鼻子、仙人桥、紫石关、大仁烟，过河至长河坝到茨秋坪，目的地是泸定、康定等。

这条线路沿途马店很多，主要服务对象是大马帮和实力商队，各家也都有招揽生意的秘方：门口大多立一根天灯杆（也叫天星杆）。临近天黑时分，点燃灯儿，能让客人在十里之外就看得分明。天灯杆是大马店的标志，杆子也气派，多用齐整的杉木条儿制成，下有石条砌的座台，杆子上装有滑轮，靠这滑轮儿便能升高灯盏儿。

常跑驿道的赶马人，都知道灯笼里有诀窍。民俗学者刘孝昌曾专门研究过茶马古道的客栈，他描绘说：以前马帮走在山路上，远远地就看见天灯杆上挂一串红灯，便说不急不急，马店还有空位哦。等到走到半路，灯变绿灯，心里便有点慌了：哎呀都住一半人啦，搞快搞快。等到走拢，见灯笼儿转黄，马上失望，两手一摊：莫眼了莫眼了，住满了，另想法吧。虽然没有大张旗鼓做广告，但马店依靠简单的灯笼儿，便能起到千里传音的功效。这也是民间智慧。

好的客栈马店，基本上可以把马帮需要的服务“包圆”了，其中最重要的一项，便是钉马掌。

钉马掌，是马帮考量客栈服务能力的重要指标。古往今来，不管是用于兵事，还是商旅，人类为了延缓马蹄的磨损，往往在上面钉上一层“U”形金属（大多是铁）用于保护，故又称“马蹄铁”，是马、牛等牲口装钉在蹄上的铁制蹄形物。由于马蹄和地面长时间摩擦，加上积水的腐蚀，走不了多久就会脱落。钉马掌便是为了延缓马蹄的磨损。马掌如果钉得不好，会导致马踝受伤，产生淤血，需及时用刀将淤血放出来，否则会导致马腿瘫痪。

马帮在途中何时歇脚，晚上住哪、住哪个档次、吃什么，这一切都由马锅头说了算。马锅头是马帮的带头大哥和核心人物，各种采买开销、联系事情、张罗开销吃饭住宿等，都是他说了算。

赶马人，也叫马脚子，从级别上讲只是马锅头雇用的小工。但马锅头对马脚子不是简单的雇主或老板，他在食宿上也少有特殊。这要看具体情况：一种是家族式的，全家人拖家带口投入马帮事业，骡马全为自家所有，且以自家姓氏命名。还有就是“逗凑帮”，也就是业余马帮，一般由同村或邻村的人临时邀约，每家出三五匹骡马结队而行，各家照看自己的骡马，再选个经验丰富的人当马锅头。一旦出门，马锅头就是船长，大家伙的命脉之舟就拴在一起了。

/
/
/

茶马古道，是以马帮为主要交通工具的民间国际商贸通道，是中国西南民族经济文化交流的走廊。这条伟大的远征古道是怎么形成的？它在山高水长间形成了怎样前赴后继的交通脉络？

从盐道到“茶道”

《明史·食货志》载：“自碉门、黎、雅抵朵甘、乌斯藏，行茶之地五千余里。”穿越险峻寒冷的横断山脉，跨过漫长艰险的山塬高原，5000余里的川藏茶马古道，堪称世界上通行难度最大的商贸大走廊。

在茶马古道的三条大道中，川藏茶马古道具有最悠久的历史、最广阔的线路，拥有最早的茶叶种植加工、最艰苦卓绝的人文精神、最重要独特的社会政治地位。

这些年行走在茶马古道遗址，我经常思考一个问题：作为伟大的远征古道，茶马古道最初是怎么形成的？它在山高水长间形成了怎样前赴后继的交通脉络？

古盐道，早于茶马古道

2016年初夏，我受所在媒体派遣，参加了由北京大学、北京语言大学、香港中文大学等20多名学者组成的“藏羌茶马古道考察”。途中，我经常就这个问题向茶马古道研究专家、北京大学教授陈保亚请教。

陈保亚说，茶马古道是这样一个概念：它是由云南和四川的茶叶产地出发，以人背马驮这种最原始运载方式，穿越横断山脉以及金沙江、澜沧江、怒江、雅砻江等大江大河向西延伸，最后通向喜马拉雅山南部的商贸古道。茶马古道的形成，主要有两种情况：一是原生茶马古道，二是转型茶马古道。

原生茶马古道，是指一开始就伴随马帮、背夫和骡队的出现，被硬生生踩踏出来的古驿道，比如云南到西藏的滇藏道和四川到西藏的川藏道这两条大“茶道”，其必经地横断山脉早先并无成型的远征古道，只有一些局部古道为军事行动所开拓，比如小金县的懋绥道，就是乾隆征金川时开辟的，路线是从懋功（小金）县城经新桥塘、僧格宗、王家寨、

茶马古道很多是从盐道转型而来的

黄草坪、崇化屯、独松到绥靖屯，全长170公里。

更多情况则是，自唐朝开通藏族茶马互市后，原先小打小闹的道路已完全不能承载茶马交易这种“国家战略”，而必须开掘成形的相对固定的道路，来满足马帮的货运需求。于是，原生古道被慢慢开拓延伸。

另一种，是转型茶马古道。比如历史上著名的唐蕃古道、陇蜀道、蜀道、零关道、五尺道、蜀身毒道、盐道等功能不一的驿道，它们在茶马古道形成之前就已经存在，只不过由于民族文化的冲突而经常处于中断或无人问津的状态。后来随着茶马交易的兴起，这些古道得到激活并迅速转型为整个茶马古道的网络干道。

这当中，古盐道的转型作用是最不能忽略的。

可能考虑到这是个带有学术分歧的问题，陈保亚在《论茶马古道的历史地位》一文（《思想战线》1992年1月）里指出，盐有两大作用：一是维持人类的生存，一是保存食物。人类进入农耕社会以前，通过狩猎得到的动物，其体内含有一定的盐分，那时候人对盐源的需求还不很迫切。进入农耕社会后，人类更多地开始依赖植物而生存，原本从猎物中吸取盐的机会越来越减少了，不得不寻找盐源、获取食盐，以补充身体的需要。

粮食果子的采集和生产、牲畜的饲养、衣服的制作、水的引取，大都可以近距离进行，但盐产地并非每处人群聚居地都有（如贵州就不产盐）；即使有盐源，也不是每处人群聚居地的主人，都有能力自己去开采，于是只好到较远的地方获取。这样，连接人群居住地和盐源的古道网络就开始出现，也就必须有古道直接或间接地通向盐井、盐池、盐田，而这些古道还必须保持畅通，更不可能长期中断。

换句话说，盐道是最早的必不可少的运输古道。

从时间上看，盐运古道的出现，比茶马古道和丝绸之路出现的时间要早得多。大量考古工作发现，人类早在公元前6000多年就开始从盐水中提取食盐。盐业在中国出现很早，到汉代已经相当发达。山西运城附近的解池盐田至少在公元前6000年到公元前4000年前已经存在。中国古代文献有关盐（食盐）的记载很丰富。

人类开始食用盐后形成了“恃盐性”，盐成为人类的必需品。任乃强先生也说：“盐是最重要的民生物资，人畜不可或缺，从古至今如此。古代的巴族就因掌握峡江盐泉，以盐与周边氏族交换而致富强，后来也因为不事生产，只坐享鱼盐之贡，而致巴族逐渐衰弱。而且，人类远古的聚居点与文化文明的发生发展地也多与盐的产地有密切关系。”（《华阳国志校补图注》卷二，上海古籍出版社，2007年）。

人类早期所赖以生存的古道，绝大多数是盐运古道。这就形成一道奇观：在过去的川滇地区，古盐道与南方丝绸之路、川滇藏茶马古道多有重合，丝、盐、茶、马、铜在同一古道上交集穿行，你中有我，我中有你，形成斑斓的历史画廊。

四川省社科院巴蜀文化研究专家徐学书等编写的《成都茶马古道专题调查报告》也记载：他们曾在邛崃平乐镇的骑龙山山脊上发现一条古盐道，当地民间俗称“官马道”“马道子”。绿草掩映下，约有1公里长的这条古道，采用垂带式铺设法铺砌成鱼脊形，中央形成一条笔直的中心线，两旁用鹅卵石铺砌路面。

让人惊叹的是，这条道路沿途还保留了多处“错车道”（停靠马车处）以及主道与支道的交叉出入口。这些，应该是四川地区发掘最早的盐运古道。

这条盐运古道后来也转型成多功能的货运驿道。比如邛崃的许多茶叶，就是从这里运出去的。

澜沧江畔的手工晒盐

在康藏高原，具有典型意义的古盐道，是芒康至拉萨的一段崎岖山路。因为芒康有个非常著名的手工晒盐古盐田。

2009年春，我去巴塘参加民俗旅游文化节，活动结束后抽了两天，独自顺着318国道西去芒康，在那里的盐田逗留采风。

芒康，藏语意为“善妙之地”，位于西藏自治区东南部滇、川、藏三省区交汇处，东与四川巴塘县隔江相望，南与云南德钦县山水相连，是西藏的东大门，也是入藏茶马古道的第一站。芒康境内的达拉涅峰、达马压山、卡孜西卡冲山、旺秋占堆山，都是令人谈虎色变的奇险大山。远远看去，这些不规则的尖峰上，覆盖着常年不化的积雪，积雪下方是一片灰色。

沿途碰到的驴友告诉我，芒康古盐田非常震撼，它是迄今世界上唯一完整保持原始手工晒盐方式的地方。

古盐田，坐落在距芒康县城120公里的澜沧江两岸。远远望去，澜沧江两岸的陡峭山崖上，密密麻麻立着上万根木头架子。这些木头架子，

芒康的盐井（李贵平摄）

支撑着无数块紧密相连的方形晒盐顶棚，鳞次栉比向山外延伸，多达十余层。令人惊奇的是，一江之隔，两岸盐巴的颜色大相径庭，江东岸的呈绛红色，江西岸却是白花花一片。

盐井分两处，东岸是纳西村，西岸属加达村。千百年来，这些盐井，养育了澜沧江两岸的世代盐农和藏家居民。

盐田的劳作非常繁重，很费体力。不知是什么原因，也不知从何时

起，盐井盐田的劳作成了女人分内的事。男人只是偶尔整理一下盐田收获并出售晒出的食盐而已，晒盐的事一概不管。他们基本上不会帮女人晒盐。

澜沧江西岸的加达村，有个30多岁的藏族女人叫加西央中，她从13岁起就开始在盐田弯腰劳作了。一晃过了20年，加西央中生活的世界几乎从没离开过芒康盐田，她从未对为何只有女人在盐田劳作产生疑问，也从不会对袖手旁观的丈夫表示不满。因为长年劳作，这个原本容貌秀丽、身段玲珑的大眼睛女人，已有些憔悴。

加西央中每天早上8点多出门，她从梯子向下深入到洞底几米至十几米的深处，将卤水背上来倒在自家盐田里，经过强烈的日光照射，水分逐渐蒸发，完后就是盐粒，晒干运入市场交易。每块盐田产盐约十几斤，3至5天扫一次，天气不好的时候15天扫一次，桃花盛开的季节也就是农历二三月份时的盐产量最高，质量最好，价格也比平常高些。

加西央中家共有9块盐田，一年能产上万斤盐。这在村子里算是中上等。这也支撑了他们全家的生活来源。

加西央中的邻居，是格桑旺姆一家。年过花甲的格桑旺姆大叔，精神矍铄，20世纪70年代初在德格当过乡村汉文教师，跟他沟通比较轻松。他说：芒康盐井出产的盐又叫藏巴盐，是当地人们打酥油茶的必备品。人们常用盐来调和茶的味道，“茶没盐不如水，人没钱不如鬼”。藏民煮茶时一定会放盐。用这种方法煮成的茶叫“清茶”，属于煮制方法最简单的一种茶。

格桑旺姆说，在西藏东部地区还流行一种特殊的煮茶法——茶卤法，也就是把茶和白土混合倒入水中熬煮，待水熬干后锅底会残留下茶膏，茶膏晒干后可随身携带，饮用时只需放入开水冲泡即可。通过这种方法煮出的茶，也需要靠盐来调味。

危崖古道的马铃声

芒康澜沧江畔的古盐道非常古老，照格桑旺姆大叔的说法，至少有1400年历史，它在茶马驿道出现之前就已存在。

唐朝开辟茶马互市之后，这里就更热闹了，村寨的成年男子几乎全部出动去当马帮，他们将芒康的盐巴往西销到左贡、八宿、波密、林芝、拉萨，往东销到四川的巴塘、理塘、康定，往南销到云南的德钦、香格里拉、维西等地。

可以想象，每天，当天边晨曦露出鱼肚白，新的一天就在山谷里回响的马铃声中拉开序幕。马帮悬挂的无色风马旗是最动人的风景。风马旗传递着行者的祈福愿望，也给当地人带来喜悦。格桑旺姆说，从马帮那里，他们一家可以买到各种生活用品。

繁华逝去，时过境迁，用马帮驮盐已变成稀罕的景致，取而代之的是每日络绎不绝从附近藏区赶来运盐的面包车、小卡车、摩托车和牦牛。周边道路也越来越好。

格桑旺姆一家坚持用自制的盐，换取一些生活必需品如砖茶、布匹、蔬菜、火柴等。在他们看来，没有什么理由能够让他们放弃千百年以来的生存方式。时光虽然流逝，但隐藏在时光背后的生活，永远不会变味儿。

我后来从芒康县文史资料了解到，当年，从芒康盐田呈放射状“走四方”的马帮，走的是横断山脉深处的一条千年盐道，也是一条千年茶道。横断山脉内部山高水急，几乎没有什么平地，无论从哪一条河谷或者哪一座山脉纵向切割，两边的文明形态都可能截然不同。这样的地理结构，在古代社会有可能成为流民和少数民族避难的场所。横穿这些河流的时候，人们都只能依靠栈道和溜索。沿途异常艰险，行人如履薄冰。比如，从芒康西去左贡的古道约有五六十里路，马帮遇河搭桥，逢山修路，要在坚硬的岩石上凿开道孔，装上横木，再在木头上铺上木板加固，铺成悬空的栈道。有的地方则需要从绝壁上凿开一条缺口，仅容一人一马通过。若对面有马帮过来，实在进退无路，双方便协商作价，一方将瘦弱的马匹丢入悬岩之下，对方通过后给予补偿。

越是靠近拉萨，严冬越是漫长。最苦的是背夫，因为很多地方过于陡峭险峻，终年积雪，骡马根本走不下去，这就需要背夫出力。背夫背着百多斤重的盐包，在雪深过膝、下临深谷的羊肠小道上行走。最繁忙的季节，一条窄路有近百人排队等待。人们蜗在冰天雪地里冷得直哆嗦，

芒康盐井

还不敢大声说话，怕引起山岩雪崩，遇到挤在路上都走不通的时候，大伙儿就轻声轻语商量一个可以通行的办法。

波密县那哈隆巴雪山，更是一个“心频惊而畏缩，足将进而趑趄”的鬼门关。“山从人面起，云傍马头生。”雪山海拔4400米，顶有积雪，下有深潭，登百步梯而过，惊验之状如上九天。而过了波密，嘎纳王宫遗址附近岩壁间有一处古道叫“九条命”，就是因清咸丰年间，9名背盐工被强人抢走盐包、人被捆在树上冻死得名的。

通麦天险，位于念青唐古拉山脉南麓。至今，背包客和司机经过这里都如履薄冰。这儿有个传闻：20世纪40年代末，有村人在易贡乡树林附近的陡峭山坡下方挖金矿时，掘出不少马镫、马鞍、马靴和尸骸。当地人说，此处曾发生严重的泥石流灾害，当晚电闪雷鸣，风雨大作，碰巧下方一批骡马商队驻留于此，载运大茶的100多匹骡马和20多个赶马人，不幸全遭泥石流掩埋了。

从古到今，驿道上不知道埋死了多少人，病死了多少人，打死了多少人，但马帮背夫这个职业从没中断过。他们弯曲的背影，始终融入血红的夕阳里，山高水长，渐行渐远。

另外，按陈保亚教授的说法，在古代四川和藏地，除了这些奇崛险要的古盐道，还有丝绸之路、玉石之路、贝壳之路、铜鼓之路、陶瓷之路、荔枝之路、铜铁之路、酒之路、香料之路、香水之路、漆器之路……它们的出现，都可能早于茶马古道，但最终为茶马古道所兼容。

多次深入滇川藏“大三角”考察茶马古道的木霁弘、陈保亚认为，在茶马古道兴起以前，以滇藏川横断山为中心，周围的马帮古道已经非常著名；由于这一带地势险峻，泥石流频繁，这些马帮古道具有比内地马帮古道更强的生命力，不容易被现代化的马道车道所代替。这一点，构成了滇藏川横断山深处马帮古道的一个区别特征。最具代表性的有：怒江马帮古道、澜沧江马帮古道、金沙江马帮古道、元江红河马帮古道、雅砻江马帮古道、南盘江马帮古道……这些马帮古道，形成了强悍的沿江马帮古道系列。

一代代跋涉者，在密如蜘蛛网的商贸古道，在西陲边地的横断山深处，用非凡的人力、勇气和智慧，搭建了藏汉民族和衷共济的经脉，书写了千百年来的活动痕迹和执着向往。

那天下午，行驶在芒康东去巴塘的318国道上，经过竹巴龙乡时，扑面而来的是一条山色葱茏的金沙江河谷。天色昏暗，猎猎江风夹杂着细雨吹打在车窗上。远望，河谷时而开阔豁然，时而逼仄陡峭。我隐约看到浑黄的金沙江对岸，草丛与荆棘之间，有一条掩映在茅草中的石梯小路，它时断时续，顺山势向天边延伸。我不知道那是最初的古盐道，还是转型的“茶道”遗迹。但我想，它的坚硬存在，它承载过的浩荡货运，一定会为当年栉风沐雨行走在山道的跋涉者，铭刻一道深远的历史符号。

/

/

/

宋代的大小战役中，四川若尔盖草原配送的彪悍军马立了很大功劳，仅北宋咸平三年（1000）就运送了约8000匹河曲马，供给前线作战。

国之大宝河曲马

斯皮尔伯格导演的战争片《战马》，有个桥段令我泪眼婆娑：“一战”时英德阵地上，深夜的黢黑蓄积着两军的暗中发力，这时，英国士兵阿尔伯特从自家带来参战的小骏马乔伊，为寻找主人，它瘸着四蹄儿无意中跑到阵地中间，被堑壕铁丝网扎伤绊倒，它嘶叫着，奄奄一息。

这时，两军同时有人喊“别开火”。先是从德军阵地跑出个高举双手的士兵，他试图用钳子将乔伊身上的铁丝剪断，但有些力不从心；这时，一名英军士兵也持钳跑出阵地，两人合力救助乔伊……双方默守承诺，始终没朝对方开一枪。

这个故事说明，无论哪个国家，无论哪个时代，无论战争与和平，人们对马儿或动物的呵护是有共同诉求的；或者，从人性的深层次角度讲，总有某些东西是触及了人的内心而变得格外柔软的。比如，对马的呵护和青睐，更是贯穿于整个世界军事史上。

甲兵之本，国之大用

马，是人类最早驯化的动物之一。

最早的始祖马在5600万年以前，就生活在北美洲大陆上。公元前17世纪，古埃及人从来自亚洲的游牧部落侵略者喜克索斯人那里，学会了养马和用马车上阵作战。

公元前17世纪至公元前3世纪，即从商代到战国时代，中国人也用马车作战了。此后，马广泛用于挽车、载重、骑乘，在生产、劳动、交通、战争中起着重要作用。直到工业革命之前，马一直是世界多民族的主要畜力。

冷兵器时代，马作为高端的战争装备，是“甲兵之本，国之大用”(《汉书·马援传》)，扮演着战争机器的重要角色。春秋战国时期，赵武灵王遴选良马进行胡服骑射，那时衍生出的兵种就是我国最早的骑兵。最为世界史学家津津乐道的是蒙古铁骑。蒙古铁骑用战马与蒙古刀把冷兵器时代的骑兵推向一个极致，无论是力量还是战术，都所向披靡。

战马对军队的作用有多大，还可以从古代农民起义军动辄一二十万人被区区几千官军镇压的战例看出。义军为什么通常被官军以少胜多打得落花流水？除了前者拖家带口、军纪松散、军制紊乱、将领任性随意等因素，还有一个重要原因，就是农民军步兵多骑兵少。

比如，隋末农民起义军大部分都在中原、江淮地区，那里不是主要产马区，战马是其稀缺资源。农民军起事时很难搞到马匹，部队构成以步兵为主。而隋朝官军在大业末年时还未完全腐败，郡县之兵拥有完整的供应体系，不仅器甲精良，战马也能保证最大限度地供给。故而双方对阵，官军以快打慢、以硬吃软，往往能以少胜多。举个例子，隋将杨善会是个小小的县令，就以劲兵千余人与数万窦建德等义军作战，“前后七百余阵，未尝负败”（《隋书·杨善会传》），战绩相当恐怖。隋朝名将张须陀赖以与起义军对抗的，也是手下精锐的骑兵。他进攻时遇敌营则以步兵围逼之，遇流徙者则以骑兵追蹑之，在遍地烽烟的山东从无敌手。河北义军高开道率众来到渔阳郡（今天津市一带），意外地夺取隋朝留下的数千匹战马，遂成为北境最强大的一支义军。据守幽州的罗艺将军徒拥数万大军，对其也无可奈何。

对于帝王将相来说，拥有一匹高大的宝马良驹，也是身份与能力的象征，还可以在战场上获得极大优势。例如，“马上皇帝”唐太宗李世民就以爱马著称，他的“昭陵六骏”中的“飒露紫”，根据后人复原，其肩高就在150厘米到160厘米左右，属于上等良马的范畴。明太祖朱元璋对良马仍有清醒的认识：“自古有天下国家者，莫不以马政为重，故问国君之富者，必数马以对。”

因为战争，衍生了茫茫山岭里茶马商队走向明确的目标地——茶马互市。历代管这项交易的茶马司的权力，都大得吓人，尤其是明代。

茶马互市，最早出现于唐代，到宋朝成为定制。宋朝设立的茶马司职责是：“掌榷茶之利，以佐邦用；凡市马于四夷，率以茶易之。”

当然有个前提是，西蕃之地对茶叶的需求量极大。“蕃人嗜乳酪，不得茶，则困以病”（《明史·茶课》）。没有茶喝，他们就缺乏维生素，就肠胃不畅，就坐立不安。故唐宋以来，朝廷实行以茶换马的法律制度，直到清雍正十三年（1735），由于大一统江山的相对稳固和朝廷的“威加海内”，各地马匹以赋税抵押的方式朝贡，官营茶马交易终止了。但民间的茶马互换制度从未歇息，一直延续到20世纪50年代中后期。

开通“互市”通道

古代的以茶易马，究竟是怎么个“易”法？

唐代前期，最高统治者已经对正常的民族贸易有了较深度的认识，清楚这是和平年代互惠互利的经济活动，正如唐玄宗在开元九年（721）所指出：“国家旧与突厥和好之时，蕃汉非常快活，甲兵休息，互市交通，国家买突厥马、羊，突厥获国家彩帛，彼此丰足，皆有便利。”实际上，按唐玄宗所言，他当时已经认识到民族互市的作用，远远超过了经济意义，于是下令开通贸易绿灯（李朝贵、李耕冬《藏茶》，四川民族出版社，2007年）。

7世纪在西藏，松赞干布在位时，曾指定专人与大唐帝国进行茶叶贸易。由于西藏茶叶需求量大增，西藏每年以大量优良马匹与内地互换茶叶。也是在那个时期，正式开创了中国历史上藏汉两族间传统的茶马互市。

宋朝更是大行其道，除了设立专门的商务机构茶马司，并在与吐蕃交界的各州地设立了市马场所，使吐蕃用马、牛等畜产品和土特产走出去，交换中原的茶叶、丝绸、粮食等。宋熙宁七年（1074）行茶马法，宋神宗在四川的雅安、名山、百丈等地设置了“都大提举茶马司”主其政，专管茶马交易。

那以后，名山、百丈等处开始设置买茶场，规定名山茶专用于博马，并定为永法。从神宗熙宁至孝宗淳熙时期，名山、百丈每年运至西北地区秦州、熙州、河州买马场专门易马的茶叶，竟多达两万驮。

两万驮是个什么概念呢？每驮50余公斤。

元代，因蒙古族从事畜牧业，自己产马，元朝所需马匹不太依赖藏区，因而茶马互市规模较宋代小了不少。

明朝时，中原内地与藏区的茶马互市达到登峰造极。此时的茶马贸易形式大致有三种：一是官府主持的以茶马交易为主的商业贸易；二是僧人的贡马易货形式；三是民间商人的商业交换。

茶马互市衰亡是在清朝，那个时候，霸气外露国力强盛的大清王朝具有说一不二的权力，决定放弃茶马贸易，改为“贡马制”，也就是指令藏地和西蕃作为“税种”纳贡马匹。始于茶的茶马交易，逐渐为范围更广的物资交流所代替。雍正十三年（1735），彻底废除茶马互市，实行“贡马折银”，规定每匹马折银八两，每户征银八分，对茶叶改征茶封税，每封税银二钱五分，税后商贾自由出售。

如此一来，实行了数百年的茶马互市官制，告别了历史舞台。

良马惊鸿一瞥，划出一道深重的历史暗影。无论如何，源自唐代的茶马互市，不仅促进了历代内地与青海、甘肃、四川、西藏等少数民族地区经济、文化的交流，对少数民族地区社会经济的发展也起了积极作用。

河曲马：中国名马

茶马互市历史上，四川阿坝藏族羌族自治州的若尔盖县，曾书写极为荣耀的一笔。

若尔盖县地处青藏高原东北边缘，系四川通往西北省区的北大门。若尔盖唐克镇草原生产的河曲马，鼎鼎有名。

2016年初夏，我随北京大学中文系教授陈保亚、孔江平等人，自驾来到若尔盖县唐克镇采风。唐克，是著名的“九曲黄河第一湾”，也是历史上河曲马的原产地之一。陈保亚、孔江平曾多次结伴行走川滇藏“大三角”地区考察，对唐克马也十分熟悉。

九曲黄河第一湾，距若尔盖县城61公里，地处草原腹心地带。那天中午，刚刚下过雨，空气特别清新，太阳慢慢钻出云层。我们爬上半山坡的观光台，举目远眺，滔滔白河于此汇入黄河，形成浩渺气势。河面宽而蜿蜒，曲折河水分割出无数河洲小岛。山坡下的索克藏寺院，修筑于黄河第一湾山凹临河处，白塔古寺，经幡飘扬，帐篷里飘出的炊烟，袅袅娜娜升腾在天上的彩云之间，与迤逦而来的九曲黄河相得益彰，昭示出大自然的博大旷远。阳光下，一群群黑色的、褐色的、白色的河曲马儿在低头吃草，徜徉的身影和天上的流云投射在浅蓝色黄河中，构成一幅动静结合的美丽画面。

对唐克马颇有研究的若尔盖县文史研究专家蒋桂花说，在古代的内地，由于战争连年，除了人力兵员减少很大，马匹也损失很多，故而民间役使和军队征战都需要大量的骡马，而许多良马的产地多在高原，如中国三大名马之一的河曲马，就出产于青藏高原的黄河九曲一带（今川、甘、青三省交界的黄河草原），清朝以后，这里养殖的河曲马也越来越多，名气也越来越大。

蒋桂花说，河曲马体形好、毛色亮、耐力强、能拉善驮，既是冷兵器时期的“国之大宝”，也是农耕时代人们青睐的劳作工具。尤其是，河曲马对高寒多变的气候环境有很强适应能力，在终年群牧的情况下，夏秋上膘快，冬春掉膘慢，体内沉积脂肪的能力强，体况随季节变化不显著。河曲马体质矫健，对一般疾病抵抗力强，常见的胃肠疾病和呼吸系统疾病发生很少。

若尔盖的河曲马是个古老马种，历史上曾被称为吐谷浑马。河曲马先祖为青藏高原高寒山地草原马。那里的古羌人以游牧为生，逐水草而居，大约在战国末年，牧民将这样的马种带到了四川若尔盖黄河九曲之地，培养出新的良马河曲马。

当年，秦人从羌人那里得到了河曲马，运用于军事并训练组织了强大的骑兵部队。可以说，没有羌人用河曲马装备起来的秦国骑兵，就很难有中国第一个统一王朝。今天，我们从西安秦始皇的兵马俑中，还可以看到秦人河曲马部队的风采：满身铠甲的武士坐在高大的马上，威风凛凛，吆喝一声，就随时可以驰骋沙场。

松赞干布执政吐蕃王朝时注重与唐进行茶叶贸易。由于西藏茶叶需求量大增，西藏每年都以大量优良马匹与内地互换茶叶。阿坝州唐克镇，当年就是云集了藏马和若尔盖马的茶马互市重镇之一。

北宋建立初期，曾与辽国发生过数次大的战役，希望收回被石敬瑭出卖的燕云十六州，但宋军败多胜少，未能如愿。马匹这种珍贵国防资源的稀缺，使宋朝建立一支大规模骑兵部队的基础十分脆弱，几乎丧失了在马背上和北方游牧民族一较短长的机会。燕云十六州直到明代才被中央政府收回，也与历代军马的紧张有关。

面对周边游牧民族的强大骑兵，宋朝只得推行“以步制骑”的军事战略，并一直成为宋代朝廷的主流。大科学家沈括也说：“（宋）利强弩，舍我之长技，勉强其所不能，以敌其天产，未闻可以胜人也。”如果不是兴起茶马互市，通过茶叶换马，宋朝几乎完全不是游牧骑兵的对手，因为他们没有足够的马匹。

宋末，辽东女真族在灭辽后直接将矛头转往宋朝，北宋虽然最终灭亡，但在大大小小战役中，四川若尔盖配送的彪悍军马，还是立了很大的功劳，仅北宋咸平三年（1000），唐克镇就运送了约8000匹河曲军马，供给前线作战。

不过，除了直接驰骋于疆场，阿坝河曲马在商贸运输中也立下汗马功劳。若尔盖、玛曲这一带的马比较高大，腿杆比较细，耐力好速度快，不仅仅是驮负，它在茶马交易中也起了很大作用。我们如今在唐克一带看到的马匹，依然保留了古代河曲马的血统和种子。

除了唐克河曲马，古代能够生产大量战马的地区，还集中在云南的西北部和四川的西南部。这些地区海拔多在1000米以上，气候较寒冷，有大片草原，适合放牧和培育战马。

经常行走茶马古道的四川师范大学文学院教授周及徐指出，古代汉源县的建昌马，个头小、耐力好、行走快，善登山涉水，被誉为“天马”，为商家和赶马人所看好。他说，晚清时，四川骡马帮分为汉骡帮和藏骡帮，汉骡帮的运费一般比背夫要贵20%，但信用较差，时生事端；而藏骡帮因沿途放牧、善支营设帐并备有武器，虽途中走的时间较长但信用更好些，能顺利把货物运到目的地，商家多愿雇用。

此外，云南大理地区所产的马也很有名，但大多是便于在崇山峻岭中远征的矮脚马，虽然走得较慢，但脚力好，耐力足。

/
/
/

如果说经雅州（雅安）、严道（荥经），翻大相岭进入汉源的牦牛道，是雅安最早通向西南的道路，那么雅安通向西北最早的道路，主要是“夏阳道”。

北上陇南换好马

《西游记》第五十四回讲了个故事：唐僧和猪八戒喝了子母河的水，突然肚子暴涨——要当妈妈啦？他们哇哇大哭，急得比悟空还会抓耳挠腮。这时，一老婆子走来，忽悠他们拿出几锭银子，买了两瓶落胎泉喝下去，才摆平肚子。唐僧师徒听那婆子讲，此地是西梁女国，人人会做买卖。“我这边百钱之物，到那边可值万钱；那边百钱之物，到这边亦可值万钱。利重本轻，所以人不顾生死而去。”女儿国的人敢拍着胸脯说，咱姐儿不差钱。

小说是现实的反映，《西游记》呈现的商业氛围和它写作的年代，正是世界史上“地理大发现”时代，达·伽马的船队从印度带回珠宝、地毯、香料、丝绸、茶叶等在西欧市场出售，“不顾生死”赚取暴利。而那些茶叶、香料、玉器、生丝，有很大一部分是从中国四川运输去的，更是一代代四川的马帮、背夫从崇山峻岭肩扛畜驮而去的。

四川古道，举世闻名，既有以商业为代表的茶马古道、川盐古道，更有为军事而设的米仓古道、金牛古道、阴平古道，还有专为杨贵妃运输荔枝而建的荔枝古道。

从四川出发的茶马古道，除了一般人知道的西路边茶、南路边茶等西去藏地的传统线路大，还有一条北走秦蜀道进入甘肃陇南的古驿道。这同样是一条民族融合的血脉通道，滋养了沿途民众生生不息的繁衍。

夏阳道：百斤川茶换四尺大马

西南的土地是广阔的，西南的交通又是让人望而却步的。《华阳国志》称早在秦汉时就有多条外路可通巴蜀。古人铺木为路，杂以土石，谓土栈；绝壁凿孔，插以木梁，为石栈。缥缈入云，步步惊心。

四川省茶叶流通协会秘书长陈书谦是研究川藏茶马古道的专家。在他看来，如果说经雅州（雅安）、严道（荥经），翻大相岭进入汉源的牦牛道，是雅安最早通向西南的道路，那么雅安通向西北最早的道路，主要就是"夏阳道"。

宋代以及明代中叶以前，川茶很大部分是走夏阳道运入陕西，然后转销西蕃。

夏阳道曾是一条极繁忙的远征古道，也是北上唯一最漫长、最遥

夹金山盘山公路。这里曾经是夏阳道非常险峻的路段（李贵平摄）

远的古商道。其主要线路是：经芦山、宝兴、夹金山、小金、汶川，分路后一边到陕西，一边到甘肃。从宋神宗熙宁（1068—1077）到崇宁（1102—1106）这三四十年间，是四川雅安茶叶北上输出的顶峰时期，每年约有100万公斤边茶从名山运出，经上里、中里到芦山，一路由厢军和士兵共同护运，气势宏大，壁垒森严。厢军，指的是地方军；士兵，指的是国家军队。

军队护茶北上，可见川茶的影响力。如此持续数十年，到南宋末期，朝廷倾轧混乱，官军也越发不经打，北方大片领土失守，陕西沦陷，西北马市停顿关闭，这条马背上的道路最终中断。此后，茶马交易不得不转至南方。此前，夏阳道上四川茶叶的价值，可以说得到了最充分的体现。

陈书谦考证指出，南宋时，一百斤名山茶可换四赤（尺）四寸大马一匹，这在当时，是其他地方的茶叶所不能比的。

四川农业大学茶学系教授李家光，在分析中国最早茶马古道川甘、川青线的历史演变时还追溯到更远的唐朝，他认为，唐代的“安史之乱”让本来昌盛的唐朝经济突然衰退，也让朝廷感到岌岌可危。平乱中，朝廷曾两次向回纥人借兵，终于打退安禄山史思明的军队。为了酬谢回纥人，从唐至德二年（757）起，朝廷每年送给回纥2万匹绢和许多茶叶。作为回礼，回纥也赠送给唐朝2万匹马，这样开始了马匹和丝绸、茶叶的交换。不过彼时，茶叶交易的分量并不重。

李家光指出，到了宋代，朝廷与辽、西夏、金、蒙古多处交火，狼烟四起，打得难解难分，马匹越来越紧张，于是想到了拿茶叶换马匹。而西北地区是重要的马源地。到宋乾德五年（967），朝廷在原（甘肃镇原）、渭（甘肃平淳）、德顺（甘肃天水）三个地方用川茶换来7万多匹上佳战马，一度缓和了战事。

川甘、川青线茶马古道上，茶包因数量大、路途长，全靠马帮一袋一袋地驮运。马帮算是一个有油水的群体，出于安全考虑，属于官茶的由护兵押送，属于私营的由行商雇请镖局押送。沿途，土匪铤而走险时有发生，商队被劫折损，也是司空见惯。

甘肃许多学者也认同“夏阳道是最早茶马古道”的说法。他们认为，陇南康县开辟的茶马古道，比四川的西路边茶和南路边茶还要早。这条商路很可能始于隋唐甚至更早，之后断续推进。到了宋朝，由于政治中心南移，西北地域少数民族政权的扩张不断引发战事，运兵频繁，才切断了四川经甘肃通往青海、西藏的古老商道。兵燹之灾，一片狼藉，熊熊火光照亮了北方的大片天空，导致陕、川等地生产的茶叶、土布、蚕丝、药材、土纸等无法运出，而运不出去就换不回食盐和马匹。其实，大家的日子都不好过。

如此一来，茶马古道线路只好另起炉灶，在西南地区横断山脉新辟商道，这样就形成了后来著名的西南茶马古道。

这种说法当然有一定的争议性。陇南康县人为此还拿出了他们的考古新发现。

明初茶马比价表

时间	地点	茶马比价		
		上马一匹	中马一匹	下马一匹
洪武十六年（公元1383年）	永宁	80斤茶	60斤茶	40斤茶
洪武二十二年（公元1389年）	岩州、雍州	120斤茶	70斤茶	50斤茶
永乐八年年（公元1410年）	西宁	100斤茶	80斤茶	60斤茶
	河州	60斤茶	40斤茶	递减

明初茶马比价表（图　据西藏博物馆）

康县：发现明代指路碑刻

2016年4月中旬，陇南康县文管部门在县境望关镇发现了一块半截残碑。经专家辨认，是明代商队立下的路碑。

这半截残碑，位于望关镇政府西北100米处山垭的石猫梁上。石碑宽70厘米，高90厘米，厚18厘米，上有可辨认的碑文“察院明”和碑文“巡按陕西监察……示知一应经商人等……茶马贩通蕃捷路……”字样。此前，东面斜坡的石路上，也发现古代开凿的台阶，现存20级，长约11米。西南坡上，也有残缺的台阶路和石砌路基，长约20米。都是跟茶马古道有关的驿道遗址。

康县望关镇这块石碑，被许多专家认为是全国唯一现存记载茶马古道的碑刻，发掘意义重大。

碑文之意，主要是告知沿途经过的马帮商贩，一是要接受驻关官兵的检查，二是说明康县望关茶马驿道是通向藏区的便捷通道。据考证，在康县和徽县等地，已发现几十处与“茶马古道北线”相关的历史遗存，包括石碑、摩崖石刻、廊桥、古宅院落和马帮用品等。

陇南康县是连接大西南、大西北的重要通道。今天如果自驾，康县南距四川广元朝天区还不到140公里，过去走驿道当然曲折得多。康县与广元之间，有个青木川古镇非常有名。青木川地处川、陕、甘三省交界处，人称“一脚踏三省”，为秦蜀之咽喉、商贾云集的边贸重镇，也是兵家必争之地。民国时，掌控青木川20多年的红帮头子魏辅唐，先后当过所属宁强县独立自卫队大队长、宁西自卫队总队长、陕甘川三省九县联防办事处副处长，可谓呼风唤雨，他年轻时经常去康县一带贩运盐巴、茶叶，也有自己的马帮武装。魏辅唐做大后坐镇青木川，不忘袍泽兄弟，对往来川陕的赶马人也多有善待资助。

康县这块石碑，证实该县境内确实曾有一条远古贸易通道，属川、陕、甘茶马古道的重要支线。也同样证明，早年四川出发的茶马古道，除了我们较熟知的西路边茶、南路边茶等西去藏地的传统线路，还有这条北走秦蜀道进入陇南的驿道。

康县茶马古道的重镇在窑坪乡。窑坪乡位于陕甘交界处，是由商队歇脚之地演变成的贸易集散地。窑坪最风光时是在清朝中后期，农副土畜产品量大类多，交易活跃，商队云集，多时上千商人、数百匹骡马集聚于此。当地人说，集镇上，蓝色的绿绒蒿、橘黄色的蒲公英、淡黄色的卷鞘鸢尾、紫色的紫菀……较劲儿似的点头摇曳，迎候商队的到来，十分喜庆。

文献资料介绍，窑坪乡交易的商品，除了茶叶还有核桃、木耳、土纸、蚕丝、柿饼、毛栗、薇菜、蕨菜、槲树、皮毛和天麻、麝香等。这些产品，有的转运出口至南亚各国，有的远销西北。这主要发生在清朝下令停止官方茶马交易之后的清朝后期和民国初期。

陇南地方史志办主任罗卫东撰文说，康县所属的陇蜀道，在宋代茶马交易中发挥着重要作用，因两宋时期的战马，主要通过陇蜀道运茶供给，最高纪录是一次向前方军队供给3万匹马。为此，朝廷在阶州（今武都）、成州（今成县）、文州（今文县）、宕州（今宕昌）、西和州（今西和）均设有大型茶马场，由国家直接管理，进行大规模的茶马交易。

罗卫东文中指出，南宋朝廷曾下令停止茶马交易，致使军中无战马可用，负责陇南防务的吴挺大将军十分焦急，多次上书称：“马者，兵之用也，吾守罢去，不忍一旦误国军事。”朝廷权衡再三，下令恢复茶马交易，大量战马又源源不断地输送到南宋军队中。

当年，四川北上的马帮商队，出川后由康县窑坪进入甘肃境内，马帮驮畜来来往往，人喊马嘶，一路拥挤在窑坪这段狭窄古道上，清悠的铃铛声和嘚嘚的马蹄声，散落在寥落寂寞的康北山区。到20世纪50年代中后期，窑坪的商业依旧十分发达，门店林立，旗号招摇，南来北往的客商频繁走动。

陇南：川茶北上换马重地

整个陇南，在历史上也是川茶北上换马的必经之地，在全国茶马交易格局中占有重要位置。南宋时，因陇南是宋金对峙的分界线，只有陇南的阶州、文州、成州、西和州、凤州还在南宋控制之下。南宋的茶马场只好设在这些地方（《茶马古道》，云南美术出版社，2015年）。

北宋《新开白水路记》载：至和三年（1056），蜀道青泥岭改道白水峡，55里山路，就修建了邮亭、营屋、纲院382间。纲院，是客商存放物资的仓储。茶马道北路开通后，走古蜀道的茶就是从这条路去往陇南的。

宋代以后，朝廷设在陇南的茶马场、卖茶场、批验所和巡检司等场所和机构，其数量之多、规模之大在全国都十分有名。到了明代，茶马古道主要运输工具不再是骡马，而换成了骆驼。之所以换用骆驼，是因为明朝时有数百万斤茶叶要从四川贩运到西北，数量太大，气候太冷，马儿难以胜任，故改用骆驼。

这条支线道路艰难险阻，当年清朝名士王士祯曾行走记载："（盐亭）富村驿今豺虎窝耳，窝外即荒山，虫声四起，夜不成……（三台秋林）蛇虎虽多，与人无害……（三台建林）地多虎，日高结伴始敢行。"说沿途老虎很多，狼、豺、虫、蛇等生物也常跑出来伤害行人，大伙儿必须结伴才敢上路。据此推测，清初蜀道森林密布。

四川边茶绕道陇南做交易，当然跟那里盛产良马有关系。这里，不得不提到一个叫王韶的人。

北宋熙宁六年（1073），西北边关大将王韶收复甘肃宕昌后，在宕昌设茶马场。《宋史·兵志》载："北宋的马分为二：一曰战马，生于西垂，来自宕昌、峰迭峡、文州；二曰羁縻马，产西南，短小不及格。"

王韶称"短小不及格"的羁縻马，不大适合作战，但跑起运输却是顶呱呱的，脚力很好，因而被收购不少。清《岷州志》载：北宋名将张舜民任秦凤州刑狱，专司以茶易马。张的衙门就设在宕昌一禅院，“以法堂为厅，香积厨为厩，廊庑、厨舍、云堂、二门为茶资库，僧房、山场园为士卒燕息之所”，整个衙门堆满了交易羁縻马的四川边茶。

青木川地处川、陕、甘三省交界处，素有“一脚踏三省”之誉，为秦蜀之咽喉，商贾云集的边贸重镇（李贵平摄）

值得一提的是，甘肃很早以前就开辟了多条入川商道：以天水为起点，经礼县、宕昌、武都至文县。从文县分出两条支线，一条从文县循白龙江至碧口入川，进入青川县境而后至平武；另一条从文县东南经丹堡、刘家坪翻越摩天岭入川直达平武。从平武经过江油至绵阳，这条古道与著名的金牛古道合二为一，通往成都。而从甘肃入川的古道，因古时文县称阴平，南北朝时氐族首领又在此建过阴平国，故而被称为阴平古道。沿途古柏森森，马蹄嘚嘚，空谷传响，商意盎然。阴平古道在秦汉之前就被开凿，三国末期魏将邓艾南袭蜀国走的就是这条险路（云南省博物馆《茶马古道》，云南美术出版社，2015年）。

时过境迁，物是人非，历史风云变幻莫测。无论是四川，还是陕西、甘肃，来来往往的马帮、背夫早已在暮色苍茫中成为远去的背影，但他们用血肉之躯筑就的千年古道文化，也让万里山川的一石一土记下了他们的足迹。跋涉者之于茶马文化的促进，之于古道交通的开拓，正像广元《古道背夫铭》所述："茶马千秋，古道苍茫。先人之风，山高水长。"

/

/

/

德勒布何止是一种舞蹈，“阿木穰”又何止是一尊雕塑？对嘉绒藏族和所有关注这个民族前世今生的人来说，它俨然是一把丈量历史的尺子，既镌刻悲壮的过往，也标注灿烂的未来……

雪山下的“德勒布”

旅途中，许多临时起意邂逅的风景，说不定会在你的记忆之河汹涌好一阵子。

有一年盛夏，我带家人自驾来到阿坝州小金县，过了猛固桥，原打算北去卓克基，在途经木坡乡登春村时，我看到许多藏族居民手拿小彩旗结伴往山上攀爬，数百辆车子也沿着奇陡逼仄的乡村公路往上蠕动。一问，他们是去一个叫葛尔格的高山草甸参加“嗯德呐”嘉绒藏族民俗文化盛会的。几个藏族女孩说，今天，让人期盼的“德勒布”刀枪舞，也将火热登场。

作为驴友，我平时对景区搞的歌舞表演无甚兴趣，但听到德勒布的名字时，心头怦然一动。这些年，我在关注川西北军事历史时久闻它的大名，现在有机会去看看，兴许能从中咂摸点原汁原味呢。

临时合计，掉头上山。

葛尔格草甸在群山环抱中算是一马平川。这是一场幕天席地、和大自然气息相通的露天盛会，它带着松软的泥土气息和硬朗的雪峰质地，在海拔3000多米高的美丽草甸奢华铺展。所有演员，都是来自木坡乡八个村的嘉绒藏族居民。鼓乐声中，锅庄、藏戏、三句半、弦子弹唱生动演绎出犁地、下种、收割、打青稞、捻羊毛、喂牲口、牧羊、酿青稞酒、打酥油茶等日常劳作情景。现场的掌声欢呼声，随着清爽的夏风唤醒了宁静的山野。远方，逶迤的雪线宛若献给这场盛会的洁白哈达，高天流云也久久俯瞰而放慢了游走的步履。

德勒布一出场，就受到人们的雀跃惊呼。

德勒布，又名出征舞。我透过长焦镜头看到，十来名高大魁伟的舞者，个个有着枣红色的脸庞，配以盘在头顶夹杂着红丝线的油黑发辫，透出神采奕奕的阳刚之气。他们身披黄色短披肩，脚蹬高腰藏靴，背弓箭，挂短刀，戴护环，或瞄准射击，或张弓搭箭。舞台一边强劲拍打的鼓点，烘托出嘉绒男子出征杀敌的勇猛刚性。

此时，在我眼里，德勒布早已不是一场草地上的舞蹈，它似乎在复活一段历史。远方，绿色草坪上嫣红的高山杜鹃，倏然幻化成古代嘉绒男儿保家卫国、血战疆场的殷红鲜血。我的心绪，也随着连绵起伏的雪峰荡向远方。

德勒布，来源于嘉绒藏地一段悲壮往事：乾隆五十三年（1788）至乾隆五十六年（1791），巴勒布（今尼泊尔）的廓尔喀族受英国人唆使，两次入侵中国西藏领土，他们掠牲畜，杀藏民，焚房屋，一路施暴，山河变色。这引起嘉绒藏民的众怒。清廷战令甫到，这些格萨尔王的后代，迅速组织一支两千多人的远征军，西行抗击入侵者，如同百年后金川名将阿木穰将军率600名藏兵远赴宁波抗击八国联军。嘉绒男人英勇善战，吃苦耐劳，又有丰富的山地作战经验，他们总是被调遣到战事最激烈、环境最苦寒的地方去鏖战。经过浴血奋战，藏族同胞终于把廓尔喀族人驱逐出境，但自己也伤亡惨重。雪域茫茫，天寒地冻，班师的旌旗在飞雪中羸弱飘动，战马的悲鸣带着啼血的沉滞，每个兵士的黝黑脸膛，都被战火硝烟熏染得不成人样。德勒布，就是以这场战争为背景创作并流传下来的史诗性舞蹈。

当年，释放了复仇之火的嘉绒男人重返家园，他们站在雪山之下的五彩经幡前，双手合十，匍匐大地，敬献桑烟，祈求山神和土地神庇佑全体寨民，使土地免遭冰雹旱涝灾害，保佑庄稼成熟丰收。阳光晒干了他们心中的忧伤。年复一年，春耕秋收，嘉绒人重新过上吉祥和美的日子。

此刻，我的目光又回到高山草甸的舞蹈现场。我注意到，德勒布舞蹈的尾声，刚才还是剽悍、英武的勇士，顷刻间文静如闺房绣娘，随着神杖嗒嗒的摇动，舞步也随着舒缓的鼓乐声变得轻快，挪移到仪态万方的“四人小场子”队列，他们对和平家园的赞美和幸福生活的向往，如风过草动，云漫群山，传递到现场观众的心田里。

雪山逶迤，清溪萦回。一如炮火中千疮百孔的猎猎战旗，三百多年来，德勒布历经兴衰，青黄不接，一度濒临失传。近年来，由于国家对民族文化遗产的抢救，德勒布重出江湖，舞风日臻厚重，难怪这次在葛尔格大草甸一出场，就受到众人的欢呼。

一场舞蹈的背后，竟然和重大的历史事件气息相通。事实上，当年，那场战争，本质上是西藏同胞为了抵制英国人操纵的将印度茶占领西藏市场而升级的一次护茶之战。

那次战争结束后，清政府对抗击廓尔喀入侵西藏的小金（懋功）有功人员进行了嘉奖，他们分别是：

夏布达吉，丹东革（布）什扎土司，乾隆五十三年（1788）廓尔喀第一次入侵西藏，土司主动派出乌拉承担运输任务，予以嘉奖。阿达，巴旺大头人，乾隆五十六年（1791）廓尔喀第二次入侵西藏，作战英勇顽强，战功卓著，清廷赐封“达尔木巴图鲁”，赏白银百两。安固，革（布）什扎小头人，廓尔喀第二次入侵西藏，作战英勇顽强，战功卓著，清廷赐“戴兰翎”。索诺木敦珠布，革（布）什扎小头人，廓尔喀第二次入侵西藏，抗击作战英勇顽强，战功卓著，清廷赐“戴孔雀翎”。安布木，宅垄屯外委，廓尔喀第二次入侵西藏战功卓著，清廷赐“戴兰翎”……（1995年版《小金县志》）

历史上，勤劳勇敢的小金藏族同胞，一直怀有强烈的爱国使命感，更有义无反顾同敌人血战到底的英雄气概。那天下午，在猛固桥小金川河边，我看到一组汉白玉雕塑，雕塑中间，那位一身戎装、双目炯炯、挥刀前倾的藏族将领名叫阿木穰（又名阿布穰），他的背后是一拨慷慨赴死的兵士。

雕塑背后，同样凝聚着一个悲壮的爱国故事。

阿木穰是小金世袭土司。第二次鸦片战争爆发后，他受清政府调遣，率600名藏族士兵，千里迢迢开赴浙江抗击英国侵略军，接受王国英将军（四川崇州人）的指挥。1842年3月初，当清军统帅奕经下达夺回宁波等地的命令后，阿木穰与藏族士兵誓言："不战胜即战死。" 3月10日，以阿木穰军为先锋，冒雨猛攻宁波西城门。

由于清军战前部署保密不严，英军侦知了清军进攻的确切时间，在城内预做埋伏。阿木穰率队攻入城门，左手执盾，右手握刀，肩插弓弩和竹竿灯，似猛虎下山，直赴鼓楼，不慎进入英军埋伏圈，触发地雷，排炮齐发。滚滚硝烟遮天蔽日，厮杀声追逐着滚滚江水。藏族士兵手中均系短兵器，无法接敌，完全暴露在英军炮火之下，越来越多的兵士倒在血泊里。激战中，阿木穰及其部属四卡松等400余人，均阵亡于宁波城内。接下来几次战役中，其余藏族兵士也尽皆战死，无一人投降。同时阵亡的，还有王国英将军等数千川籍将士。

猛固桥，连接着藏羌茶马古道的前世今生，也嫁接着小金县恢宏历史的继往开来。那天，离开猛固桥时已近傍晚，暮色四合，一弯淡黄色新月在黛青色山峦上缓缓升起。从雪山吹来的清风，伴合着小金川的汩汩涛声，扑打着我的车窗，那么铿锵，也那么缠绵。

我想，这些声音定然是在告诉我：德勒布何止是一种舞蹈，"阿木穰"又何止是一尊雕塑？对嘉绒藏族和所有关注这个民族铿锵步伐的人来说，它俨然是一把丈量历史的尺子，既镌刻着悲壮的过往，也标注着灿烂的未来……

/

/

/

历史的河流，在拐过一道急弯后又奔涌前行。当硝烟散去、化剑为犁，金川河谷又露出蓝天白云。风马旗迎风飘扬，藏汉同胞熟悉的嘚嘚马蹄声、铃儿声又重新响起，回荡在崇山峻岭。

金川之战与驿道“新生”

200多年前，清朝乾隆皇帝发起了平定大小金川的战争。这场被一些史家认为费力不讨好的征战——乾隆十二年（1747）到乾隆四十一年（1776），前后折腾29年（实际战事7年），耗资上亿银两，损亡3万余人——仅当时在川总兵力就消耗近三分之一；而与朝廷大军作战的，不过是人不满3万、武器装备落后的大小金川沿岸的藏族土司军队。

乾隆为什么要高射炮打蚊子玩这么一票？一向“战无不胜”的清军，又是如何在土司军队和碉楼面前闷声吃了大亏的呢？

金川河畔的乾隆御碑

2013年夏，我和几个朋友自驾来到阿坝州西南的金川县城。此时已是傍晚，夕阳西沉，一抹余晖将群山勾勒出一道绚烂的金边。居民在河边悠闲漫步，有说有笑。由北向南逶迤而来的大金川，携带着阵阵凉风，汩汩滔滔，泛起牧野般的清韵。

这是一座群山环抱中的宁静小城，几条街道呈阶梯状分布在河西山谷间。街头民居，多为石头和黄泥修砌而成，以巨木为梁，横搭杂木，盖土于上。老街上，修建200多年的老戏台、红桥、禹王宫、城隍庙等古建筑雕梁画栋，神兽飞扬。孩子们挣脱妈妈的手一路蹦跳，红扑扑的脸蛋儿像才下树枝的金川苹果。引领广场舞的藏族美女身灵眼媚，轻盈婉转，风情万种……

来到金川县，当然绕不开200多年前那场著名的大小金川之战——乾隆皇帝晚年自诩的“十全武功”中，其中有两件就是平定大小金川。

当年乾隆万万没想到，在川西北高原这个“地不逾五百里，人未满三百万”的弹丸之地，竟让他经历了整个18世纪中耗时最长、耗资最巨、动用兵力最大、损失最惨重的一次战争。

我从《清实录·高宗纯皇帝实录》卷五和1995年版《金川县志》等了解到，乾隆皇帝两次用兵金川，调集了全国25个省10余万兵力，损亡3万余人，耗银一亿多两，战事折腾7年多。战争之吊诡、抵抗之顽强、用兵之奇绝、逆转之奇葩，被中外史家称为“历史之谜”。

第二次大小金川之战落幕后，乾隆出于前车之鉴，传旨亲命，在金川县立下一座恒久纪念御碑，是为铭记。

这座古代纪念御碑，至今保存完好。它位于金川县城以南约30公里的安宁乡安宁村。此地绿树环绕，村落寂寥，人迹罕至，大金川蜿蜒南流，一片寂静。河边，有一座七八米高的古碉楼巍然屹立，四周杂草丛生，虽历经风雨剥蚀和地震考验，已有些偏斜，但没有任何倒塌的迹象。

天高云淡，往事如风。护亭中的御碑，静静矗立在炭厂沟的半山腰，犹如一个沧桑老人，守望着河谷中早已逝去的数万兵士的亡灵。我兴冲冲提起相机，沿着石梯甬道爬上去探访。

这座乾隆御碑，号称“雪域高原第一碑”，修建于乾隆四十一年（1776），碑高4.5米，宽2米，厚1.3米。碑石镶嵌于一巨大石龟身上，碑额刻有“御碑”二字，碑身正面用汉蒙两种文字刻制碑文，背面则为藏文。

这场战争的起因是：清初，在朝廷主导下，西南少数民族从劳役地租向实物地租过渡，而西南的世袭土司仍一意孤行，强迫民众无偿服役；土司之间，也一再发生侵吞其他地区土地甚至公开武装叛乱的事件。于是，清廷在西南少数民族地区掀起了“改土归流”高潮，但这一政策，在川西北一些藏区受到抵制，很难实际推行。为此，乾隆皇帝很生气。

诱发战争的直接导火索是：1747年夏，大金川安抚司莎罗奔土司，为了扩充自己的势力，突然发兵围攻金川革布什扎的土司官寨，进而攻占明正土司鲁密章谷的寨子，兵力所指，还逼及川藏军事重镇打箭炉（康定）（见1995年版《金川县志·兵事》），在大小金川掀起轩然大波。大金川和小金川，是大渡河的两条主要支流。

莎罗奔这一举动，在乾隆看来简直是瞎子染布——不知深浅。“安藏必先定康”的念头，让他再次瞪圆龙眼，握紧拳头，决定教训教训这个地头蛇。

莎罗奔也的确是个不简单的人物，他在当地发号施令，说一不二，谁违反了他都没有好果子吃，他的专横也引起宗族内部的诘难反目。今天的金川县马尔邦乡有一座“中国碉王”，就是莎罗奔当年的官寨，该官寨高51.2米，基宽6.5×5米，顶宽3米，是迄今国内最高的雄伟古碉。县境内卡撒乡卡撒寨还有300多座石碉，都属莎罗奔的势力范围，蔚为壮观。莎罗奔自认为“手中有粮，心中不慌”，他对清廷的态度是，骑驴看剧本——走着瞧。

62岁岳钟琪临危受命

乾隆十二年（1747）夏，清军3万人分两路进讨金川，拉开了大小金川之战的序幕。

金川当地，山形险峻，奇峰林立，山间建有大量碉楼石寨。长于野战的清兵出师不利，伤亡惨重。清军大多连壕沟、城墙都过不去，即便有侥幸潜入碉楼者，马上就被人把脑袋从里面扔出来了，连第二天的太阳都没来得及看。

当时在前线督战的大学士傅恒，目睹了清兵的一次惨败：1500名前锋绿营兵如蚁般摸到安宁河谷一座主碉楼下，正待架梯突袭，突然牛角号吹响，从碉楼暗孔里哗哗啦啦射掷出竹箭、鸟铳弹、铁藜。荒草掩映的高坡上，又山洪般推出滚石檑木，雷霆万钧，风尘滚滚，砸在清军的头上身上。接着，早已埋伏好的2000多名藏军四面跃起，仰面扣射，冲入敌群，挥舞刀枪棍叉乱砍乱杀。上千名清兵被突如其来的攻击打得措手不及，纷纷倒地，鲜血染红绿草黄沙，尸体塞满河谷沟壑，乌鸦鹰隼往来饕餮，贪婪果腹。

傅恒在一封上报乾隆的奏折中叫苦道："战碉锐立，高于中土之塔，建造甚巧，不逾数日而成。且人心坚固，至死不移……"

傅恒提到的这种碉楼，最早记录在《后汉书·西南夷传》里："依山居止，垒石为屋，高者至十余丈。"这种佛塔式建筑，分为家碉、界碉、寨碉、烽火碉、官寨碉、防御碉、预警碉等，坚固厚实，布局紧凑，功能齐全，具有极强的防御能力——每座碉楼的四周高下皆有小孔，土司军居高临下，远可射，近可砸，游刃有余。

事实上，就算清军攻击到碉楼前也不得不"低三下四"——碉楼的门窗，都设在离地面几米高的地方，极矮小，人弯腰勉强可进，根本无法展开攻击，反倒容易在晕头转向中被碉楼里的人干掉。

即便在远离碉楼的山地沟堑中，尽管清军生龙活虎，可动作总有先有后，冒进者面对的是敌人无数支长枪的攒刺和火枪的劲射，就是有通天本事也要被打成筛子，紧接着下一个被放倒，似此周而复始……长于野战冲杀的清兵成了武松看鸭子——英雄无用武之地，处处挨打。

西藏民族学院历史系编著的《清实录·藏族历史资料汇编》（内刊）也载：清军在金川这个陌生之地，屡战屡败，损兵折将，令遥控指挥的乾隆十分焦急。他命人将一批俘虏和工匠带到北京，在西山脚下仿筑了3座与金川碉楼相仿的圆形城堡，选拔2000人组建"健锐云梯营"（相当于特种部队），日夜演习山地战和攻坚战。乾隆还下令：训练中有懈怠者，斩无赦，诛九族。

第一次大金川之战，清军在两眼一抹黑的情况下仓促出兵，大吃苦头。乾隆又急调云贵总督张广泗为四川总督，大学士纳亲督师，增兵再战，还是没占到便宜。乾隆怒气冲冲，令斩张广泗，赐死纳亲，改用戍边爱将岳钟琪出山，亲授总兵之衔，严令他务必拿下大金川。

岳钟琪，甘肃永登人，史书称他"读书之余，说剑论兵，出奇谋无不中肯"，被认为是清军的常胜将军。彼时，他已62岁。

岳钟琪率部从成都急急忙忙来到金川，他反复权衡，先是重金收买了几名当地人做向导，让他们带路摸进金川的几处要塞卧底，又轮番派出数百"特种兵"展开偷袭，其手段之诡异、战法之狠辣，令对方十分不安。短兵相接中，鼓鸣声、喊杀声、刀枪碰击声响彻在山谷，双方纠结一团，盘根错节，你中有我，我中有你，血肉横飞，尸骸遍地……大大小小打了好几仗，不到三个月，岳军就顺利攻占了康八达、塔高、沙耳等关隘山梁，取得先机。

始作俑者莎罗奔，原本是岳钟琪的部将，曾随岳大将军平西藏、征青海，知道他的手段，非常惧怕他。眼看连战失利，粮草无援，箭矢短缺，援兵乏力，莎罗奔只好挂起牌子歇兵不出。岳钟琪乘机隔空喊话，派人深入敌营，晓以大义，最终说服了莎罗奔投降。

乾隆十四年（1749），"莎罗奔入傅恒（清军统帅）营降，悉听约束，遂赦其死罪，仍为土司职"（1995年版《金川县志·兵事》）。莎罗奔投降后，获准继续当他的土司。至此，历时两年多的第一次金川之战结束。

乾隆十九年（1754），岳钟琪卒于资州（今四川资中县），后迁葬金堂县栖贤乡岳公村，时年68岁。为纪念他的战绩，今康定炉城镇将军桥，立有一座3米高的岳钟琪塑像。这是后话。

22年后，战火又起

第一次金川之战后，让乾隆皇帝睡了几年安稳觉，其间仍有零星冲突，磕磕碰碰，但规模不大。22年后战火又起，枪炮声、杀伐声再次回响在迤逦山谷。

乾隆三十六年（1771）四月，大金川土司索诺木（莎罗奔的侄孙）与小金川土司僧格桑，不满朝廷政策，联手再次发动反清战争。

这索诺木有个习好，将许多刁蛮狠勇的藏民招募过来编入他的土司军里，重赏训练，鼓励他们冲锋陷阵。类似《管子·七法》所言："收天下之豪杰，有天下之骏雄举之如飞鸟，动之如雷电，莫当其前，莫害其后。独出独入，莫敢禁圉。"索诺木的藏军也被认为是大小金川土司里战斗力最强的。

乾隆获悉，命温福、桂林二将军分别自威州（汶川）及打箭炉（康定）攻击小金川。清军一路威风凛凛，杀气腾腾。索诺木忙派兵去助僧格桑抗击清军，双方又打得难解难分。

乾隆三十七年（1772）五月，大将军桂林兵败被黜。乾隆帝以阿桂替代桂林指挥。是年十二月，清军攻占了小金川美诺官寨。僧格桑回军奔袭大金川。次年六月底，小金川藏军反攻清军，收复美诺官寨，大败清军，清军死3000余人。不久主帅温福将军也在懋功（今小金县）以东的沃日河畔战死（另见《沃日河畔的土司官寨》）。

爱将阵亡，在京的乾隆皇帝闻报大怒，急派健锐营、火器营兵2000余人、黑龙江及吉林兵2000人紧急入川增援。乾隆三十七年（1772）十月，清军健锐营再次攻占了美诺。

清军第二次征伐金川以来，深陷重围，屡遭失败。乾隆恼羞成怒，一再增兵，令阿桂、阿尔泰全力征伐，拿下金川。

最激烈的战事，均发生在碉楼最密集、最诡异的地方如美诺、勒乌围、噶拉依、咯尔等。勒乌围是大金川土司的主要官寨，它前阻大金川河，后负高磡山，地势险要，墙垣坚固。官寨四周建有密集战碉，最高的达24层，碉寨之间勾连相通，防御密不透风。随着后援和粮草的补充，土司军士气高昂，他们决心狠狠教训乾隆派来的清军，也报首败金川之战的一箭之仇。

黑云压城，箭镞横飞，战事越发酷烈。

为了攻破藏军的山地防线，阿尔泰派出测量技术精熟的西洋人傅作霖，奔赴小金川实地测核，配置火药物料，很快制造出当时在国内较先进的火炮——冲天炮。有了这玩意儿，清军对准碉楼要塞一阵狂轰。立时山崩地裂，日月无光，力助金川战事得胜。

装备落后的藏军

架不住清军火炮没日没夜的狂轰滥炸，金川各碉楼、关隘防守失利，出现坍塌，堡垒大现缺口。呛人的硝烟中，双方又怒吼着纠缠厮杀，来往冲突，数千清军也在一次次进攻中不断倒下。

滔滔河水血污横流，山野里洋溢着死亡的气息，山塬河谷成了饿狼和鹰隼的饕餮之地，阴霾笼罩着大小金川。

《清实录·世宗宪皇帝实录》卷五载：乾隆四十一年（1776）七月，索诺木眼看战事开始不利，决定讨好清军，他鸩杀僧格桑，献尸请降，未准。八月，清军一鼓作气，攻破了大金川勒乌围官寨。次年正月，又攻破索诺木最后据守的堡寨噶尔崖官寨，索诺木长叹一声，再也无力支撑，挂白旗投降。

至此，历时5年多、死伤2.7万人、耗银7000万两的第二次金川之役，在血色硝烟中惨烈落幕。金川河水，又渐渐恢复青绿色。

事后，清朝中央政府在大小金川设立懋功、章谷、抚边、绥靖、崇化五屯，驻军屯垦，加强警戒，以防再次发生反抗事件。这一举措，客观上也巩固了西南地区自雍正以来实施的“改土归流”成果，加强了边疆和内地的经济文化交流。

大小金川之役，从1747年夏到1776年初，清军耗资上亿银两，损亡达3万余人，仅当时清军在川总兵力就消耗近三分之一，损失惨重，比努尔哈赤时代的萨尔浒大战损耗不止5倍，故被一些史家认为得不偿失。其根本原因，除了藏地碉楼工事坚固难啃，也因乾隆皇帝自己的屡屡失策。

乾隆失误何在？

失策之一，是乾隆过于依赖“以蕃治蕃”政策。以蕃治蕃的前提是，唯有利用大土司治小土司方可有效；殊不知川西北藏民宗族相连，血浓于水，抱团取暖，清廷很难取得真正的实效。一看“治”不了，朝廷就仓促出兵，加之地理不熟，劳师袭远，北人又不服水土，一时难占便宜。

失策之二，是乾隆自己不懂军事，遥控谋划，首鼠两端，临阵换将，造成军心涣散，无所适从。于是导致战事成了懒婆娘的裹脚带——又臭又长，取胜时间也大大延长。

从实际军事战果看，大小金川之战，很难说是乾隆真正胜利了；而装备落后、因地制宜、顽强御敌的藏族土司军队，未必就是输家。

茶马古道获得“新生”

金川，素有“塞上江南”、嘉绒故土、“东女故国”之美誉。这里有高耸入云的大雪山，有广阔的大草原，有茂密的森林，有河水汹涌的山间峡谷。世代居住的嘉绒藏民，根据自己的生活方式和自然条件，创造了相对较富裕的生活。

金川自古处在“藏彝走廊”的重要位置。提出这一著名理论的，是社会学家费孝通先生。

费孝通指出，在涵盖阿坝州金川、小金，甘孜州丹巴、泸定，雅安市石棉，凉山州冕宁、西昌等地的这条走廊上，峰峦重叠，河谷深邃，群山峡谷中不仅居住着汉、彝、藏、羌等少数民族，还保存着即将消失的被某一民族语言淹没的基层土语，并积淀着许多至今仍有功能作用的历史文化遗存。在费孝通的学生、北京大学中文系教授陈保亚看来，这些遗存，也深藏着茶马古道商贸文化的痕迹。

平定大小金川后，乾隆继续实行“改土归流”政策，派任流官，设镇安营，派兵驻防，金川及其临近地区得以相对安宁。

改土归流，是指改土司制为流官制。它始于明朝中后期，是将原来在西南地区统治少数民族的土司头目予以废除，改为中央政府直接派任流官，也就是掌管了人事大权，以便于操控自己的政权。

不过，重要的是，金川大战之后，一度在炮火中受阻的川藏茶马古道再次获得了“新生”，古老商道得以恢复。这主要体现在，一是道路，二是政策。

乾隆四十四年（1779），懋功方面为了恢复茶马贸易，出资加固维修了境内的虹桥山鸟道。清《屯政纪要》载：“由懋功县至猛固桥、八角、抚边、新店子、两河口、越虹桥山至芦杆桥，合于理县，全长156公里。”后来，到民国二十二年（1933），国民党政府又再次出资将懋功至抚边、抚边至两河口的驿道进行修治，开辟了新的懋芦线驿道。如此，刺激了茶马互市和民间商贸的复活。

而在战争中被炮火打乱、摧毁了的勒乌围、噶拉依等地的古道，也在流官（政府委派官员）的手中得到加固维修，将路面从原来的1米加宽至1.5米左右。加宽后，来往客商增多了，但溜马槽一段冬天冰雪封冻，白雪皑皑，商贾骡马仍然难行。为此，清末卧龙关总管林镇江，又将麻柳坪经斗架子至卧龙的草地予以凿通，直达金家磨子连接老路（小西路）一线并加固防滑路面，增设驿站。这些，在很大程度上激励了金川一带茶马商贸的持久兴旺。

茶马交易政策上也有改善。自明代推行了金牌信符制度、互市监制度以及对茶马古道的修缮后，茶马交易均有一定加强。数年后，清廷首次在康藏高原实行“贡马折银”新制，规定每匹马折银八两，每户征银八分，对茶叶改征“茶封税”，默许加大汉藏民间商贸活动，客观上也刺激了民间互市的繁荣。

历史的河流，在拐过一道急弯后又大浪淘沙，奔涌前行。当硝烟散去、化剑为犁，山清水秀的金川河谷又露出蓝天白云。风马旗迎风飘扬，藏汉同胞熟悉的嘚嘚马蹄声、叮当铃儿声、铁器铿锵声、马帮人语声又重新响起，此起彼伏，回荡在崇山峻岭。

/
/
/
漫长古道，寒暑更迭，青年男女结伴走货，在高岭密林里风餐露宿、相互帮衬，也在悠远山歌里播撒了自由相爱的种子。

傈僳山乡的阳光恋情

孟春时节，当许多地方还笼罩在阴云寒气里，攀西高原却是阳光灿烂，天地橙黄，空气里颤抖着花香的光波。我们驱车沿着安宁河畔，在山高谷深的山峦间爬行一小时，来到米易县傈僳族新山乡。

大伙儿一下车，就看见身着民族服装的傈僳族青年，笑吟吟地等候在村口，曼妙的歌舞在山谷间舞动起一片祥云。

几名美丽姑娘走上来敬迎宾酒，迎宾酒是装在竹筒里的，接口处伸个小口儿，清冽酒香悠然溢出。“这米酒好喝嘞，不醉人的！”不胜酒力的我正揣度如何蒙混过关，一位傈僳族姑娘顽皮地抓住我的胳膊，硬是将一杯酒递到我嘴边：“快，不喝不准进寨子。”

只好一饮而尽。我皱眉喝酒的样子，惹得那姑娘哈哈大笑。笑声在金灿灿的山谷颤动，越发清脆空灵。

这米酒是新山傈僳族接待宾客的必备之物。其实在整个攀西高原，傈僳人迎宾送客时都会敬上三道酒。当地谚语曰：“山中的麂子是狗撵出来的，肚子里的话是酒酿出来的。”

村子里，傈僳族妇女个个穿着绣花上衣、麻布裙，佩戴红白料珠、珊瑚、贝壳等饰物；男子大多穿短衣，外着麻布大褂，左腰佩刀，右腰挂箭包。他们看见客人后，都面带微笑地点点头，让人感到说不出的亲切。

走过阿考广场（阿考是传说中傈僳族先祖）和一片依山而修的梯田，我们正遇到一户人家在准备婚宴。新郎是个二十四五岁的高个小伙儿，一双眼睛如绿树般幽深。他正安排几个青年备着礼单簿。院子里，三位师傅在一口直径约一米的锅里烹制着坨坨肉，坨坨肉据说是选用上佳乳猪烹制的。

漫天的阳光，从屋顶透射下来，氤氲着腊肉的香气，漫漶出吉祥欢乐的氛围。主人家说，米易傈僳族婚礼对饮食极为讲究，除了坨坨肉，还有阔耍俄勒、苦荞粑粑蘸蜂蜜、琵琶肉、籼米粑粑等。“阔耍俄勒”就是苞谷稀饭，制作方法是从苞谷秆上掰下青苞谷煮熟，用手磨或碓臼将苞谷粒褪皮，撒上用火烤过的食盐，掺上四季豆，与腊肉或琵琶肉同煮，加上竹叶菜作底料，食之香气四溢。傈僳人腌制的琵琶肉更是味道鲜美、肉色透明，可煮可炖，是婚礼待客中的珍品。

院子外边，两位坐在土墙下吹葫芦笙的老人告诉我，今天的婚礼至少有200人参加，阵仗大，热闹。这当儿，他们正忙着练习吹奏傈僳族传统婚礼曲儿《笛里吐鲁调》。

新郎家的石墙外边，靠立着那位即将过门的新娘。新娘约十八九岁，高个子，大眼睛，红扑扑的脸庞满是期待。她身着右衽上衣和麻布长裙，裙长及地，腰束一条条纹的宽彩带，胸戴红花，起伏的胸脯鼓荡着兴奋。面对众多老记的“长枪短炮”，新娘开始有些不大自然，但很快就大大方方地侧脸、抬腿、举手，默契地配合大伙儿拍摄。新娘身边，站着一位小她两三岁的伴娘，伴娘胖乎乎的样儿挺可爱，不停地跟新娘说着什么。四五个中年妇女坐在石梯上谈笑着，她们应该是新娘的亲友团，个个耳戴长可垂肩的大铜环，头上以珊瑚、料珠为饰。

之前在村口迎接我们的那位“女主角”，可能是乡里最漂亮的姑娘，她跳完迎宾舞后又娇喘吁吁地跑过来当导游。阳光在她身后拉下一道浓浓的阴影，迷离而梦幻。

美女导游说，新山傈僳族乡，位于四川首批民族文化生态保护区之一的龙肘山脚，是米易县唯一的傈僳族聚居地，全乡有7000多人。

说到今天的新娘，导游笑着介绍：傈僳人的婚姻体现了高度的自由恋爱，非常愉快。一般青年男女到了十七八岁后，白天一起劳作，晚上一起歌舞，待互相有点了解后，就相约去深山野外过夜。野外过夜既可以有“故事”也可以没有，完全看两人当时的感觉，谁也不勉强。

据说那一夜，姑娘小伙儿可以一直牵着手儿在路上走个不停，也可以坐在山坡、田埂、草丛上说个不停——走和说的目的，就是看彼此能不能在性格上合得来，能不能成为夫妻。如果姑娘小伙儿在野外把婚姻定下来了，就回家跟父母说一声儿，再选择时间举行结婚典礼，绝不拖泥带水。

“在我们傈僳族，爱情就像阳光般透明，像月光般清亮，像溪水般婉转。我挺喜欢。”女导游自豪地噘嘴儿说，大眼睛忽闪忽闪的，像是赞许自己的口舌。

每年农历三月十二至十八日，是新山傈僳族人最重要的节日——“约德节”。“约德”是约会的意思。每当佳节来临，家家户户的青年男女都会精心打扮一番，姑娘们穿上最漂亮的衣服，佩戴平日不大佩戴的各种饰品，小伙们穿上整洁的服装，带上心爱的葫芦笙，在“约德节”去寻找自己心仪的姑娘。月光下，清风里，歌声中，他们相识相爱，蹦蹦跳跳，怀揣青春的梦想，相拥走向明天。

待爱情瓜熟蒂落，就谈婚论嫁。结婚时，女方先是被新郎吹着笙箫、抬着花轿接到男方家，男方要在自家大摆酒席，请双方客人喝酒吃肉。请客时，不论猪肉、羊肉、牛肉都要连骨放入一锅煮，意为骨肉不能分离。婚礼后，新郎、新娘要互换碗筷，表示今后互敬互爱。

一年四季阳光普照、天气晴朗的米易县，被称为天然的“大地温室”。这里是历史上川藏茶马古道牦牛道（也叫灵关道）的驿站。牦牛道之名，与当时西昌及其周边地区的民族状况有密切关系。《后汉书》载，秦献公时，甘肃渭河流域的羌人被秦兵打败，“子孙分别，各自为种，任随所之”，一部分逃到攀西高原的安宁河流域，成为这个区域内的主体民族，因他们图腾牦牛，视牦牛为祖先和神灵，于是将自己迁徙走过的道路叫作牦牛道。牦牛道从成都出发，经邛崃、芦山、雅安、荥经、汉源、越西、冕宁进入西昌，经德昌、会理，渡金沙江而至姚安、大理，再经保山、腾冲、德宏去往缅甸、印度等。

曾几何时，米易当地的背夫和马帮将茶叶、蔗糖、生丝等运到盐源等地，再换回盐巴、山货、皮革等背回来。漫长古道，寒暑更迭，青年男女结伴走货，在高岭密林里风餐露宿、相互帮衬，也在悠远山歌里播撒了自由相爱的种子。爱的种子在阳光催生下茁壮成长，也繁衍了一代代勤劳善良的傈僳人生生不息，延续至今。

/

/

/

山区栈道，悬崖险路，马和牦牛走起来特别吃力。此时，骡子就当仁不让了。每天每匹骡子可以负重400多斤货物，爬行1000多米长山路。

“遛”得过马的骡子

是骡子是马，拉出来遛遛！

这句话的潜台词是：马的本事大，活在聚光灯下，神气活现；骡子能耐小，待在阴影里，受窝囊气。

马儿几乎收割了动物世界所有的荣誉，标配形象是：金戈铁马、马首是瞻、一日千里、风驰电掣……将军骑的是宝马良驹，南征北战；状元骑的是高头大马，挂红戴花。宋高祖千里送京娘，赵子龙七闯曹营，用的都是马。连杨贵妃喜好荔枝，也是快人快马一骑红尘。很难想象，若武松打死老虎后在清河县街头骑头骡子洋盘而不是骑的马，纵豪情万丈，英雄形象立马被王矮虎比下去，成了真正的“二哥”。若张翼德骑个骡子在当阳桥上吼一声，那河水还会惊得哗哗倒流吗？

然而，在茶马古道的漫漫征途中，被“一马当先”压得长期当矮子的骡子，总有出头当大爷的时候。就像偷金枪手徐宁的雁翎金圈甲，鼓上蚤时迁飞檐走壁的本事，就比豹子头林冲厉害。

用马运货，是受条件制约的。马只能在平地上运输货物，如果路太陡、天太冷，马儿就不一定好使。马的速度虽快，但缺乏耐力。

“高原王子”牦牛，也是马帮常用的运输工具。牦牛有识途认路的本领，它善走陡坡险路，能渡江河激流，可避沮洳泥潭。但牦牛是活跃在海拔4000米以上的高山动物，若在低海拔地区，牦牛就英雄无用武之地了。就像武松挥拳打虎可以，穿针引线就不如他嫂子的玉手儿灵巧了。

骡子是公驴和母马的杂交种，它体形大，形状像马，叫声似驴；它耳朵长，鬃毛和尾毛则介于马和驴之间，俗称马骡；它蹄儿小，四肢筋腱强韧。骡子命贱，耐食粗饲料、耐劳碌，抗病力和适应性也强，且挽力大、能持久，很适合拉车和驮物。

跟马和驴相比，骡子的体力更好，寿命也更长，一般可活到三四十年。当然，如果人铆劲儿让它干重活、透支体力，只能活一二十年。

骡子的洪荒之力在腰部，再怎么发力都不会闹出腰肌劳损。但骡子后面的盆骨不能开合，不能产子，最终属孤寡老者，少了儿孙绕膝的天伦之乐。

人说老马识途，其实骡子也有这等能耐。

骡子很聪明，它上一趟山走一趟货，就能记住路线，从来不会走错路，不像女司机开五十回王府井都拎不清她到底在哪儿。遇到行人，骡子会主动避让，像个谦谦君子。

别以为骡子是个不苟言笑的主儿，它也顽皮，累了就躺在地上休息一会儿，高兴了就在山上撒欢奔跑。如果主人没从它身上卸货，它会不管不顾玩到天黑也不落窝。这一点，不比你家的熊孩子差。

骡子吃饭有各自的料袋儿，像人一日三餐，晚上就放到山上打野草吃，不用你瞎操心。

往昔，茶马古道骡马队常年穿行于山塬、陡坡、大河、深谷、密林等缺少生命气息的古道上。千古寂寥，万物藏险，默默跋涉中，骡子可以完美地克服马和牦牛的缺点，它拥有持久耐力和卓越适应力，比如在恶劣环境赶几个月的路，骡子无疑是个好宝贝。

过去，康藏高原的山区栈道、傍山险路，是一般交通运输工具无

骡子

骡子

法到达的，马和牦牛走起来特别吃力，此时，骡子就当仁不让“马首是瞻”了，每天每匹骡子可以负重400多斤货物，爬行1000多米山路，耐力极好。

对马锅头（**马帮老大**）来说，赶骡子是个技术活儿。

过去松茂古道上的驮畜队伍有严格的等级规矩。走在前面的领头骡角色最重要，必须是母骡。母骡比公骡更谨慎、更敏感、更会感知危险。比如，两队马帮狭道相逢需“借过”时，缺少经验的领头骡可能患路怒症，它惊慌失措又蹦又跳，或跟对方生出敌意，打乱队列惹出麻烦。那些身形健壮、经验丰富的母骡则不温不火，很懂得巧妙协调，正确指引。

担任领头骡的母骡年龄多在10岁以上，身价也是普通骡子的四五倍，在骡马队里属高收入、先富起来的群体。

领头骡得有好的颜值，除了强健的体格，还有活鲜鲜的褐色绒毛，眼珠周围和嘴部要呈白色，看上去玲珑灵气。过去在泸定、康定和雅江一带，领头骡的头上要戴个花笼头，上有护脑镜、缨须，眉毛处有红布红绸做的“红彩”，鼻子上有鼻缨，鞍子上有碰子，尾椎用牦牛尾巴做成，比旧时青楼的老鸨还花哨。

民谣唱道：“头骡打扮玻璃镜，千珠穿满马套头，一朵红缨遮吃口，脑门心上扎绣球。”意思是领头骡装扮的好坏，事关商队的脸面，也反映其规模和势力，谁也丢不起人。

走在领头骡后面的骡子，相当于一个二传手，它身负将领头骡的“指令”传达给后头骡子的重任。所以“二骡”，无论毛色还是外形也要跟头骡相似。聪明的马锅头不会只顾安抚头骡而忽视了二骡——那是马屎外面光。老练的赶骡人认为，真正起领队作用的恰好是二骡，二骡跟领头骡的默契很重要，打个喷嚏，给个眼色，踢个脚儿，就知道对方几个意思。如果两头骡子配合不默契，故意拆台，互相甩脸子，整个队列就会被打乱。马锅头是不会让这种有组织无纪律的事儿发生的，于是让经验丰富的公骡站在二传手位置。当然，对二骡也得装饰一下，不用太费事，在它脖下挂个小点的“二钗”就行。

马帮们的说法是，母骡比较灵敏、懂事、警觉，能瞅出哪里有危险，而公骡太莽撞，爱冲动，不适合当领导。

当然不能搞成虎头蛇尾，排在尾巴上的骡子也得安抚好，给它挂个铃铛并用红带子装饰一番。你想，数百头骡子组成的商队，前呼后拥，万一出现掉队的情况，咋弄？为调节速度，赶骡人会让体力充沛、精壮年轻的骡子押后，干些捡漏的活儿。

为防止骡子擅自离队乱吃草，尤其是吃毒草的事儿发生，它们的嘴上都会被套个竹制笼头，不给它点颜色不得行。

给骡子佩戴的装饰品，依商队实力而定，大多是在骡身绣个豹纹和火纹。这些装饰纹样，反映出马帮祈求上天保佑不受猛兽攻击的愿望，也和一些游牧民族的图腾崇拜有关。骡子尾巴上，常被系一条红瓔珞儿，红瓔珞在风中飘呀飘的犹如流动的经幡，美丽而招摇。

骡的脖子当然会挂个铃铛儿，一路叮当响。据说这种装饰，源自商人瑙富桑扶（音译）的古老传说。瑙富桑扶是第一个前往印度尼泊尔经商的藏人。他当年经历八次失败，沮丧路过一片草地时，看到一只蚂蚁在经历八次失败后，终于在第九次爬上草尖儿。这时神仙跑过来对他说，你以前做生意都失败了，是因为你没给牲畜的脖子上系个铃铛儿。瑙富桑扶得到神的启示后，就在马脖下系了个漂亮铃铛，由此开始第九次从商之旅。这下对了，他以前路过村庄时，村民们都不理睬，可这一回听到清脆的铃铛声儿，村民蜂拥而至，争着买这买那，这让他大赚了一笔。

民间有“马骑前，驴骑后，骡子骑当中”的说法。现在景区也搞骡子骑乘项目。这是因为，深得动物界中庸之道的骡子比马的速度慢，比驴的脾气顺，它不温不火，不急不躁，做事稳当。马和驴不同，它们往往在受到刺激时，会像个16岁女生失恋了瞎胡闹，翻脸不认人，若引发失控就是十个鲁智深都挡不住。所以说马和驴适宜合骑，骡子则“骑当中”稳当。

丽江束河“茶马王故居博物馆”当家人王仕堂说，过去他的曾祖父跑商队时，一匹骡子每天要吃10多斤玉米、20来斤稻草和六七斤麦麸，是非常好养的动物，还不贪嘴儿，更不婆婆妈妈争风吃醋。

骡子的天敌是沼泽泥潭，它腿长蹄小，若陷入沮洳滩涂蹦跶几下，越陷越深，便有灭顶之灾。20世纪50年代初，解放军新疆运输部队经过青海扎陵湖时，驮畜中死得最多的就是骡子。而牦牛腿短腹大，它扒拉在水泽里不慌不忙，歇口气儿再走，很少有被淹死的。

“骡子发脾气，四蹄不挪地”，说的是骡子也有坏毛病。它发起性子来四只脚一动不动，无论主人怎样鞭打也不肯挪动，算是钉子户。

骡子的主人若是个菜鸟，死拉硬拽与骡子斗脾气，那没用，还可能反过来遭“奖励”一个响蹄儿。

有经验的主人不拿鞭子打骡子，也不拼命拽它，而是抓起一把泥沙噗地塞进它嘴里。

我问王仕堂：给骡子喂把泥沙，几个意思？

老王说，骡子是不会吃泥沙的，它会很快把满嘴的泥沙吐个干净，吐完了，骡子脾气也收敛了，然后在主人的驱赶下，又屁颠屁颠往前走。

一把泥沙竟这么神奇，能治骡子的犟脾气儿？老王说，其实道理很简单，骡子嘴里被填了沙，它不安逸，急于要处理口中的泥沙，就忘了生气的事儿，塞泥沙，不过是转移它注意力罢了。

/
/
/

《资治通鉴》载，唐朝末年，王建得蜀地之后，越来越喜欢马匹，就在文、黎、维、茂四周进行贸易，交换马匹。这，应该是茶马互市的重要渊源。

成都：茶文化的故乡

两千多年来，成都人喝茶的方式一直在变，更多是这样一种氛围：在某些不起眼的角落，古老的茶依然存活着，优雅、滋味、朴素，那是让现代人陌生的、缓慢而温暖的时光。

时尚青年“泡”老茶馆

周末，城里人喜欢开车去老掉牙的观音阁“泡”上大半天。

这是一个极其破旧的茶馆，位于成都双流区彭镇的观音阁，于是观音阁也成了老茶馆的代名词。它修建于清咸丰年间，居然没有垮塌，居然没被拆迁，居然还在营业，原因超出你的想象。

观音阁茶馆不大，上百平方米，瓦房，墙壁破败不堪，墙泥脱落，露出里面的竹篱笆，犹如一个伤者露出渗血的筋骨。外面天光越亮，茶馆内越暗。这种光线上的阴阳分割，犹如早年城里人和乡下人的泾渭分明。四面墙上，贴着毛泽东时代的标语口号，主席像呈褐黄色，四周墙壁落满灰尘。

屋中间有个长方形“老虎灶”，灶边是个小水池。老虎灶是川西坝子的古老厨灶，因形状得名——有个翘起的“尾巴”和灶头。老虎灶何时启用难以考证，旧时没有煤、煤气等燃料，大约是为了节省成本才鼓捣出这种可接供热水的灶台。小水池里，盛满从深井汲出的地下水，老板说拿这井水泡茶甘甜清冽，喝了能健胃爽身。台面上摆满尘垢斑驳的铜壶、水瓶、茶杯儿。座椅儿随意摆放，都是些用青竹打的椅子，早被磨得油光锃亮，人坐上去吱吱呀呀地叫。

茶客以当地老者居多，有时也来几个拉三轮、挑簸箕、卖杂货的中年男人。他们或围成一桌闲摆龙门阵，或安安静静打长牌，或半躺在竹椅上发呆，或衔着长烟杆儿吞吐叶子烟。老茶客一辈子都扎在这里喝茶，喝着喝着就老了，余生似睡非睡地慢慢打发。后人不出去打工的也跑到茶馆来，啜饮各自的味道。

衣着时尚的年轻人也慕名来喝茶，更多外地人、外国人喜欢扛着三脚架来拍照，拍完就上网发微信。店小二是个40来岁的男人，他不时也抓起单反相机，煞有介事地跟一些美女菜鸟搭讪，说些光圈优先感光度白平衡之类的术语。他一趟一趟地掺茶送水，赤裸的上身湿漉漉的，汗水如亮晶晶的小虫儿爬满脊背。

老茶馆藏着一种深沉而质朴的美。它似乎是一个心灵的黑洞，吸引你我俗人在厌倦了玻璃幕墙和钢筋丛林后，拖着疲乏的脚步来到这个地方，或是把老茶馆当作早已回不去的故乡。事实上，年年月月，无数人在落尘的竹椅竹桌上也“坐”出了儿时的感觉，那地上凹凸不平的千脚泥，也仿佛是一道浅浅水波，载着他们踏歌而行。

像这样的老茶馆，成都比比皆是。只不过观音阁比较典型，也比较稀有。

当年张恨水对成都的茶馆充满敬佩与钦慕，说能够在抗战期间依然保有一杯茶，时间的流淌竟然如此缓慢。“不怎么高的屋檐，不怎么白的夹壁，不怎么粗的柱子，不怎么亮的灯火，一切情调是那样的古老。我们自觉从早到晚都看到这里坐着有人，各人面前放一盖碗茶，陶然自得无倦意。有时，茶馆里坐得席无余地，好像一个很大的盛会。其实，各人也不过是对着那一碗盖碗茶而已。”他在一篇旧文里写道。当时西南大后方物质条件简陋，但无处不在的茶馆，给异乡人提供了基本的生活乐趣。

山林溪水成喝茶“秘境”

有句老话：北京衙门多，上海洋行多，广州店铺多，成都茶馆多。

成都茶馆多，成就了当代民间评书艺人李伯清。李后来有个时尚点的名字：李贝贝。他走哪儿都先喊一句：盖碗茶泡起，龙门阵摆起。他的散打评书，让人们享受到一种独特乐趣：嘴里品佳茗，耳中听故事。

成都市内遍布茶馆，担得起“茶馆之城”的美誉。茶馆向来是川渝人的社交场所，老百姓在此吃饭喝茶，商人们则在此交换信息。

作家林文询说，成都人的一天是从天亮去茶馆喝茶开始的。悠闲喝茶的人被称为“茶客”。不论男女老少都喜欢在茶馆里喝茶，总觉得在茶馆里喝的茶才有味道。

茶馆是三教九流聚集之地，是“江湖”上打探消息的地方。茶客拿盖碗茶的样子就很有意思：喝茶前要拿盖子拨一下茶叶，将茶杯儿慢慢放近嘴边轻啜一口。聊得来的茶友，会把小道上听来的消息讲给大家听，引出阵阵惊叹，也满足自己的得意。经常混茶馆的人，大多是万事通。

季节上，成都地区的茶是从春天开始，山林溪水成了成都人喝茶的秘境：三两人一桌，无关琴棋书画，却小桥流水，风日晴和，心手闲适。水竹幽茂，打牌者众，瞌睡者亦有，在松荫下午餐，饱后，茶铺煮新茶以供。晚上大抵是不回城的，四川的农家乐多以“包茶”作为招牌。晚上至桃花树下，月色朗耀，花香熏人，“茵花啜茗”，彼此畅适。不是文人也有这种雅趣。

祁和晖是西南民族大学中文系的教授、杜甫学会的会长。她说，成都人喝茶的妙处，在于能喝出诗情与人情："中国人早已经不再把茶当作美学理念，而只是一种美味的饮料，贯穿于生活。"祁和晖回忆说："20世纪六七十年代，我们这些偏远地方的文化干部来到成都，那个时候啥子事情也不能做，就喝茶、就做茶，这就成了一个私密的乐趣。""我坐在树下，夕阳时分，看着朋友屋头的人将采集的大量茉莉花一簸箩地撮成堆，在花山面前，陶醉不已。中国人喝茶讲究的是和、礼、亲、品。茶更像是一个媒介。"

祁和晖认为，成都人喝的茶并没有定数，更看重人的体验。这里的茶名品众多，至今仍有最重要的几种。从唐宋至明清，四川的茶只在形式上从蒸青、团饼变成了散茶。现在的川茶以绿茶为主，衍生花茶，如今也恢复了少量的黄茶。

"茶无贵贱之分，从不用披上虚伪的外衣。"川农茶学系的何春雷老师直言不讳。他说，全世界每年消费400万吨茶，中国只占100多万吨，我们喝得精细、讲究。他不大能接受的是，英国人用各种东西给茶调味儿。而成都人对茶的嗜好，并不能改变它是一个初级农产品的本质。

大慈寺：文化人的品茗乐园

成都茶楼林立，走几步就冒出一家。但依旧保留着老成都味道的茶铺子，却少了很多。成都城里的几大公园茶铺，还是带着老成都滋味的，只是过于易得。有些带着时光的旧滋味，往往需要一番寻觅才能咀嚼得出来。唐代高僧陈玄奘待过的大慈寺茶园，更被认为味道绵长。

大慈寺茶园主要是两拨茶客，一拨是附近的底层市民，最最地道的成都市井百姓，在里面摆着最最地道的龙门阵。还有一拨，就是周围文联和报社记者等人士，他们喜欢聊天讨论问题，议论某个人的作品，也侧耳听听底层的百姓在聊些什么，这是他们创作的一个来源。著名老报人、美食家车幅生前最喜欢去大慈寺喝茶，和朋友“摆壳子”（四川方言：摆龙门阵）。

20世纪90年代初，不时有火把剧团跑到大慈寺演出。火把剧团，是对流散于民间的川剧团的称呼。这些剧团规模都很小，叫打围鼓，鼓一敲起来，再那么稍微唱几声，什么氛围都有了。当时川剧名家刘芸就住在大慈寺附近，但在大慈寺茶园是看不到她演出的。要想边喝茶边听她的戏，就需要往华兴街锦江剧场那边动动步。华兴街当年有个三庆会，20世纪40年代末，就会集了成都几乎所有的川剧明星。同时，搞川剧的要想混出点名堂，也必须来这个地方拜拜码头。

以“老茶客”系列著称的四川作家王跃，曾这样形容成都人：“太阳出来挤起晒，麻将摆起吆不倒台”，说的是成都人如果不打麻将，这茶是喝不下去的，麻将成了喝茶必不可少的“佐料”。

王跃回忆，30年以前，他们饮茶很喜欢成都茶厂和龙泉驿洪河茶厂生产的茉莉花炒青茶，尤其是排在特级、一级、二级之后的三级花茶。“三花茶”茶汤地道，物美价廉，成为成都人自饮和待客的大众饮料。以至于那时成都人一句“啖三花”口头禅，就知道他是盯着茉莉花茶来混时间的熟客。

周末，尤其是有太阳的冬日，王跃喜欢喊几个朋友去喝茶打麻将，喊不到人他就独自背着手去百花潭公园。百花潭公园的茶座非常多，置身于盆景园，满眼皆绿，在百鸟园又觉得莺啼婉转，临水处撑起的阳伞，拱桥上的少女等待赴约的恋人，无论在哪里喝茶，所见俱是美好。王作家坐下来，泡一杯花毛峰，似睡非睡地躺在竹藤椅里，像他家狗儿一样眯起眼，迎着暖暖的阳光，想起一些事或忘掉一些事。

车幅《锦城旧事》一书讲，过去在成都，有一种“喝讲茶”很有趣儿，这是老成都解决“扯皮割裂”的绝招——发生争执的双方，请个共同认可的“大咖”去茶馆里坐起，双方摆事实讲道理，然后请他当面公断。这大咖得有份儿，雄得起，搁得平，大多由乡绅、乡贤或袍哥大爷担任。大咖出面，可以把原本诉诸公堂的事情拿到桌面上摆平，这种用民间方式解决纠纷的做法，是成都茶客的独创。

老作家马识途以前最喜欢去人民公园的“鹤鸣”和春熙路的“枕流”喝茶。他说，无论哪个档次的茶馆都花费不多，中午离开的人把茶碗扣上说一句“留到”，下午来还可以接着喝。若是碰上朋友，就抢着付钱，但“收小不收老，收富不收穷，收生不收熟”，堂倌们会心一笑，懂得起。

成都：茶马贸易总理机构

有学者考察说，中国茶业，最初兴起于巴蜀。天府之国，土地肥沃，气候温和，除了西部高原和山地的自然条件较严峻之外，很多地方都适宜人类居住，有人居住就有人喝茶。富足的盆地，也养育了悠久的茶文化。

《华阳国志·巴志》载：“武王既克殷，以其宗姬于巴，爵之以子……鱼盐铜铁、丹漆茶蜜……皆纳贡之。其果实之珍者，树有荔枝，蔓有辛蒟，园有芳弱香敬，给客橙葵。”在这里，《华阳国志·巴志》对巴蜀茶事的记载是很明确的。重要的是它明确指出，所进贡的茶叶是“园有芳弱（竹）香敬”（在园子里人工种植的茶），而不是采之野生。这说明在古代，巴蜀的茶事已相当发达了。巴蜀之地的主角，当然是成都人。

西汉时，成都不但已成为我国茶叶的一个消费中心，从后来的文献记载看，很可能也成为我国最早的茶叶集散中心。西晋张载《登成都楼》诗曰：“芳茶冠六清，溢味播九区”即是一证。张载这首诗，上阕谈成都飞宇层楼、物饶民丰、高甍长衢的城市境况；下阕借蜀郡汉代巨富程、卓二家的奢华生活，极言成都茶叶遐迩闻名。

重要的是，成都喝茶的历史，跟历史上藏汉“茶马互市”有很大渊源。

四川省社会科学院民族研究所所长徐学书指出，秦汉以前，只有四川一带有饮茶习俗和有茶的商品生产；从唐代开始，成都、雅安、绵州、邛州等地的茶叶渐渐流入西藏地区，开始了藏族人民饮茶的历史，也开通了茶叶输往西藏的商路即茶马古道和茶马互市。

《资治通鉴》载，唐朝末年，王建得了蜀地之后，越来越喜欢马匹。他是漆匠出身，本身也是骑马打仗的战将，便下令在文、黎、维、茂四周进行贸易，交换马匹。这四个地方，文州在甘肃南部，处在现在文县的西北位置，黎州是雅安汉源县，维州是汶川县，茂州是岷江上游的茂县。也是从蜀王王建开始，才实施了最初的“榷茶法”，开始了官方管控茶叶的贸易，于是出现了历史上川流不息的茶马互市。当然这种说法尚有待考证。

到了北宋，四川每年的茶叶产量达到2000多万到3000万斤，占全国总量的60%，其中大部分出产在岷山—邛崃山这一带。宋朝朝廷专门设了个总管全国茶马贸易的机构，叫都大茶马司。因为四川这边的茶叶商贸是最集中、最繁忙的，于是将其中一家都大茶马司设在了成都。可以说，成都一度成为整个西南地区乃至全国大兴茶马贸易的总理机构。

后记

天边的古道

这些年走过不少地方，发现跟茶马古道有关的东西面临两种境遇——“兴”或“衰”。

先说“兴”。很多景区和乡村为了开发旅游，都高举茶马古道文化这块牌子。比如，建造背夫马帮雕像，新修驿道桥梁，重塑茶马驿镇，打造风马旗飘扬的陈列馆……2019年1月初雅康高速全线通车后，原318国道沿线的雅安、天全、泸定到康藏高原，因车程缩短更是成了热门旅游地，节假日车水马龙，川流不息。

但我有一些困惑：如果在“茶马古道”的历史枝干上培植些装饰性的苔藓，来去匆匆的游客又能从中看懂什么？主办方又怎样“高屋建瓴”地昭示这条千年古道的内涵？

进一步说，那些留存于驿道的先人足迹和马蹄烙印，潜藏着怎样的历史符号？交通功能不再的茶马古道，对汉藏物质文化交流、民族团结有过怎样的贡献？挖掘茶马古道历史文化宝藏，与民族创业探索精神和现代文明建设又有怎样的融合促进？我认为，不管是游客还是东道主，都可以在这方面多做些功课。

另外，是“衰”，是一些迷惑。

进入现代社会后，山野古道不再成为难以逾越的障碍，火车飞机的长鸣代替了骡马的啸声，马帮商队改行了，背夫身影消失了。城市化发展、气候变化、环境污染、人为破坏以及地处僻壤等，导致茶马古道沿途的集市、马店、桥梁、路段、寺院等正在衰败，古道上的语言文化也在不断消失……

古道的消失不仅是古道本身的消失，伴随的是古道赖以生存的生态环境的消失和语言文化的消失。这对人类历史文明是一个重大损失。

这些，都是我写作《历史光影里的茶马古道》的缘由。

茶马古道，是已知亚洲大陆历史上最庞大复杂的贸易通道，它连接了亚洲板块最险峻奇峭的高山峡谷，跨越了大渡河、岷江、金沙江、雅砻江、雅鲁藏布江、澜沧江几大水系，贯穿了川、滇、藏、甘肃、青海等省区，乃至通往尼泊尔、不丹、印度、缅甸等邻国。

2013年秋，茶马古道被列为全国重点文物保护单位。“从初步调查的茶马古道遗产构成看，四川省有54处，贵州省43处，云南省90处。”（《光明日报》2017年4月22日第5版）。

我是在一个偶然机会“走”上茶马古道的。

2016年夏，由北京大学、香港中文大学、香港理工大学、北京语言大学和《科学中国人》杂志社等，联合邀请20多名中国知名语言学家进行“藏羌茶马古道考察”，从民族语言角度，探寻川藏茶马古道的历史文化。我受所在媒体委派随队采访。

考察队从绵阳出发，沿岷江和大渡河沿线往返，先后赴理县、茂县、松潘、若尔盖、唐克、红原、马尔康、金川、丹巴、康定、泸定、石棉、米易等地近20个城镇、村寨、古道、关口、佛寺、古战场等进行了探访。

那十来天采访对我的震撼程度，超出以往任何一次工作或非工作带来的触动。它撩拨了我对历史地理的敏感神经；作为一个业余作家，也让我重新构建自己的“写作体系”。

当我知道，平时习以为常的茶汤上那片小小绿叶，竟在历史上成为连接汉藏交流的纽带，我为自己的孤陋寡闻而汗颜。当我触摸当年的背夫用拐杖水滴石穿般戳出的“拐子窝”，犹如触动到他们喘着粗气艰难跋涉的心窝。当我从照片上看到幼童和妇女也肩挑“艄公扁担”（两端向上弯翘，便于系挂货物，多用材质柔韧的麻柳和枇杷木制作）背茶挣钱，将性命托付给狂风肆虐、大雪纷飞、野兽出没的驿道，我想象人类为生存奔波的终极残酷亦不过如此。当我看到民间艺人在玛尼堆上雕刻的经文咒语、绘制的神灵动物，更领略到地平线上永不消失的神秘创造力……

茶马古道从它形成开始，就像一棵常青树，也如一条滔滔江河，任斗转星移，芬芳永在，源远流长。茶马古道是走出来的，这一走就是上千年，在漫长岁月中，它历经风雨，铸就了历史和文明。

茶马古道沿途，有着世界上最壮丽动人的山水。那是一种惊心动魄的苍茫和旷世的沉寂，有时世界静得出奇，周围大山全都沉默不语；有时又童山濯濯一毛不生令人震惊。海拔高的地方，雪峰连绵，银装素裹，峰尖直刺蓝天。那种苍凉的美、严酷的美，轻易就把人带入史前时代。夏季的雨水汪洋恣肆，冬季的雪水清碧如玉，它们从大山上奔泻而来，水流漫漫漉漉，汇聚成溪流，又很快流淌到大江和河流之中。

采访归来，我没有急着动笔，而想让记忆在心头捂一捂。感觉是，这次走过的地方，似乎在印证之前我梦中出现的镜像，现在它们冒出来了，我不能让它们轻易溜走，得伸手攥住。这些年，我又多次深入康藏高原，探访茶马古道遗址，接触马帮背夫后裔，也感受这些地方的美丽和绚烂，于是决定写一本《历史光影里的茶马古道》。

写作的难度超出我想象，也超出我能力。盖因时空绵长庞杂。

时间上，始于唐宋兴于明朝的茶马古道，一千多年来发生了太多的故事，涉猎到太多的东西。空间上，茶马古道的三条主线——川藏线、滇藏线、甘青线，密布于横断山脉乃至整个西南地区。仅川藏线来说，就有从雅安出发的“南路边茶”和从灌县（都江堰）出发的“西路边茶”，汇合到康定又分南北二线集于昌都，再西去拉萨……纵贯古今的国际贸易通道，密如蜘蛛，纵横交错，难以厘清。

我当然没有能力走完、写完茶马古道的全部。事实上，茶马古道本来是一门涉及历史、地理、经济、民俗及人类学、社会学、宗教学等领域的综合学科，远非我一人之力所能冒昧承担。我择重以川藏茶马古道为主线，串联起马帮、背夫、驿镇、互市、客栈、建筑、驮畜、民谣、情爱、土司、自卫、古战场、护茶之战等一颗颗色彩斑斓的珠子。

所涉内容，均来源于现场探访及马帮背夫或后裔的口述，也研读了大量地方志资料，博物馆、档案馆文献及专家学者著述。

我当然不是一个搬运匠。

笔下的人、物、故事都是准确真实的，有图有真相，同时又是具有文学意义的“这一个”。每一人物后面都折射出那个群体的勇气、智慧和毅力，每一故事后面都粘连着那个年代的沉重、艰辛和迷乱。

重要的是，所有这些，都是力求站在现代思维的高地俯瞰观照的，而非没头没脑地把人带入一个回忆的死胡同。

茶马古道文化，犹如阳光下的多棱镜，映现出深邃波澜的历史剖面和民俗卷帙。这犹如岩溶地带、峭壁之上的洞穴，外部看去并不大，一旦进入却会发现溶洞宽阔，石笋奇诡，暗河幽深，别有洞天。我从一个点跳到另一个点，从一条线连到另一条线，历史地理的坐标越来越清晰，下笔视野也越来越开阔。这也是写作中的快乐。

书中37篇文章初始稿，均刊发于《人民日报》《光明日报》《南方周末》《中国周刊》《中国文化报》《中国旅游报》《航空画报》《深圳特区报》《澳门日报》《华西都市报》等数十家报刊。此次将散乱的“水果”安放在一个篮子里，也安放了我对那条伟大远征古道的尊崇之心。

之前阅读了大量关于茶马古道的出版物和内刊资料，斗胆认为，这本《历史光影里的茶马古道》，应该是国内首部全景再现茶马古道（川藏线）的非虚构作品。书中地理元素十分清晰，加之作者有意无意地“引导”及文风所致，也可以说它是一本实用性很强的旅游路书。

缺憾之处难免，敬请读者批评。

写作中，有幸得到茶马古道命名者之一、北京大学中文系教授陈保亚先生的指导；陈教授百忙中多次将他的研究资料赠传于我，还欣然惠写序言。

茶之西行，马之东来，那是一个时代的华章。如今，茶草香气散尽，马帮铃声远去，风马旗飘逝难寻。而在我心头，茶马古道是一条永远不会消失、永远在天边蜿蜒的古道。

2019年2月于成都天涯石西街

图书在版编目（CIP）数据

历史光影里的茶马古道 / 李贵平著. — 北京：中国文史出版社，2019.5

ISBN 978-7-5205-1041-7

Ⅰ. ①历… Ⅱ. ①李… Ⅲ. ①古道—研究—西南地区 Ⅳ. ①K928.6

中国版本图书馆CIP数据核字（2019）第044270号

责任编辑：张春霞

出版发行：**中国文史出版社**

社　　址：北京市海淀区西八里庄69号院　邮编：100142

电　　话：010-81136606　81136602　81136603（发行部）

传　　真：010-81136655

印　　装：河北燕龙印刷有限公司

经　　销：全国新华书店

开　　本：710mm × 1010mm　1/16

印　　张：19.75　　字数：273千字

版　　次：2019年5月第1版

印　　次：2021年1月第2次印刷

定　　价：59.80元
